합격까지 박문각
합격 노하우가 다르다

KB123885

임현진
신인사관리

2차 | Sub-Note

임현진 편저

브랜드만족
1위
박문각

제1판

박문각 공인노무사

그동안 가제본으로 제작하여 강의 때 사용하던 교재를 이번에 새롭게 보완·편집하여 『신인사관리 Sub-Note』로 정식 출간하게 되었습니다.

막상 출간을 해보니 처음 정식 교재를 제작했다는 기쁨보다 시간과 능력 부족으로 못다 한 부족한 부분만 눈에 들어와 아쉬움이 더 많이 남습니다.

그럼에도 이 책의 특징을 간략하게 설명드리면 다음과 같습니다.

수험가에서 가장 많이 읽히는 인사노무관리 기본서인 박경규 교수님의 『신인사관리』 서브노트로서 ① 『신인사관리』 내용을 간결하게 정리 및 요약하고, ② 출제가능한 주제이지만 『신인사관리』에는 언급이 없는 내용을 보완하여 최소한의 양으로 최대한 수험에 대비할 수 있도록 하기 위한 교재입니다.

수업시간에 누누이 강조한 것처럼 인사관리를 잘하기 위해서는 우선 숲을 보고 구조와 흐름, 인사관리 서술체계를 잡는 것이 우선입니다. 특히 구조와 맥락을 모른 채 암기에만 집중한다면 남들과 똑같은 단편적인 답안만 적어낼 수 있을 뿐입니다.

인사관리의 구조와 맥락을 체계화하기 위해서는 강의도 필요하지만, 교수님의 구성과 서술로 이루어진 기본서를 여러 번 읽어보는 것이 도움이 됩니다. 다만, 교수님 기본서만 보기에는 분명 수험준비에 부족함이 있기에 이 교재는 이러한 문제점을 해결해보고자 하는 의도로 만들었습니다.

따라서 이 책을 제대로 활용하기 위해서는 우선 교수님 저서인 『신인사관리』를 정독하면서 그 안에 녹아있는 논리, 근거를 통해 인사관리의 전반적인 구조와 흐름을 잡은 뒤 이 교재를 통해 그 내용을 정리 및 보완하고, 반복하여 회독하시면 됩니다.

본서의 구성이나 내용이 『신인사관리』와 기본적으로 동일하기 때문에 본서를 읽는 것은 동시에 『신인사관리』를 똑같이 회독하는 효과를 볼 수 있도록 하였습니다.

아무쪼록 제 교재가 좀 더 컴팩트하게 인사관리를 준비하는 데 도움이 될 수 있기를 바라며 이 책을 사용하시는 수험생분들 모두가 합격의 영광을 누릴 수 있기를 기원합니다.

감사합니다.

공인노무사 임현진

시험과목 및 시험시간

가. 시험과목(공인노무사법 시행령 제6조)

구분	시험과목[배점]		출제범위
제1차 시험 (6과목)	필수 과목 (5)	❶ 노동법(1) [100점]	「근로기준법」, 「파견근로자보호 등에 관한 법률」, 「기간제 및 단시간근로자 보호 등에 관한 법률」, 「산업안전보건법」, 「직업안정법」, 「남녀고용평등과 일·가정 양립지원에 관한 법률」, 「최저임금법」, 「근로자퇴직급여 보장법」, 「임금채권보장법」, 「근로복지기본법」, 「외국인근로자의 고용 등에 관한 법률」
		❷ 노동법(2) [100점]	「노동조합 및 노동관계조정법」, 「근로자참여 및 협력 증진에 관한 법률」, 「노동위원회법」, 「공무원의 노동조합 설립 및 운영 등에 관한 법률」, 「교원의 노동조합 설립 및 운영 등에 관한 법률」
		❸ 민법[100점]	총칙편, 채권편
		❹ 사회보험법 [100점]	「사회보장기본법」, 「고용보험법」, 「산업재해보상보험법」, 「국민연금법」, 「국민건강보험법」, 「고용보험 및 산업재해보상보험의 보험료징수 등에 관한 법률」
		❺ 영어	※ 영어 과목은 영어능력검정시험 성적으로 대체
	선택 과목 (1)	❻ 경제학원론, 경영학개론 중 1과목[100점]	

※ 노동법(1) 또는 노동법(2)는 노동법의 기본이념 등 총론 부분을 포함한다.

구분	시험과목[배점]		출 제 범 위
제2차 시험 (4과목))	필수 과목 (3)	❶ 노동법 [150점]	「근로기준법」, 「파견근로자보호 등에 관한 법률」, 「기간제 및 단시간근로자 보호 등에 관한 법률」, 「산업안전보건법」, 「산업재해보상보험법」, 「고용보험법」, 「노동조합 및 노동관계조정법」, 「근로자참여 및 협력증진에 관한 법률」, 「노동위원회법」, 「공무원의 노동조합 설립 및 운영 등에 관한 법률」, 「교원의 노동조합 설립 및 운영 등에 관한 법률」
		❷ 인사노무관리론 [100점]	
		❸ 행정쟁송법 [100점]	「행정심판법」 및 「행정소송법」과 「민사소송법」 중 행정쟁송 관련 부분
	선택 과목 (1)	❹ 경영조직론, 노동경제학, 민사소송법 중 1과목 [100점]	
제3차 시험	면접시험		공인노무사법 시행령 제4조 제3항의 평정사항

※ 노동법은 노동법의 기본이념 등 총론부분을 포함한다.

※ 시험관련 법률 등을 적용하여 정답을 구하여야 하는 문제는 "시험시행일"현재 시행중인 법률 등을 적용하여야 함.

※ 기활용된 문제, 기출문제 등도 변형 · 활용되어 출제될 수 있음

나. 과목별 시험시간

구분	교시	과목구분	시험과목	입실시간	시험시간	문항수
제1차 시험	1	필수	❶ 노동법(1) ❷ 노동법(2)	09:00	09:30~10:50 (80분)	과목별 40문항
	2	필수	❸ 민 법 ❹ 사회보험법	11:10	11:20~13:20 (120분)	
		선택	❺ 경제학원론, 경영학개론 중 1과목			
제2차 시험	1		❶ 노동법	09:00	09:30~10:45(75분)	4문항
	2			11:05	11:15~12:30(75분)	
	3		❷ 인사노무관리론	13:30	13:50~15:30(100분)	과목별 3문항
	1		❸ 행정쟁송법	09:00	09:30~11:10(100분)	
	2		❹ 경영조직론, 노동경제학, 민사소송법 중 1과목	11:30	11:40~13:20(100분)	
제3차 시험		–	공인노무사법 시행령 제4조제3항의 평정사항	–	1인당 10분 내외	–

※ 제3차 시험장소 등은 Q–Net 공인노무사 홈페이지 공고

🔒 응시자격 및 결격사유

가. 응시자격(공인노무사법 제3조의5)
- 공인노무사법 제4조 각 호의 결격사유에 해당되지 아니한 자
- 부정한 행위를 한 응시자에 대하여는 그 시험을 정지 또는 무효로 하거나 합격결정을 취소하고, 그 시험을 정지하거나 무효로 한 날 또는 합격결정을 취소한 날부터 5년간 시험 응시자격을 정지함

나. 결격사유(공인노무사법 제4조)
- 다음 각 호의 어느 하나에 해당하는 사람은 공인노무사가 될 수 없다.
1. 미성년자
2. 피성년후견인 또는 피한정후견인
3. 파산선고를 받은 사람으로서 복권(復權)되지 아니한 사람
4. 공무원으로서 징계처분에 따라 파면된 사람으로서 3년이 지나지 아니한 사람
5. 금고(禁錮) 이상의 실형을 선고받고 그 집행이 끝나거나(집행이 끝난 것으로 보는 경우를 포함한다) 집행이 면제된 날부터 3년이 지나지 아니한 사람
6. 금고 이상의 형의 집행유예를 선고받고 그 유예기간이 끝난 날부터 1년이 지나지 아니한 사람
7. 금고 이상의 형의 선고유예기간 중에 있는 사람
8. 제20조에 따라 영구등록취소된 사람

※ 결격사유 심사기준일은 제3차 시험 합격자 발표일 기준임

합격기준

구분	합격결정기준
1차 시험	• 영어과목을 제외한 나머지 과목에 대하여 각 과목 100점을 만점으로 하여 각 과목 40점 이상, 전 과목 평균 60점 이상을 득점한 자 • 제1차 시험 과목 중 일부를 면제받는 자는 영어과목을 제외한 나머지 응시한 각 과목 40점 이상, 응시한 전 과목 평균 60점 이상을 득점한 자
2차 시험	• 각 과목 만점의 40% 이상, 전 과목 총점의 60% 이상을 득점한 자 • 제2차 시험 과목 중 일부를 면제받는 자는 응시한 각 과목 만점의 40% 이상, 응시한 전 과목 총점의 60% 이상을 득점한 자 • 최소합격인원 미달일 경우 각 과목 배점의 40% 이상을 득점한 자 중 전 과목 총득점이 높은 자부터 차례로 추가하여 합격자 결정 ※ 위의 단서에 따라 합격자를 결정하는 경우에는 제2차 시험과목 중 일부를 면제받는 자에 대하여 각 과목 배점 40% 이상 득점한 자의 과목별 득점 합계에 1.5를 곱하여 산출한 점수를 전 과목 총득점으로 봄 ※ 제2차 시험의 합격자 수가 동점자로 인하여 최소합격인원을 초과하는 경우에는 해당 동점자 모두를 합격자로 결정. 이 경우 동점자의 점수는 소수점 이하 셋째자리에서 반올림하여 둘째자리까지 계산
3차 시험	• 제3차 시험은 평정요소마다 각각 "상"(3점), "중"(2점), "하"(1점)로 구분하고, 총 12점 만점으로 평균 8점 이상 득점한 자 • 위원의 과반수가 어느 하나의 평정요소에 대하여 "하"로 평정한 때에는 불합격

공인어학성적

제1차 시험 영어과목은 공인어학시험 성적으로 대체

• 기준점수

시험명	TOEIC	TOEFL		TEPS 18.5.12 이후	G-TELP	FLEX (영어)	IELTS
		PBT	IBT				
일반응시자	700	530	71	340	65(Level 2)	625	4.5
청각장애인	350	352	–	204	43(Level 2)	375	–

시험의 일부면제

• 제1차 시험 면제 : 2023년 제32회 제1차 시험 합격자
• 제1차 및 제2차 시험 면제 : 2023년 제32회 제2차 시험 합격자
※ 이하 자세한 내용은 공고문 참조

CONTENTS
이 책의 차례

CONTENTS
이 책의 차례

인사관리의
이론적 기초

01 | 인사관리의 형성배경

1 인사관리의 중요성

(1) 인적자원관리 : 전략적인 가치를 지닌 인적자원을 기업의 경제적 효율성과 종업원의 사회적 효율성을 극대화시키는 방향으로 확보, 유지, 개발, 보상하는 일련의 과업

(2) 인적자원의 중요성

  1) 사이몬(Simon)은 기업의 경영활동은 '의사결정'의 연속이며, 경영활동의 효율성은 바로 의사결정의 질에 달려있다고 주장. 이러한 의사결정의 주체자는 바로 인적자원, 이들의 능력이 바로 의사결정의 질을 결정

  2) 오라일리(O'Reilly)와 페퍼(Pfeffer)는 저서 「Hidden value」에서 인적자원이야말로 다른 생산요소와 차별화된 가치를 기업에 제공해 주기 때문에 인적자원이 기업의 가장 중요한 생산요소라고 주장. **인적자원의 차별적인 속성** : ① 성과의 수행 주체 ② 인격을 갖춘 개인 ③ 의사결정자 ④ 외부환경과의 강한 연계

  3) **자원기반관점(RBV)** : 가치(Valuable), 희소(Rare), 모방불가(Inimitable), 대체불가(Non-substitutable)(or 조직화될 수 있는(Supported by Organization))

2 경영학과 인사관리

(1) 경영학 : 기업이라는 개별경제단위에서 일어나는 경제활동(재화와 용역의 흐름이 이루어지는 제 현상)을 연구하는 학문

> **참고** **경영학의 구성**
>
> 마이클 포터(Michael E. Porter)는 저서 「경쟁우위」에서 가치사슬 접근(value-chain approach)을 제시 (기업의 가치창출에 직접적으로 기여하는 운영활동(primary activity), 간접적으로 기여하는 지원활동 (supporting activity)으로 구별)

지원 활동	기업의 기반구조 : 일반경영, 회계, 재무, 전략				
	인적자원관리 : 채용, 교육훈련				
	기술개발 : R&D, 제품 및 프로세스 개선				
	구매조달 : 원자재, 기계설비, 공급품 구매				
운영 활동	내적 유통	생산 활동	외적 유통	영업 활동	사전/사후 서비스
	원자재 및 창고 관리	제조, 조립 테스팅	창고 및 완제품분배	홍보, 판촉 가격, 유통경로	설치, 수리 A/S

이윤

(2) 페이욜(Fayol)은 6가지 경영활동 중 '관리활동'을 강조하여 이를 체계적인 이론으로 정립

'관리(management)'란 경영활동을 효율적으로 수행하기 위한 하나의 기법으로, 조직의 목적달성을 위해 필요한 것을 계획, 조직, 지휘, 조정, 통제하는 행동

(3) 경영활동의 구조

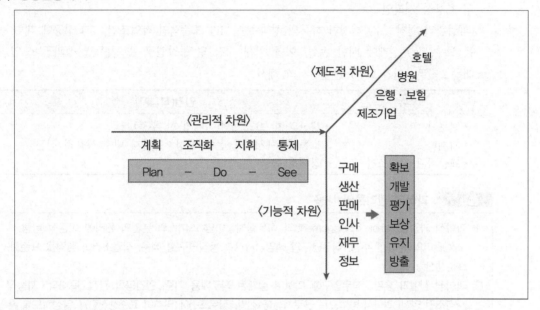

3 인사관리의 발전

(1) 관리사(과거 기업에서의 인사관리 활동이 어떤 모습을 보여주었는지, 즉 과거 활동내용에 대해 의미 있는 분류와 해석을 하는 것)

1) 인사관리 현상의 변화는 '직무', '사람(노동)'이 변화할 때 일어남

2) 사용자 · 종업원 관계의 발전

가내수공업	산업혁명 초기	산업화 진행	후기 산업화
가부장적 인사관리	착취적 · 전제적 인사관리	협의적 인사관리	민주적 인사관리
• 사용자의 권위적 · 전제적 지배 • 복리후생을 통해 종업원 보호	• 사용자의 권위적 · 전제적 지배 • 인건비 절감 위해 종업원 착취	• 다양한 고객욕구 충족 위해 혁신적 아이디어 필요 + 종업원의 경쟁력 증가 • 노동조합 역할증대 ▶ 일상 업무에 대해 종업원과 협의	• 기업경영에 대해 종업원과 사용자가 민주적으로 의사결정

(2) 이론사

1) 기계적 접근

① **형성배경** : 테일러(Taylor)의 과학적 관리법

조직적 태업의 원인을 규명, 이를 개선하기 위해 테일러가 정립한 **과업관리 원칙**으로, 분업의 효용성 재확인

(과업관리 원칙 : ⅰ) 적정한 하루의 성과수준, ⅱ) 표준적인 작업조건, ⅲ) 성공에 대한 높은 보수, ⅳ) 실패에 대한 손실. 이를 위해 시간 및 동작연구 & '차등별 성과급' 도입)

② **내용** : 직무 – 인간(노동) 관점에서의 해석

직무	인간(작업자)
• 전문화 • 기계화 • 표준화된 작업조건	• 생산의 한 요소개념(기계의 한 부품) • 노동시장에서의 높은 대체성 : 원자재 내지 상품적 접근 • 경제적 동물

참고 ▶ **과학적 관리론의 내용**

① 과학적 과업관리(task management)와 직무설계 : 아담 스미스의 분업의 원리에 이론적 바탕. '과업관리의 원리'를 주장. 직무연구의 책임. '시간과 동작연구'를 적용. 작업조건과 환경을 표준화. 표준생산량 설정

② 과학적 선발과 훈련 : 직무연구에 의하여 설계된 직무내용 기준. 인간공학 관점. 육체적·지능적 자격조건 명시. 과학적 방법으로 근로자들을 선발. 직무조건에 맞추어 표준생산량을 달성하도록 훈련을 시켜야 한다는 것

③ 차등성과급제 : 표준량 설정. 단순성과급과 차등성과급제를 창안. 표준량과 임금률은 직무연구를 통하여 설정

④ 기능적 감독자 제도 : 직무구조에 분업의 원리를 적용하여 일선감독자와 전문감독자를 따로 채용 및 관리, 기능식 조직의 기본개념을 창시

③ **평가**

– 공헌(시사점)

• 직무 전문화, 높은 생산성 향상으로 산업발전에 큰 기여

• 성과급제도, 직무분석제도, 체계적·합리적 선발제도 등 현대 인사관리를 구성하는 다양한 제도에 대한 이론적 초석을 마련

– 비판

• 조직마다 처한 상황이 상이함에도 불구하고 유일 최선의 조직관리 방안이 있다고 주장함으로써 보편론적 함정에 빠짐

• 일에 대한 자긍심 상실 → 인간소외 유발(인간 없는 조직)

• 작업장에서의 인간행동에 대한 설명이 부족(인간을 경제적·타산적 존재로만 간주하여 심리적 요인을 무시)

2) 인간관계적 접근

① 형성배경 : 메이요(Mayo)와 뢰슬리스버거(Roethlisberger) 등의 호손실험

1920년대 미국 시카고 근처의 한 전화기 제조회사인 호손공장에서 작업환경의 물리적 변화나 작업시간, 임률의 변화 등이 종업원의 작업능률에 어떠한 변화를 미치는가를 연구

실험	실험내용	실험결과
조명 실험	실험집단과 통제집단으로 나누어 조명도와 작업능률의 관계를 관찰	• 실험집단과 통제집단의 작업능률이 동시에 상승 • 조명이란 작업능률에 영향을 미치는 작은 요인에 불과, 단지 한 가지 요인(조명)의 변화로 작업능률의 원인 규명은 불가능
계전기 조립 실험	종래 작업능률의 상승을 가져온다고 생각되었던 모든 조건을 변화시키면서 작업능률의 변화를 관찰	• 작업조건 개선에 따라 생산성 증가. 그러나 조건을 원래로 환원시켜도 작업능률은 높은 상태로 유지 • 실험집단의 작업능률 향상은 물리적인 작업조건의 변화보다 작업자들의 심리적인 변화가 더 중요(호손효과)
면접 실험	작업능률 향상의 원인인 작업자의 심리적 측면을 중점조사하기 위해 약 2만여명을 대상으로 3년간 면접	작업자의 감정에는 개인적 측면과 사회적 집단으로서 공통으로 갖는 측면이 있음을 파악하고, 작업자의 작업의욕은 그가 속한 집단의 사회적 조건에 따라서 크게 좌우됨을 밝힘
배전기전선 작업실의 관찰 실험	작업장 내의 사회적 제 조건이 작업능률에 미치는 영향을 파악	회사의 공식 조직과는 별도로 자주적인 비공식 조직이 존재하며 그 속에서 발생한 집단압력이 생산성에 영향을 미침을 확인

② 내용 : 직무 – 인간(노동) 관점에서의 해석

직무	인간(작업자)
• 비전문화 (전문화가 일에 대한 흥미 및 작업의욕을 감소시키기 때문) • 물리적 작업조건에 대한 낮은 평가 (심리적·사회적 조건이 더 중요)	• 심리적 측면의 강조 (작업자의 태도는 작업자의 만족이 그 핵심적 내용이 되며 작업능률은 작업자의 태도에 의해 결정적으로 영향을 받음) • 사회적 동물 (작업집단의 분위기, 비공식 집단의 규범, 개별 작업자의 집단에서의 위치 등 사회적 조건에 의해 작업능률 및 태도 결정, 비경제적 보상 강조) • 비공식 집단

③ 평가

- 공헌(시사점)

• 작업능률에 결정적 영향을 주는 새로운 요인이 있음을 인식시킴

> **참고** **공헌(시사점) – 인적자원관리의 인간관계기법**
>
> ⅰ) 조직의 사회적 성격 : 조직은 사회적 집합체이고, 자연발생적 비공식 조직도 중요
> ⅱ) 개인의 행동동기 : 경제적 동기보다는 집단의 규범과 사회적 동기가 중요한 요소로 작용
> ⅲ) 집단의 중요성 : 집단 구성원의 상호관계와 상호작용으로 더 많은 영향
> ⅳ) 직무만족과 생산성 : 인간중심적이고 민주적인 관리방법이 요구

- 비판

• 기업경영조직에 과연 비공식 조직이 존재하느냐에 대한 의문 제기

• 노동조합 측은 사탕발림 인사관리라고 혹평(조직에 대한 극히 좁은 시각 – 사회적이고 심리적인 측면에 대한 지나친 집중으로서, 조직 없는 인간에 천착)

3) 전략적 접근

① 형성배경 : 자원기반관점(Resource – Based View)

- 1980년대 기업이 보유하고 있는 인적자원이 기업성과에 결정적인 요인이 되고 경쟁력의 원천이 된다는 인식이 확산

- 바니(Barney) : 기업이 보유한 자원을 통하여 지속적인 경쟁우위를 누리기 위해 필요한 자원

• 해당기업에 가치 있는 자원(Valuable)

• 경쟁사들이 독특하거나 희소하다고 여기는 자원(Rare)

• 완벽하게는 모방할 수 없는 자원(Inimitable)

• 조직화가 가능한 자원(Organized)

- 라이트와 맥마한은 RBV에 입각하여 인적자원과 특정 인사제도가 지속적인 경쟁우위의 원천이 될 수 있는 네 가지 상황을 제시(V.R.I.U(N) (U(N) : 대체불가능성, Un(Non) – substitutable))

② 내용

- 종업원을 '수많은 잠재력을 지닌 자원'으로 보며, 기업경쟁력 확보에 있어서 가장 중요한 요소로 인식하고, 이들을 동기부여하고 개발해야 하는 것으로 본다. 이러한 접근은 인사부서의 역할을 보다 적극적으로 전환시키는 인사정책의 패러다임 변화를 의미한다.

- 드바나 등은 기업을 둘러싸고 있는 환경을 고려한 경영전략과 조직구조와 인적자원 간의 관계를 통합적으로 파악하며, 이들 간에 최대의 적합성(best – fit)이 유지될 때 기업경쟁력이 확보된다고 봄

- 전략적 인사관리 설계요소
  - 기업은 외부환경의 영향요인을 파악하여 기회요인과 위협요인을 보다 명확히 인식(PEST분석, SWOT분석)
  - 경쟁기업 및 노동시장의 변화에 따른 영향요인을 파악(유능한 종업원을 유인, 보상, 활용)
  - 기업이 선택한 인사관리전략은 그 기업의 경영전략(기업 전체수준)에 통합되어야 한다.

- 인사관리에 대한 전략적 접근
  - 기업의 인적자원은 주어진 직무만을 수행하는 존재가 아닌 기업경쟁력 확보의 핵심요소로서 경영환경에 바탕을 둔 경영전략 및 조직구조와 연계되어 상호 영향을 주고받으며, 기업경쟁력의 극대화를 위해 이들 요소들 간에 최대의 적합성이 있어야 한다.
  - 경제적 측면에서 인력을 더 이상 비용요소로 보지 않고 투자요소로 간주해야 함을 주장하는 이론이다.

- 전략적 접근에 대한 비판
  - 기업의 경영전략과 인적자원관리전략과의 적합성의 정도에 대한 측정이 용이하지 않다.
  - 전략적 접근은 상황적 접근을 기본가정으로 하는데, 이에 대해 페퍼는 효과적인 인적자원관리는 어떤 환경이나 경영전략에서도 그 유효성이 나타날 수 있다고 주장한다.

4) 노동지향적 접근

① 형성배경 : 독일 경영학의 규범주의

독일의 노총 산하 경제사회연구소는 1973년 "자본지향 vs 노동지향적 개별경제학"이라는 심포지움을 개최, 자본지향적 경영학에 대해 강하게 비판하며 노동지향적 인사관리를 주장

② 내용

- 핵심내용
  - 이제까지 자본에 종속되어 있는 것만으로 간주해 오던 노동을 자본과 최소한 대등한 위치로 자리매김해야 한다는 것
  - 해방적 합리성 추구

- 해방적 합리성 구현을 위한 정책
  - 노동이동을 부정하지 않는 상대적인 직장안전
  - 노동의 인간적 설계(생산성 제고 일변도가 아닌 근로자의 직업적·사회적 욕구를 충족시킬 수 있는 대책 마련)
  - 소득의 보장 및 증대(기업에서 창출된 가치는 보다 적극적인 교섭정책을 통해 공정하게 배분되어야 함)

③ 평가

－ 공헌

- 노동과 자본을 둘러싼 이해갈등에 정면으로 문제를 제기하며 이에 대한 해결의 중요성을 강조
- 오늘날 노사관계의 발전방향을 구체적으로 제시・제안
- 노동(인적자원)에 대한 가치인식, 나아가 인적자원의 유지와 계발을 위한 기본 방향을 제시

－ 비판

- 특정 집단의 이익추구를 위한 도구로 사용
- 독일 노총의 자본지향적 인사관리 접근에 대한 비판 중 과장된 것이 많음
- 기업이 자본지향적 인사관리를 포기하고 노동지향적 인사관리만을 추구했을 때 시장경쟁에서 살아남을 수 있겠는가 의문

참고　**시스템 이론**

① 등장배경과 의의 : 버틀란피에 의해 창안

"전체의 목적을 위해 함께 일하는 부분으로 구성된 체계"인 시스템으로서의 조직에 초점을 두고, 그 생존과 번영을 위해서 외부 환경과 지속적 상호작용을 해 나가는 것이 조직의 궁극적 역할이라고 보는 이론적 관점

② 시스템의 유형 : 외부상호작용을 상정하지 않는 폐쇄시스템, 외부와의 상호작용을 필요로 하는 개방시스템(open system)

－ 일반적으로 시스템이라 하면 개방시스템을 의미

▼ 개방 시스템의 구조

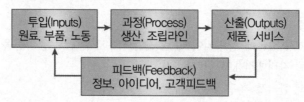

③ 시스템으로서의 인사관리 : 인사관리를 구성하는 각 영역(직무, 확보, 개발, 평가, 보상, 유지 등)은 모두 인사관리시스템의 하위시스템으로서 투입, 변환과정, 산출을 형성하고 있으며, 이 과정에서 외부환경과 적극적으로 교류한다.

참고 **상황이론**

① 의의 : 모든 조직에 보편타당하게 적용되는 원리나 설계기법을 찾기보다는 각 조직이 처한 상황에 맞는 조직구성의 방법이 있다고 보는 관점

② 기본 관점 : 조직효과성에 영향을 미치는 요인을 상황변수와 조직특성변수로 보며, 이들간의 적합성(fit)이 조직효과성을 결정한다고 주장, 상황이론은 일종의 결정론이라 할 수 있는데, 이는 상황적 조건에 따라 최적의 인사관리방식이 달라질 수 있음을 의미한다.

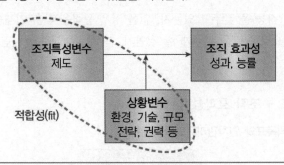

02 | 인사관리의 학문적 체계

1 인사관리의 연구대상 – 직무(일) × 인간(노동)

(1) 직무 : 구조적 측면 × 시간적 측면

(2) 인간 : 수행할 능력(직능)을 갖추고 있는지, 없을 경우 능력을 갖춘 인재를 새로 구할 것인지 혹은 기업에서 교육훈련으로 능력을 갖추게 할 것인지, 직무를 수행하는 사람이 만족하고 기업에 남아 일을 할 것인지

2 인사관리의 목표 – 조직 효과성

▼ 조직목표와 인사관리목표와의 관계

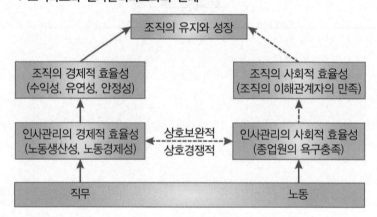

(1) 경제적 효율성(경영자측 관점)

① 기업을 경제·기술 시스템으로

② 노동성과(노동생산성, 노동경제성, 시간당 성과) 극대화

(2) 사회적 효율성(종업원측 관점)

① 기업을 사회시스템으로

② 종업원의 욕구충족을 통한 만족극대화

(3) 인사관리의 목표(요약)

① 인사관리의 목표는 기업조직의 목표달성에 기여해야 한다.

② 경제적 효율성과 사회적 효율성을 동시에 극대화해야 한다.

③ 두 목표를 균형적으로 추구하기 위한 조정시스템이 구축되어야 한다.

3 **인사관리의 기능적 차원**

(1) **인력확보** : 조직의 목표달성에 적절한 인력의 수와 질을 획득하는 활동

(2) **인력개발** : 확보된 인력의 능력을 최대한 개발함으로써 조직의 목표달성의 정도인 유효성을 높이는 과정

(3) **인력보상** : 종업원이 제공한 노동을 기업 목표달성에의 공헌 정도로 평가하여 보상을 제공하는 것

(4) **인력유지** : 종업원의 성과창출 의지(모티베이션) 및 능력을 계속 유지하도록 관리하는 과정

(5) **인력방출** : 기업과 종업원 간의 고용관계가 끝나는 경우

(6) 인사관리의 기능적 차원을 구성하는 제 활동들은 '직무(일)'를 중심으로 서로 톱니바퀴처럼 밀접한 관계

▼ 인사관리의 기능적 제 요소 간 관계

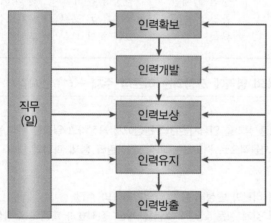

인사관리의 제 기능요소들 간의 관계는 서로 투입(input)과 산출(output)의 관계를 갖고 있을 뿐만 아니라 개별 기능요소들이 다른 기능요소들에 피드백되어 영향을 미친다.

4 **인사관리의 관리적 차원**

(1) **인력계획(Plan)**

(2) **인력실천(Do)** : 수립한 인력계획을 요구시점(t)에서 현실에 옮기고 집행하는 활동

(3) **인력통제(See)** : 수행된 일(성과)을 평가하고 이것을 계획된 것과 비교하여 그 차이를 발견하고 이를 수정하는 활동

	인력확보	인력개발	인력보상	인력유지	인력방출
계획 활동 (P)	• 수요/공급 예측	• 인사평가 • 교육훈련 필요성 분석 • 경력욕구 분석	• 보상에 대한 욕구구조 분석	• 종업원의 개인 목표 및 욕구구조 분석 • 노사관계 시스템 분석	• 수요/공급 예측
실천 활동 (D)	• 모집 • 선발	• 교육훈련 • 배치, 이동, 승진	• 임금수준 • 임금체계 • 복리후생	• 모티베이션 전략 • 산업안전 • 단체교섭	• 인력감축 • 이직대책
통제 활동 (S)	• 모집활동의 효과분석 • 선발활동의 타당성 분석	• 교육훈련의 효과 분석 • 배치/이동, 승진에 대한 공정성, 만족도 분석	• 보상수준의 적정성 분석 • 임금체계의 공정성 분석 • 복리후생 프로그램 효과 분석	• 종업원의 사기 수준 분석 • 산업재해 빈도 및 피해 분석 • 단체교섭 결과 분석	• 인력감축 프로그램의 효과 분석 • 이직감소 프로그램의 효과 분석

참고 **인사통제의 영역에 포함되는 이론적 주제 – (1) 인사감사**

Ⅰ. 의의
기업의 목적과 각종 성과를 인적자원관리 관점에서 공정하고 일정한 원칙 등에 비추어 정확성 · 합리성의 기준에 따라 자율적으로 검토하는 과정. 인사관리 통제 과정의 핵심

Ⅱ. 중요성
- 인사관리활동의 비판과 반성을 통한 경영합리화의 수단
- 인력관리정책이 갖기 쉬운 획일적 측면을 개선, 정책효과 측정의 수월성↑
- 인사관리가 시대와 환경 상황의 변화에 적응할 수 있도록 함
- 인적자원관리에 있어서 선행적 접근을 위해 필요

Ⅲ. 절차
- 목적과 범위를 설정
- 조직 내 · 외부의 전문가로 구성된 감사위원회를 구성
- 감사 실시
- 감사 보고서 작성
- 인사관리의 개선을 도모(feedback)

Ⅳ. 종류와 유형
(1) 감사대상과 범위에 따른 분류
- 전사적 차원의 감사(거시감사) – (HRM정책과 수행조직 전반을 대상으로)
- 본사에 대한 감사 – (인사정책과 그 시행을 대상으로)
- 부문별 감사(미시감사) – (인사관리 세부 실천항목을 대상으로)

(2) 감사주체에 따른 분류
- 내부감사(기업 내부의 인사스태프 중심)
  - 장점 : 실태 및 현상파악이 용이
  - 단점 : 조직 내 이해관계자들의 영향으로 새로운 시각에서 비판이 어려움
- 외부감사(기업 외부의 전문가(컨설턴트 등)에 의한 감사)
  - 장점 : (신기술, 타 기업과의 비교 등) 객관적 시각에 의한 평가
  - 단점 : 상대적으로 많은 비용
- 합동감사(기업 외부 전문가와 인사스태프가 합동으로)
  - 장점 : 내부 및 외부 감사의 단점을 보완
  - 단점 : 참여자 간 상호 책임전가 발생 가능

(3) 감사시기에 따른 분류
- 수시 감사 • 정기 감사

V. 인사감사의 실제 : ABC 감사방식(삼중감사)
- 일본노무연구회의 노무감사위원회에서 개발, 인사관리의 내용측면, 예산측면, 효과측면을 감사하는 전체감사 방식

[감사 순서 : A → B → C]
- 내용(Administration)측면 : 인사관리의 각종 제도와 정책 일반에 대한 적합성과 타당성 여부를 평가. 인사정책의 방침/시행내용, 운영과정상 문제점 조사, 개선방안 도출
- 예산(Budget)측면 : 인사관리 상 각종비용(예 고용관리비, 노사관계비, 교육훈련비, 복지후생비 등)과 예산(주로 인력비율에 근거하여 산정)을 비교
- 효과(Contribution)측면 : 인사관리의 실적(1인당 매출액, 1인당 생산량, 근로시간당 생산량 등)을 다각도에서 측정·검토, 해당연도의 HRM활동을 종합적으로 판단

VI. 감사결과의 보고
인사감사에서 발견된 각종 문제점 및 개선점들을 간결하게 문서화 및 도표화하여 최고경영층과 관계부서에 제출하는 과정

[성공적 보고를 위한 조건]
- 감사결과가 경영진의 충분한 지지를 얻어야 함
- 감사결과가 특정인의 책임추궁에 목적을 두지 말아야 함
  (∵ 인사정책이나 방침은 조직문화와 경영관행과 역대 인사담당자의 노력에 의한 합작품)
- 감사결과는 구체적인 정책이나 시책으로 반영되어야 함
- 감사결과는 최고경영진뿐만 아니라 관련 이해당사자들에게도 전달되어야 함

VII. 인사감사의 한계
- 측정의 애로
- 평가의 주관성
- 결과보고의 애로
- 구성원의 저항

참고 인사통제의 영역에 포함되는 이론적 주제 – (2) 인적자원정보시스템과 e-HRM

I. 의의

- 인적자원정보시스템(Human Resource Information System, HRIS) : 경영정보시스템을 구성하는 한 부분으로서, 인사관리에 필요한 각종 정보들을 과학적으로 활용하기 위하여 체계적이고 논리적으로 조직화한 체제
- 21세기 기업경영에서 특히 중요하게 요청되는 스피드와 유연성을 정보기술을 활용해 실현하는 것이 인적자원관리 분야에서도 필수불가결한 과제가 되어감에 따라 이를 구현하는 도구로서 등장하게 된 것이 전자인적자원관리(e-HRM)
  이는 인터넷과 각종 정보처리기술 등을 활용하여 인적자원관리 각 기능을 수행함으로써 인사관리에 소요되는 제반 비용을 줄이고 그 효과를 극대화하는 HRIS의 진화된 한 형태를 뜻함

II. 목적

- 인사관리의 합리화에 기여 : 비정형적 요소가 상대적으로 많은 인사관리를 시스템화하여 과학적인 과정으로 유도
- 인사관리의 전체적 최적화에 기여 : 인사 관련 정보의 관리 수준이 부분최적화에 그치지 않고 일반 최적화에까지 도달하도록 도와줌
- 인사관리가 급변하는 경영환경에 능동적으로 대응할 수 있도록 함 : 필요한 정보가 적시에 제공되어 경영관리의 고도화와 능률화에 기여

III. e-HRM의 발전과정

일반적으로 e-HRM 시스템의 확립은 다양한 인사부문의 정보들을 종합적으로 조직화하는 과정을 통해 달성

(1) 초기단계 – 기존의 HRIS 중심으로 종업원의 셀프서비스 개념을 도입, 적용하는 단계

(2) 웹 활용단계

1) 웹과 인트라넷의 일반화로 HRIS를 웹으로 전환하는 동시에 기업정보시스템으로 통합되는 단계
2) 쌍방향 커뮤니케이션이 가능한 인사정보서비스를 제공하고 현장관리자 및 종업원에 대한 권한 위양이 강화됨
3) 웹기술의 활용정도에 따른 단계
   ① 정보안내단계 : 일방적인 커뮤니케이션을 통해 단순정보를 안내하는 단계
   ② 데이터베이스 활용단계 : 인사정보를 인사부서가 축적, 가공, 활용하는 단계
      (종업원의 문의사항을 데이터베이스화하여 인트라넷으로 대응)
   ③ 인사정보 서비스 제공단계 : 커뮤니케이션 방식을 일방향 → 쌍방향으로 전환
      (종업원이 직접 자신의 정보를 수정·선택하는 종업원 셀프서비스가 이루어짐)
   ④ 고급인사정보 서비스 제공단계 : 쌍방향 커뮤니케이션의 효율적 활용으로 온라인 실시간 처리가 가능한 수준
   ⑤ 완결적 업무처리단계 : 인사업무 전반에 걸쳐 이상적인 e-HRM의 기능들이 구현되는 단계

(3) 포탈단계

- 인사업무뿐 아니라 회사 내 생활 및 업무수행에 필요한 종합적 정보나 서비스를 제공하는 종합 포탈 형태
- 기업경영 전체와 연계된 디지털 경영의 형태로 향후 e-HRM이 지향해야 할 장기적인 방향

Ⅳ. 기존 인사정보관리와 e-HRM의 차이점

	기존 인사정보관리 체계	e-HRM
관리대상	집단차원	개인차원
인사기능	자료수집 및 정보전달	전략적 인사관리
인사담당자	관리 및 주도적 수행	전문적 자문 및 지원수행
인사업무수행	서류중심, 시간제약이 큼 (작업 자체에 많은 시간 소요)	가상공간 활용, 시간제약 적음 (탄력적 운영 가능)
필요기술	관리능력 및 인간관계	IT관리기술 및 정보관리능력
자료수집	개인접촉을 통한 자료수집	컴퓨터, 이메일 등 다양한 도구 활용

Ⅴ. e-HRM의 도입 효과

(1) 인사기능 개선을 통한 비용절감
   - 페이퍼리스 오피스의 실현으로 비용과 시간의 절감이 가능. 웹상으로 자료 관리
     ▸ 데이터 갱신에 따른 추가비용 최소화
   - 인사 데이터에 대해 인사부서의 일괄처리 부담이 대폭 경감. 인사업무 중 정보관리의 대부분이 전산화
     ▸ 인적자원관리의 데이터에 근거한 과학적인 접근이 가능

(2) 종업원에 대한 서비스 개선을 통한 종업원 만족도 제고
   - 종업원의 규모나 인사서비스의 종류에 상관없이 '언제 어디서나 실시간으로 서비스를 받을 수 있는 여건' 마련
     ▸ 종업원 맞춤형 서비스 제공 가능
   - 일선 관리자에 대한 임파워먼트를 통해 현장중시관리가 가능한 여건 마련
     ▸ 실질적인 종업원 만족 제고, 현장관리의 신속화·유연화에 기여
   - 종업원 스스로 자신의 인사정보를 수시확인, 변동사항 수정이 가능
     ▸ 정확도와 참여도↑, 자율성·책임감·만족도↑

(3) 인적자원관리의 전략기능 강화
   - 단순반복업무의 부담이 경감
     ▸ 인사담당자의 전문성 심화, 전략적 업무(인재 확보·개발)에 많은 시간·비용을 투입가능
     ▸ 인적자원 관리상의 자원배분과 투자효율성 제고
   - 최고경영자, 현장관리자에게 적합/적시필요한 정보 제공
     ▸ 현장경영능력 배양, 현장 인사문제에 대한 전문가적 자문역할 수행 가능
     (궁극적으로 인사부서가 전략적 파트너로서 제 역할을 수행할 수 있는 기반 제공)

(4) 기업문화 변혁
   - 인사부서는 인사정보의 활용과 접근의 장애를 무너뜨림으로써 적극적으로 변화를 리드하는 부서로 전환이 가능
   - e-HRM은 운영목적·방식·범위 등의 확대와 공개
     ▸ 경영진, 관리자와 종업원간, 종업원간 활발한 커뮤니케이션을 유도하는 효과적인 툴로서 기능

VI. e-HRM의 활용영역

(1) 셀프서비스

- HRM 업무 중 정형화된 것들은 당사자가 시스템에 직접 접속하여 원하는 정보를 얻고 자료를 수정하는 등의 작업을 하는 것
- 이를 통해 각자는 원하는 정보를 손쉽고 빠르게 얻을 수 있고, 인사부서는 높은 부가가치를 창출하는 업무에 더 많은 노력을 할 수 있고, 정보의 정확성, 최신성 등을 높일 수 있고, 인사평가 등에서 제도의 취지와 관행 사이에 존재하던 괴리를 줄이는 효과

(2) 온라인 채용

- 지원희망자가 기간/장소제약 없이 인적사항을 기재하여 응시 가능
- 인사부서는 (적극적 홍보, 지원자의 입력사항 개발, 데이터베이스 관리, 적격자 선발방식 개발, 전체적 관점에서의 적재적소 실현방안 모색 등) 창의성이 높은 지식집약적인 부서로 전환

(3) 웹기반 인사평가

- 각자 자신의 PC에서 자신과 타인에 대한 평가결과를 입력하는 형태로 변화
- 인사부서는 단순 반복적인 작업 대신 평가시기의 조정, 평가지표·방법 개발, 결과의 활용방안 모색 등에 주력

(4) 웹기반 교육훈련

교육훈련에서도 소품종 대량생산 방식 → 다품종 소량생산방식으로 전환 요구

▶ 인터넷과 멀티미디어 기술을 결합한 교육훈련으로 교육내용의 양과 질을 한꺼번에 높일 수 있는 계기(∵ 한 번 개설된 강좌는 언제 어디서든 접속/이용 가능, 추후 업데이트 가능)

VII. 성공조건

(1) 사전에 치밀한 계획과 기술적 준비

대개 웹을 통하여 구축되기 때문에, 각 기업별 예산·시간제약 하에서 가장 효율적인 시스템 마련을 위해서는 상당한 수준의 기술력이 필수적

(2) 인사스텝과 라인관리자간의 원활한 업무협조

인사 이해당사자에게 실질적으로 의미 있는 정보제공을 위해 라인/스태프 모두로부터 의미있는 정보를 얻어야 하기 때문

(3) 최고경영층의 적극적인 지원

(4) 지속적인 개선

(5) 개인정보의 보호

5 **인사관리의 제도적 차원**

인사관리가 적용되는 기업형태(조직특성)에 따라 그 내용과 효율성이 달라질 수 있다.

(1) 제조기업의 인사관리

(2) 서비스기업 (은행 · 보험기업)의 인사관리

		제조기업의 인사관리	서비스기업의 인사관리
특징		• 제품을 생산하기 위해 구체적인 기술을 투입 • 표준화 및 기술의 주체가 기계로 넘어가게 됨 • 산출물의 유형성	• 투입되는 기술(기능)이 덜 구체적 • 고객과 생산자의 직접 접촉 ▶ 서비스활동의 효율성이 구성원들의 능력, 자세, 행동에 달림 • 산출물의 무형성 ▶ 서비스활동 측정 어려움
기능적 활동	확보	• 직무수행 자격요건은 비교적 구체적으로 인식 가능 • 지원자의 자격평가 용이 • 필요 기술인력 확보 어려움(∵ 구체적인 기술(기능)교육기관 불충분, 급격한 제조기술 변화로 종업원 보유 기술이 빠른 속도로 노후화)	• 직무수행 자격요건이 구체적으로 인식되지 ×, 지원자의 자격도 평가 × ▶ 일반적인 직무 자격요건과 지원자의 일반적인 능력을 비교하여 적합성 여부를 판단
	개발	• 개발목표 설정에 큰 어려움 × • 교육훈련 효과측정 비교적 용이	• 교육훈련의 내용(리더십, 동기부여, 고객 설득방법 등)이 덜 구체적 • 능력, 업적평가도 덜 구체적 ▶ 승진, 인사이동의 기준이 구체적 업적보다 연공을 많이 반영
	보상	• 제품생산결과(업적) 평가에는 큰 어려움 ×, 가치창출 측정용이 ▶ 창출된 가치의 분배(임금, 복리후생 등)에 대한 기준설정에 있어서 노사간 합의점을 찾는 것이 어려움	• 업적평가의 어려움 ▶ 연공을 기준으로 임금을 책정하는 경향
	유지	• 생산 작업장에서의 산업재해 문제	• 산업재해에 대한 두려움이 거의 × • 사무직에 대한 리더십 발휘, 동기부여 등이 용이하지 ×
	방출	• 인력확보와 직접적으로 연결. 특히 제조기술 발달로 유휴인력이 발생했을 때 방출관련 문제에 봉착	• 정규직의 이직률은 다른 업종에 비해 낮음 • 기술변화 속도가 제조업보다 느림 ▶ 기계화 · 자동화를 통한 인력감축에 대한 이슈의 강도가 별로 높지 ×

(3) 병원조직의 인사관리

(4) 호텔조직의 인사관리

6 인사관리의 환경적 차원

(1) 인력구성의 변화

21세기 기업인력의 트렌드는 다양성((diversity) 국적, 인종, 성별, 세대)

1) 다양성의 효과

① 장점 : 조직에 아이디어와 창의성

② 단점

- 가치관, 경험의 차이 ➡ 커뮤니케이션 실패 ➡ 오해·갈등 증가
- 편견, 차별 ➡ 조직구성원의 불만족

2) 신세대 : 탈권위주의, 개성존중주의, 인내심·절제력 부족, 의무보다 권리를 더 중요시, 신분·지위에 덜 집착, 일에 대한 자부심·성취욕 강함

3) 인종, 국적, 직종관련 차별대우로 법적 분쟁으로까지 번지는 사례

4) 고령화 : 연공급 주류 ➡ 기업 인건비 부담 가중
종업원의 정년연장 요구로 이어짐

5) 비정규직 : 1990년대 말 금융위기 이후 본격적으로 확대

인사관리상의 문제 : 임금차별로 인한 정규직과의 갈등, 회사에 대한 불만 증가, 일에 대한 몰입 저하

(2) 근로가치관의 변화

근로생활의 질을 중시하는 가치관으로 변화

: 일과 삶의 균형(Work-Life-Balance)으로 전개 ➡ 취업매력도에 영향

ㄴ 기업 인사관리에 어려움을 가져옴

(3) 글로벌 인재의 수요 증대

기업의 세계화 ➡ 기업들의 글로벌 인재확보가 전쟁수준

ㄴ 글로벌 인재의 모빌리티 증대가 기업을 더욱 어렵게 만들고 있음

우리나라 : ① 글로벌 역량을 갖춘 핵심인력의 유출위험 증대

② 신흥시장에서 근무할 글로벌 경영리더의 부족현상

③ 글로벌 인재의 몸값 상승으로 인건비 증가

(4) 스마트워크의 확산(정보통신 기술발전에 따른 일하는 방식의 획기적인 변화)

고정된 근무장소, 정해진 근무시간에 따라 일하는 방식 대신 정보기술(IT)기기 등을 활용해 장소·시간에 구애받지 않고 일하는 방식(예 이동/현장근무(모바일 오피스), 재택근무, 원격 사무실근무(스마트워크 센터)

1) 장점 : 사무공간이나 운영비용 절감(IBM 40~60%↓), 근로생활의 질↑

2) 단점

- 조직에 대한 몰입도가 줄어들 수 있음
- 상사·동료직원들과의 면대면 접촉이 낮아 소속감 저하, 기업이 원하는 생산적인 기업문화 형성에 문제 발생가능
- 역량개발 프로그램에 대한 참여 기회가 줄어들 수 있음
  (∵ 상사의 관찰기회가 적어 직원의 강점, 약점 평가가 어려움)
- 기업 보안문제 취약성 ➡ 핵심기술 등 정보유출 가능성

3) 효과 극대화를 위해 유효한 직무들을 찾아야 함

(면대면 커뮤니케이션의 필요성이 상대적으로↓, 업무의 내용이 비교적 명확하여 독립적으로 일할 수 있으며, 업무성과에 대한 평가가 정량적이며 객관적으로 할 수 있는 직무)

(5) 윤리경영에 대한 요구증대

1) 윤리경영은 선의지에 입각한 윤리적 행동을 조직경영이라는 특수한 상황에 적용한 것이며, 법적 책임의 준수는 물론 사회가 요구하는 윤리적 기대를 조직의 의사결정 및 행동에 반영하는 경영을 의미

- 고객에 대한 긍정적 이미지 제고(기업에 대한 신뢰 형성) ➡ 구매 선택으로 연결
- 조직구성원은 기업에 대해 자부심을 가지고 신뢰 ➡ 더 많은 에너지를 조직의 성공을 위해 투입

2) 윤리경영은 기업의 사회적 책임과 같은 맥락으로 사용

〈기업의 사회적 책임에 대한 견해〉

- **부정론** : 기업이 이윤을 내고 고용을 확대시키는 것으로도 사회적 책임을 완수한다는 것, 기업은 이해관계자(주주, 원자재공급자, 종업원 등)의 만족을 극대화시켜 기업을 존속 내지 지속적으로 성장하는 것으로 충분
- **긍정론**
  - 기업의 제품을 고객이 구매한다고 하더라도 이 제품 생산으로 인해 제품을 구입하지 않는 다수에 피해를 주는 경우(예 환경오염)
  - 기업이 경영을 위해 도덕적 해이(moral hazard)에 빠지는 경우
  - 기업을 개방시스템으로 볼 때 기업의 외부세계는 고객(잠재고객 포함) 등 기업의 이해관계자들인 것이다.

이러한 기업의 외부세계는 기업경영에 있어 자원을 획득하는 원천이다.

기업은 주어진 법을 지키는 준법경영(소극적 윤리경영)을 넘어서 사회에 기업성과의 일부를 환원하는 적극적인 사회적 책임을 수행(적극적 윤리경영)할 때, 보다 더 높은 경쟁력을 확보할 것

| 참고 | 윤리적 인적자원관리 |

1. 윤리적 인적자원관리의 개념

1) 윤리적 인적자원관리는 선의지에 입각한 윤리적 행동을 기업경영이라는 특수상황에 적용한 윤리적 경영의 일환으로 기업조직을 하나의 사회적 공동체로 인식하면서 조직 내부로는 조직정의를 지향하고, 조직 외부로는 사회적 책임을 실현하는 것을 의미

2) 기업윤리, 나아가 인적자원관리와 관련된 윤리경영의 네 가지 근거(or 정당성)

① 교조적인 근거 : 윤리적 근거가 종교적인 사상이나 절대적인 강령에 기초하여 본질적으로 비판이나 논의의 대상이 될 수 없는, 독단적인 것

② 의무론적인 근거 : 윤리적 근거가 외부에서 주어지는 법률이나 규범보다도 개인의 내부적인 성찰에서 비롯한 도덕적 결단에 의해 형성되는 것

③ 공리주의적인 근거 : 어떤 의사결정이 다른 대안들과 비교했을 때 가장 많은 사람들에게 유익을 줄 수 있을 때 그 결정을 윤리적이라고 평가함(공리주의(벤담, 밀) : "최대다수 최대행복")

④ 교호적인 근거 : 윤리적 근거가 어떤 사안에 관련된 사람들 간의 대화를 통한 합의에 정당성의 기초를 두는 것

3) 개별기업은 기업윤리의 틀을 설정하고 윤리경영을 수행하고자 할 때 위의 네 가지 근거 중에서 그 기업의 문화와 제도에 비추어 선호되는 근거를 선택·적용

2. 윤리적 인적자원관리의 속성

1) 인적자원관리의 윤리성은 공통적으로 다음과 같은 속성을 가져야 한다.

① 책임성 : HRM 담당자는 업무수행의 결과에 대해 책임을 질 수 있어야 한다.
책임성은 기업 내부의 당사자뿐만 아니라, 기업 외부의 이해관계자에 대한 사회적 책임도 포함

② 투명성 : HRM 담당자는 인사기능을 수행하는 데 있어서 관련 법률이나 규정을 준수하고 적절한 업무처리 프로세스를 거쳐 처리한다.
HRM 정책, 방침은 사전에 명시적으로 공표되어야 한다.
업무수행 과정·결과 정보는 기록이 유지되어야 하고 기밀이 아닌 한 원칙적으로 공개할 수 있어야 한다.

③ 공정성 : 근로자 개인의 존엄성 가치, 독특성은 최대한 존중되어야 한다.
성별, 학력, 출신지역 등 개인적·집단적 특성에 따른 차별을 금한다.
기술과 능력 개발의 기회가 공평하게 주어져야 한다.
인사업무 수행에 있어 공정하고 형평성 있는 기준들이 일관성 있게 적용되어야 한다.
법률/규정에 의하지 않는 인사상 특혜는 금지되어야 한다.

3. 윤리적 인적자원관리의 효과

1) 종업원 측 효과
① 근로생활의 질 향상　　② 동기부여 및 직무만족 제고
③ 종업원의 경쟁력 강화

2) 기업 측 효과
① 핵심인재 확보 유지　　② 성과 향상을 통해 조직 경쟁력 강화
③ 조직충성도 제고와 유대감 형성으로 공동체 의식 함양

PART
01

(6) 4차 산업혁명의 도래

1) 기술변화는 직무의 내용을 변화시킴

① 직무를 수행하는 작업자에게 요구되는 역량을 변화시킴

② 직무의 내용과 요구되는 역량의 변화는 인사관리 전반에 영향을 미친다.

2) 4차 산업혁명은 사물 인터넷(IOT), 빅데이터, 인공지능(AI), 사이버 – 물리시스템(CPS)을 활용하여 생산활동 및 인간의 생활에 서비스를 제공하는 것, 즉 사물 인터넷을 통해 얻은 정보를 클라우드에 저장하고 이를 빅데이터 기법으로 분석해 모바일을 통해 확산시키는 것이다. 여기에 인공지능이 판단과 추론을 더해 새로운 부가가치를 창출하는 것도 포함된다.

3) 4차 산업혁명이 인사관리에 미치는 영향

① **근무방식에 변화** : 임시직 고용관계 중심의 긱 경제(Gig Economy)가 확대될 것

② **확보** : 근로자에 대한 요구역량에 복잡한 문제해결 능력, 사회적 기술, 시스템 기술, 비주얼 능력 등이 포함

③ **개발** : 교육훈련의 질적 변화 예상(공통적 · 범용적 능력 개발교육)

④ **평가** : 업무수행결과를 실시간으로 알게 되고 근로자에게 그대로 피드백 가능, 수시평가가 이루어지게 됨

⑤ **보상** : 개인의 역량과 역할에 따라 개별적으로 보상이 결정(∵ 빅데이터, AI 활용으로 집단 내 개인의 성과평가가 훨씬 용이해짐)

| 참고 | 인사관리의 환경적 차원 |

1. 인적자원관리와 환경
- 기업은 대표적인 개방 시스템
- 기업마다 전략·목표, 환경·시장, 구성원 태도·가치관·능력 등에 차이가 있기 때문에 모든 기업에 있어서 모든 상황에 똑같이 적용될 수 있는 인적자원관리 방식은 존재할 수 없다.
- 환경의 기회요인을 잘 이용하고 위협요인을 최소화하여 인적자원관리의 성과를 극대화하여 기업의 목표달성에 기여할 수 있도록 하여야 한다.
- 인적자원관리는 환경변화에 소극적으로 적응만 할 것이 아니라 적극적으로 환경에 영향을 미치고 유리한 환경을 창조하는 역할을 수행하는 것이 필요하다.

2. 인적자원관리의 외부환경
(1) 노동시장
① 고령화 – 한국은 2017년 기준 고령사회에 도달
(65세 이상의 인구가 총 인구의 7% 이상 : 고령화 사회, 14% 이상 : 고령사회, 20% 이상 : 초고령사회)
[고령화에 따른 영향]
- 생산성 저하가 우려되는 자본집약 제조업에서 지식 및 기술기반 제조업으로의 빠른 전환이 불가피
- 신기술, 신지식 흡수에 소극적인 태도가 강해질 경우 기업내부의 혁신역량 제고와 경쟁력 강화에 커다란 위협이 될 수 있음
- 능력과 무관하게 임금이 자동적으로 오르는 호봉제나 퇴직금제도는 인건비 부담을 가중시키게 됨
② 여성 경제활동 참가의 증대
- 성차별 해소 및 고용평등 노력의 강화가 요구되고 있고 여성근로자의 모성보호 및 일과 가정의 양립에 대한 지원이 새로운 과제
- 여성의 능력을 어떻게 개발·활용·활성화시킬 것인지 방안이 요구됨
③ 고학력화
- 인력의 자격과잉현상
- 일반적으로 교육수준이 높아짐에 따라 기대수준 ↑, 고학력자들은 참여욕구와 노동의 내재적 만족에 높은 욕구
④ 비정규직
(2) 세계화
- 외국인 근로자에 대한 차별대우 문제, 문화차이 문제, 법적 신분문제 등 발생. 이들에 대한 인사정책 마련 필요
- 국제인적자원관리의 정책 및 실무에 대한 전문가 육성 필요
(3) 사회문화적 환경
- 개인의 행동에 영향을 미치는 집단, 문화, 신념, 가치관, 태도, 라이프스타일 등과 관련된 환경으로서, 사회의 역사와 전통, 종교·문화적 유산에 의해 영향을 받는다. 이러한 요인들은 조직구성원의 태도와 행동에 영향을 미친다.

사회의 문화와 가치관은 쉽게 변하지 않으며 장기간 유지된다.

• 세대간의 격차 문제

• 삶의 질을 중시하는 사회로의 변화 추세

(4) 기술변화

  – 기술변화는 고용수준(양적측면), 직종구성・직무구조・업무분담(질적측면) 등에 영향

  – 기업이 기술변화・혁신 ➡ 일반적으로 고용감소 초래 ➡ 구성원・노동조합의 반발을 야기하기 쉽다.

      ↳ 저항 예방을 위해 구성원들에 대한 배치전환, 재교육 등을 통해 반발을 최소화할 수 있는 인적자원관리 필요

▼ **기술진보에 따른 직무수행 자격요건의 변화**

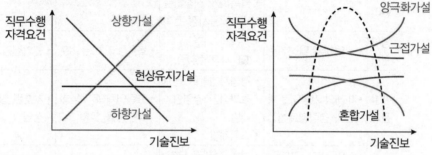

(5) 정부

  – 기업을 둘러싼 다양한 이해관계자들의 서로 다른 이해를 조정하기 위해 여러 사안에 대해서 직접 개입(특히 절차적 측면에 분배의 형평성을 위해)

  – 노동관계법은 인적자원관리 전반에 영향을 미친다.

  – 기업은 노동법을 준수하는 동시에 기업과 근로자의 이해관계를 어떻게 조화시키며 그 협력관계를 어떻게 설정하고 실현할 것인가에 인적자원관리의 초점을 맞추어야 할 것이다.

(6) 노동조합

  – 노동조합은 인적자원관리 전반에 걸쳐 기업의 의사결정에 영향을 미친다.

  – 노동조합과의 관계는 기업의 사람관리 및 성과창출에 중요한 영향(협력적 노사관계 : 구성원 직무만족도・생산성↑ ➡ 경영성과와 경쟁력↑)

  – 노동조합의 존재 ➡ 기업의 HRM도 보다 전문화・규정화・체계화되는 경향

3. 인적자원관리의 내부환경

(1) 경영전략

인적자원관리의 전략적 성격이 중요해지면서 기업의 전략과 인적자원관리를 '적합화'시키려는 노력이 증대하고 있다. 또 인적자원관리를 통한 인적자원역량의 축적이 전략의 수립과 실행에 영향을 미치게 된다.

1) 성장전략 : 기업의 규모 확장과 관련한 전략

    ① 집중전략 : 현재의 시장에서 점유율을 높이는 전략

    ② 확장전략 : 새로운 제품을 개발하거나 신시장 영역으로의 진출을 의미

    ③ 철수전략 : 기존시장영역으로부터 벗어나는 전략

    이들 전략은 각기 인사관리 제도와 정렬되어야만 그 효과성을 담보 가능

〈기업수명주기〉: 조직을 하나의 유기체로 간주하고 탄생과 성장 및 성숙과 쇠퇴의 단계를 거치며 변천해 간다고 보는 관점(인사관리는 기업수명주기에 맞게 필요한 활동을 전개해야만 조직 효과성을 달성할 수 있다.)

	도입기	성장기	성숙기	쇠퇴기
중심 가치	• 기업가 정신	• 영업	• 경쟁력	• 비용
확보 · 유지 관리	• 우수인력 및 전문가 영입	• 적절한 양적 · 질적 공급 • 경영자 승계계획 • 급속하게 성장하는 내부노동시장 관리	• 이직 장려 • 배치전환 장려	• 인력 감축 • 배치 전환
평가 관리	• 사업계획 달성기준	• 성장성 기준 (예 시장점유율)	• 효율성 및 이윤 기준	• 원가절감기준
개발 관리	• 미래의 기능요건 확인과 경력경로설정	• 경영자개발을 통한 효과적인 경영팀 개발 • 조직개발	• 고령인력의 기능과 유연성을 유지	• 재훈련 실시와 경력 상담
보상 관리	• 고임금 또는 경쟁적 임금수준으로 인력 유인 • 주식배분	• 대외 경쟁력 유지 • 대내 공정성 확립 • 공식적 임금구조 확립	• 비용통제	• 엄격한 비용통제
노사 관계 관리	• 노사관계의 기본철학 정립과 조직계획	• 산업평화 유지와 종업원 동기부여 및 사기의 유지	• 노무비 통제와 산업 평화의 달성, 생산성 향상	• 작업규칙의 유연성 확보와 생산성 향상, 산업안전과 고용조정정책 협상

2) 경쟁전략 : 고객의 욕구 충족과 시장에서의 우월적 지위 형성을 도모하는 전략
(마일즈와 스노우(Miles & Snow), 포터(Porter))

① 마일즈와 스노우의 전략유형

시장환경에의 대응방식, 즉 고객의 욕구를 파악하고 충족시키는 방식에 따라 혁신형(공격형), 방어형, 분석형으로 전략을 분류했다. 이들은 전략유형에 부합되는 조직구조 및 관리특성을 갖추어야 성과를 낼 수 있다고 주장했다.

• 혁신형 : 새로운 고객의 욕구를 파악하여 이를 신속하게 충족시키는 전략. 신제품과 신기술의 혁신을 주요 경쟁수단으로 삼는다.

• 방어형 : 보다 효율적인 제조를 통해서 기존의 제품을 높은 품질이나 낮은 가격으로서 고객의 욕구를 충족시키는 전략

• 분석형 : 먼저 진입하지는 않고 혁신형을 관찰하다가 성공가능성이 보이면 신속하게 진입하고 공정상의 이점이나 마케팅상의 이점을 살려서 경쟁하는 전략

▼ 마일즈 – 스노우의 전략유형별 인적자원관리

	혁신형(공격형)	방어형	분석형

제품/
시장
전략
	• 다수의 변동적 제품 계열
	• 제품혁신과 시장에 대한
	  즉각적 반응
	• 신시장에 최초 진입
		• 소수의 안정된 제품 계열
		• 규모의 경제에 의한 비용
		  효율성
		• 시장침투
			• 안정적 · 변동적 제품 계열
			• 공정변화와 계획적 혁신
			• 개선된 제품으로 시장에
			  후발 진입

연구 개발	• 제품설계 • 시장조사	• 공정기술과 제품개선	• 제품 및 공정변화
생산	• 유연한 장비와 프로세서	• 대량생산 • 저가의 전용장비와 공정	• 저가생산으로 전환하기 위 한 프로젝트
조직 구조	• 사업부 조직	• 기능식 조직	• 프로젝트 조직, 매트릭스 조직

통제
과정
	• 분권화
	• 결과에 의한 통제
		• 중앙집권적 통제
		• 계획에 의한 통제
			• 안정적 단위는 계획에 의한
			  통제
			• 프로젝트는 결과에 의한
			  통제

HRM 계획 과정	실행 → 평가 → 계획	계획 → 실행 → 평가	평가 → 실행 → 계획
기본 역할	• 혁신	• 유지	• 조정
인력 계획	• 비공식적이고 제한적임	• 공식적이고 철저함	• 공식적이고 철저함
충원 선발 배치	• 영입(Buy)	• 육성(Make)	• 육성 및 영입
인사 평가	• 결과지향 • 외부 충원에 초점 • 기업 및 부서 평가 • 장기성과 중시	• 과정지향 • 개발에 초점 • 개인 및 부서 평가 • 단기성과 중시	• 과정지향 • 개발 및 충원에 초점 • 개인 · 부서 · 조직 평가
훈련 · 개발	• 기능확인과 적용	• 기능형성	• 기능형성과 적용
보상	• 대외 경쟁성 • 성과급 비중 큼	• 내부 공정성 • 기본급 비중 큼	• 내부 공정성과 대외 경쟁성

② 포터의 전략유형

포터는 높은 투자수익률을 확보하고 장기적으로 산업 내에서 경쟁우위를 가질 수 있는 본원적 경쟁전략(generic competitive strategy)으로 차별화 전략, 원가우위 전략, 집중화 전략의 세 가지 유형을 제시

- 차별화 전략 : 구매자가 중요하다고 여기는 속성을 선택해서 그 요구에 맞추어 기업이 판매하는 제품이나 서비스를 경쟁기업과 차별화시키는 기업의 전략적 경영활동
- 원가우위 전략 : 원가절감을 위한 여러 가지 기업활동 기능상의 방책들을 통해 해당 산업에서 우위를 달성하려는 전략
- 집중화 전략 : 특정한 범위의 시장에서 가장 잘 할 수 있는 측면에 경영역량을 쏟는 전략. 산업 전체를 대상으로 하는 차별화/원가우위 전략과는 달리 시장의 일부 영역을 그 대상으로 한다.

▼ 포터의 전략유형별 인적자원관리

	차별화 전략	원가우위 전략
확보 관리	• 고도의 창의성과 협력 • 생산량에 대해서는 보통 정도의 관심 • 장기지향 • 모호성에 대한 관용 • 위험선호의 태도를 가진 종업원 선호	• 산출량 중시 • 단기초점 • 안정 및 위험회피 추구 성향을 가진 종업원을 선호
평가 관리	• 결과중심 인사평가 시스템	• 행동중심 인사평가 시스템
개발 관리	• 조직 내부보다 외부에서 더 많은 인력을 충원하므로 다양한 조직사회화 프로그램과 광범위한 경력경로 제공	• 요구하는 스킬을 구체적으로 규정하고 이를 종업원들에게 교육(∵ 생산효율성에 초점) • 승진에 있어서 주로 내부 승진
보상 관리	• 외부 공정성을 중시(∵ 외부채용 필요성에 의한 영향)	• 상사와 부하간 임금격차가 큰 임금체계를 운영
유지 관리	• 직무에 대해 넓게 규정해서 창의성을 보다 많이 발휘할 수 있게 • 명확한 목표관리를 통해 구성원의 동기수준 유지에 집중	• 근로자 참여를 통해서 효율성과 생산성을 제고

(2) 기업지배구조

- 기업을 둘러싼 이해관계자들간에 통제권이 분포되어 있는 형태
  (이해관계자 : 주주, 종업원, 경영자, 채권자, 고객, 공급업자, 지역사회, 정부 등)
- 독일의 기업은 종업원, 고객, 지역사회 및 금융기관, 주주들이 공동책임을 지는 공동체로 간주된다. 이를 반영하여 인적자원관리는 종업원의 높은 참여가 바탕이 된다.
- 일본의 대기업지배구조는 기관소유체제가 특징이다. 경영자는 기업내부에서 성장한 사람들로서 종업원 목표를 중시한다. 종업원 지향적 인적자원관리가 이뤄진다.

(3) 최고경영자

– 최고경영자의 인사철학은 기업의 인적자원관리에 매우 큰 영향

– 최고경영자가 인적자원을 기업의 경쟁력을 결정하는 핵심자산으로 보는 경우 : 우수인력을 확보하고 이들을 동기부여시키고 육성하는데 인적자원관리의 초점

– 최고경영자가 인적자원을 인건비를 발생시키는 비용요소로 보는 경우 : 인건비 절감을 위한 인력관리의 합리화와 인사통제에 중점

(4) 조직규모

일반적으로 조직의 규모가 확대될수록 인적자원관리기능의 분화가 발생한다. 인적자원관리 기능이 전문화·집중화되면서 조직 내 전문부문으로서 인사담당부서가 생기게 된다. 이때부터 본격적으로 인적자원관리의 제도화가 이루어진다.

03 | 전략적 인적자원관리
(Strategic Human Resource Management, SHRM)

1 의의

(1) 개념

1) **전략** : 원래 군사병법에서 나온 용어로서 군대를 전쟁에서 승리하도록 이끄는 총괄계획이다. 오늘날 전략은 기업경영에 도입되어 기업이 불확실한 상황 및 경쟁환경하에서 나아가야 할 방향을 설정하고 기업의 목적을 달성하기 위하여 체계적이고 합리적인 대응노력을 기울이도록 하는 기본방침 또는 계획의 의미를 갖고 있다.

2) **전략적 인적자원관리** : 조직의 전략과 연계되어 설계되고 운영되는 인적자원의 관리방식으로 기존의 인적자원관리를 보다 통합적인 관점에서 다루는 것을 의미한다.

통합적인 관점은 두 가지 측면에서 이루어진다.

- **수직적 통합**(vertical integration)

  인적자원관리는 조직의 미션과 비전을 달성하기 위한 사업전략과 상호 연계되어 이루어져야 한다(기능적 수준의 HRM → 전략적인 수준으로 끌어올려야 한다는 것).

  이를 위해 기업의 인적자원관리 전략을 수립해야 한다.

- **수평적 통합**(horizontal integration)

  인적자원관리의 각 기능들(확보, 개발, 평가, 보상, 유지, 방출)이 각각 서로 별개의 역할을 하는 것이 아니라 인적자원관리의 전략과 목표를 달성하기 위해 일관성·일치성을 가지고 상호 유기적으로 결합되어야 한다.

(2) 인적자원관리의 발전과정

▼ 인적자원관리의 발전 단계

1) **체계화된 인사관리 이전 단계(Pre-Personnel)**

➡ 인사관리 각 기능이 제도화되지 못하고 종업원 인적사항 등의 기록, 문서의 보관·관리에 치중

2) 인사관리(Personnel Management)의 등장

- 기업의 규모가 커지고 기능의 분화가 이루어져서 직원들의 전문성이 강화
- 관리자들의 비윤리적 행태에 반발해 노조운동이 일어나고 노사갈등 격화의 배경하에 체계적인 인사관리가 필요하게 됨
- 과학적 관리법의 출현
- ➡ 인사관리의 개별 기능들이 합리화·제도화되었으나 각 기능들이 서로 통합되지 못하고 분리·운영

3) 인적자원관리(Human Resource Management)로의 전환

- 전환의 계기는 인간관계학파의 등장
- 기업간 경쟁의 심화, 경쟁력의 초점이 사람을 향함
- ➡ 효과적인 인적자원의 확보·개발·활용을 위해 개별기능들이 점차 통합되어 가는 단계

4) 전략적 인적자원관리(SHRM)로 확대

- 국제무역환경이 WTO체제가 되면서 경쟁이 무한경쟁 or 국경을 초월한 경쟁이라고 부를 정도로 심화
- 전략(strategy) 분야가 경영학에서 새롭게 등장
- 1990년대에 들어서 거시적 관점에서 조직전략을 인사관리와 연계한 SHRM에 대한 연구가 본격화. 인사관리와 기업성과, 특히 재무적 성과와 관계를 논의하기 시작(경영효율성 극대화 측면에서 논의되었던 인사관리가 경영효과성, 즉 기업성과를 높이는 조직경쟁력의 일환으로 거론되기 시작)
- ➡ 인적자원관리가 그 외연을 넓혀 조직의 전략·목표와 연계되어 설계되고 운영되는 단계

2 SHRM의 특징(전통적 HRM과의 차이)

인적자원관리라고 하는 기본적인 틀과 원리원칙에는 변함이 없으나, 어떻게 접근하는가 하는 점에서 큰 차이를 보임

▼ 전통적 HRM과 전략적 HRM의 비교

전통적 HRM	전략적 HRM
사람 : 비용	사람 : 자산
초점 : 미시	초점 : 거시
기능적	전략적
수동적	능동적
내부 중심	고객 중심
집권화	분권화

(1) 비용(cost) 관점 ➡ 자산(assets) 관점

SHRM의 등장은 경쟁력의 원천이 변화했기 때문

조직에서 구성원은 비용인 동시에 자산의 역할을 하지만 과거에 비해 자산으로서의 관점이 더욱 중요하게 대두

(2) 미시(micro) 초점 ➡ 거시(macro) 초점

- 인적자원관리의 목표를 어디에 두고 있는가 하는 점
- 전통적 HRM : 미시적 관점에서 개인 단위에 초점을 맞춰서 구성원들의 만족·태도 혹은 행동, 개인성과를 우선시
- 전략적 HRM : 거시적 관점에서 조직 전체에 초점을 맞춰서 인적자원관리가 궁극적으로 조직 전체의 성과에 미치는 영향에 대해 관심을 갖게 됨

(3) 기능적(functional) 관점 ➡ 전략적(strategic) 관점

- 전통적 HRM : (확, 개, 평, 보, 유, 방)각각의 기능적인 역할을 중요시
- 전략적 HRM : 각각의 기능들을 한 방향으로 결집하여 전략적인 목표를 달성하는 데 기여하고 있는지를 판단

(4) 수동적(reactive) 관점 ➡ 능동적(proactive) 관점

- 전통적 HRM : 사업의 필요에 대응하는 수동적인 관점이 주를 이룸

  가능한 한 문제를 일으키지 않는 수준에서 기능 수행

  (M&A시 : 인수합병 이후 피인수 기업의 인사제도를 개편)
- 전략적 HRM : 조직의 경쟁력 확보를 위해 능동적으로 선제적 활동 수행

  (M&A시 : 인수합병 전 피인수 기업의 구성원 역량이나 조직문화가 우리조직과 시너지효과를 가져올 수 있는지 선제적 판단)

(5) 무엇을 하는가(What to do)의 내부 중심 ➡ 무엇을 전달할 것인가(What to deliver)의 고객 중심

- 전통적 HRM : 무엇을 했는가가 중요(조직 내부의 인사부서의 활동이 중심)

  (예 직책자들에게 교육훈련을 실시했다. 연봉제를 도입했다.)
- 전략적 HRM : 그래서 어떤 효과가 있었는가 혹은 고객들에게 어떤 변화를 가져다주었는가 하는 점이 중심

  (예 교육훈련을 통해서 직책자들의 리더십이 변화하였는가? 연봉제를 도입했더니 구성원들의 의욕이 높아져서 고객이 더 만족하게 되었는가?)

(6) 집권화(centralized)된 의사결정 ➡ 분권화(decentralized)된 의사결정

- 전통적 HRM : 인적자원관리의 주요 의사결정이 스태프 부서인 인사부서에서 이루어짐
- 전략적 HRM : 인적자원관리의 주요 의사결정을 현업 부서인 라인관리자들이 담당

  (∵ 인적자원이 비용이 아니라 자산으로 다뤄져야 하므로)

3 **SHRM의 개요**

(1) 개념

- 미션(mission) : 조직이 존재하는 근본적인 목적
- 비전(vision) : 미션을 구체화된 목표로 표현한 것(미래에 도달하고자 하는 조직과 구성원들의 바람)
- 전략(Strategy) : (비전을 실현하기 위한, 즉 조직의 목적을 달성하기 위한) 자원의 효율적·효과적 활용을 위한 구체적 계획
  전략에는 기업전략, 사업전략, 기능적으로 재무·마케팅·생산·R&D·인사 전략 등이 있다.
- 인사전략(HR Strategy) : 조직에서 사업목적을 달성하기 위해 인적자원의 효율적·효과적 활용방안에 대한 중장기 계획

(2) HR전략과 전략적HR

- 전략적 HR : 인사전략을 수립하는 과정, 즉 인적자원의 중장기 활용계획을 어떻게 수립할 것인지 결정하는 과정
- 인사전략을 수립하는 기준이 되는 것은 조직의 미션과 비전으로 표현되는 목적과 목표이다.
  전략적 HR에서는 조직이 추구하는 목적과 목표에 적합한 인재(인재상)를 정의하는 일이 중요.
  전략적 HR을 통해서 인재상이 정의되면 이에 따라 어떤 인사관리방법을 활용할지 결정된다.
- 전략적 HR이 성공적으로 이루어지기 위해서는 인적자원관리에 어떤 옵션이 있는지 알고 이들 옵션을 어떻게 활용해야 하는지 이해해야 함

▼ 전략적 HR의 선택 옵션

HR 영역	전략적 의사결정기준	활용 가능한 옵션
확보	모집방법	내부/외부 모집, 신입사원/경력사원 중심
	선발결정	라인관리자 결정/참여, 인사부서 결정
	선발도구	서류전형, 구조화면접, 평가센터법
평가	평가방법	상대평가, 절대평가
	평가의 목적	개발 목적, 통제 목적, 인사 결정
	평가 주체	직속상사, 다면평가
개발	훈련방법	개인훈련, 집단훈련, OJT
	훈련내용	직무전문성/조직문화/글로벌 역량 강화
	경력개발	육성 중심, 시장 중심
보상	임금 수준	시장 선도, 시장 균형, 시장 추종
	임금 구성	기본급 중심, 성과급 강화, 복리후생 강화
	기본급	연공급, 직무급, 역할급, 직능급
이직	고용조정정책	정년 보장, 조기 퇴직, 상시 구조조정
	이직관리	자발적 이직 유도, 비자발적 이직 활용

4 SHRM의 활용

SHRM에서 다루고자 하는 것은 조직에서 인적자원관리를 어떻게 전략적으로 활용해야 성과가 높아지고 궁극적으로 사업의 목적을 달성할 수 있을 것인가 하는 점이다.

참고 **효과적인 HR전략의 조건**

SHRM이 구체적으로 성과에 긍정적인 영향을 가져오기 위한 조건 : [외적 적합성]과 [내적적합성]

▼ 효과적인 HR전략의 조건

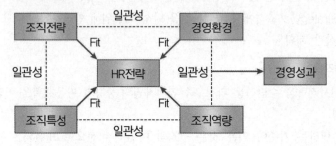

[외적 적합성]

HR 전략이

① 조직의 전략과 적합성이 높을수록

② 조직이 처한 경영환경과의 적합성이 높을수록

③ 조직이 보유하고 있는 특성과 적합성이 높을수록

④ 조직이 보유하고 있는 역량을 잘 활용할 수 있을수록

↳ 경영성과가 높아진다.

[내적 적합성]

⑤ HR 시스템을 구성하는 각 요소인 확보, 평가, 개발, 보상, 이직의 활동이 상호 일관성을 갖출수록

↳ 경영성과가 높아진다.

---

(1) 조직전략과의 적합성

1) 기업전략(기업 전체 차원에서 이루어지는 전략)

① **성장위주전략** : 기업이 적극적으로 새로운 사업에 참여하고 현재의 사업 포트폴리오를 다각화하는 전략

- 구성원들에게 위험을 감수하고 새로운 사업 기회를 창출하고자 하는 기업가 정신을 요구한다.
- HR 전략은 내부 승진보다는 외부 인재를 영입하고, 이들이 자신의 역량을 발휘하여 업적을 낸다면 이에 상응하는 인센티브 필요

② **안정위주전략** : 현재 하고 있는 사업을 꾸준히 유지하고 급격한 성장보다는 시장점유율을 지키려는 전략

- 현재의 견고한 시장점유율을 유지하면서 꾸준하고 안정적으로 사업을 성장시키는 인재를 요함

− 위험을 감수하기보다는 구성원들간의 팀워크와 안정적 조직문화에 적합한 HR 전략이 필요
(회사의 문화와 정책에 맞는 인재를 선발, 지속적인 교육훈련을 통해 경력관리를 해서 CEO
까지로도 성장시킬 수 있는 인사제도 필요)

2) 사업전략(사업부 혹은 부문 단위의 전략)

경쟁우위를 어디에서 찾을 것인가에 따라 분류

• 경쟁전략 : 고객의 욕구 충족과 시장에서의 우월적 지위 형성을 도모하는 전략
(마일즈와 스노우(Miles&Snow), 포터(Porter))

① 마일즈와 스노우의 전략유형

− 시장환경에의 대응방식, 즉 고객의 욕구를 파악하고 충족시키는 방식에 따라 혁신형(공
격형), 방어형, 분석형으로 전략을 분류

− 주장 : 전략유형에 부합되는 조직구조 및 관리특성을 갖추어야 성과를 낼 수 있다.

• 혁신형 : 새로운 고객의 욕구를 파악하여 이를 신속하게 충족시키는 전략. 신제품과 신
기술의 혁신을 주요 경쟁수단으로 삼음

• 방어형 : 보다 효율적인 제조를 통해서 기존의 제품을 높은 품질이나 낮은 가격으로서
고객의 욕구를 충족

• 분석형 : 먼저 진입하지는 않고 혁신형을 관찰하다가 성공가능성이 보이면 신속하게
진입하고 공정상의 이점이나 마케팅상의 이점을 살려서 경쟁하는 전략

② 포터의 전략유형

− 포터는 높은 투자수익률을 확보하고 장기적으로 산업 내에서 경쟁우위를 가질 수 있는
본원적 경쟁전략(generic competitive strategy)으로 차별화 전략, 원가우위 전략, 집
중화 전략을 제시

• 차별화 전략 : 구매자가 중요하다고 여기는 속성을 선택해서 그 요구에 맞추어 기업이
판매하는 제품이나 서비스를 경쟁기업과 차별화시키는 기업의 전략적 경영활동

• 원가우위 전략 : 원가절감을 위한 여러 가지 기업활동 기능상의 방책들을 통해 해당 산업
에서 우위를 달성하려는 전략

• 집중화 전략 : 특정한 범위의 시장에서 가장 잘 할 수 있는 측면에 경영역량을 쏟는 전략.
산업 전체를 대상으로 하는 차별화/원가우위 전략과는 달리 시장의 일부 영역을 그 대
상으로 한다.

(2) 경영환경과의 적합성

− 경영환경은 기업이 제품이나 서비스를 제공하는 시장의 특징에 따라 달라진다.
(경쟁이 국내에 한정되어 있는지 글로벌 시장까지 확장되어 있는지, 조직이 속한 산업이 어떤
산업인지도 중요한 요소)

− 환경적인 요소

• 불확실성의 정도(경영환경을 분석함에 있어서 얼마나 정확한 정보가 주어지는가)

- 환경의 변동성(경영환경이 얼마나 자주 변화하는가)
- 환경변화의 규모(경영환경이 변화할 때 그 진폭의 크기)
- 환경의 복잡성(경영환경을 예측함에 있어서 얼마나 많은 변수를 고려해야 하는가)
- 이 네 가지 요소는 연관성이 있지만 상관관계가 항상 높지는 ×

▼ 경영환경과 HR 전략

환경요소	환경요소가 낮을 경우 HR 전략 예시	환경요소가 높을 경우 HR 전략 예시
불확실성의 정도	• 구체적인 인적자원계획 • 직무에 특화된 훈련 • 고정급 중심 • 상사에 의한 평가	• 개략적인 인적자원계획 • 일반적 역량 훈련 • 변동급 중심 • 다면평가
환경의 변동성	• 통제 중심 평가 • 직무에 특화된 훈련 • 고정급 중심	• 유연한 평가 • 일반적 역량 훈련 • 변동급 중심
환경변화의 규모	• 명확한 직무기술서 • 공식적 채용과 사회화 • Make 고용전략 • 동일한 평가절차	• 일반적 직무기술서 • 비공식 채용 • Buy 고용전략 • 차별화된 평가절차
환경의 복잡성	• 통제 중심 평가 • 내부 승진 • 임금 결정의 집권화 • 상사에 의한 평가	• 유연한 평가 • 외부 경력사원 채용 • 임금 결정의 분권화 • 다면평가

(3) 조직특성과의 적합성

조직특성은 조직 내부에 대한 판단이다.

1) 조직의 내적요소

① 생산과정

제품이나 서비스를 고객에게 전달하기 위해 어떤 과정을 거치는가 하는 점이다.

- 사전에 계획된 생산절차에 따라 반복적으로 제품을 생산하는 기업(자동차, 전자제품, 철강 등) : 구체적인 직무기술서와 이에 따른 교육훈련과 평가, 고정급 중심의 보상
- 고객의 요구에 따라 수시로 새로운 결과물을 만들어 내야 하는 기업(광고회사, 컨설팅회사 등) : 유연한 직무기술서와 이에 따른 일반적인 역량에 대한 교육훈련과 평가, 성과급 중심의 보상

② 시장점유율

- 시장을 선도하는 기업 : 시장을 유지하기 위한 안정성을 추구하는 HR 전략

PART
01

• 선도기업을 추종하고 앞서려고 노력하는 기업 : 공격적인 시장 확보를 위한 혁신과 강한 성취감을 추구하는 HR 전략

③ 경영철학

• 최고경영자가 위험 회피 성향이 강하고 권위적인 경영철학을 가지고 있는 기업 : 고정급 중심, 중앙집권적 의사결정, 통제중심 평가

• 위험 선호 성향이 강하고, 구성원의 참여를 격려하고, 평등주의 경영철학을 가지고 있는 기업 : 성과급 중심, 분권화된 의사결정, 개발중심 평가

④ 조직구조

• 결재단계가 길고 기능의 분화가 잘 되어 있는 공식화된 조직구조 : 구체적인 직무기술서, 중앙집권화된 보상 결정, 통제 중심의 평가

• 결재단계가 간결하고 조직의 계층이 납작하며(flat) 공식화가 덜 되어 있는 조직구조 : 일반적인 직무기술서, 분권화된 보상 결정, 개발 중심의 평가

⑤ 조직문화

예 적극적이고 활기차며 성과 중심의 기업가 정신을 기대하는 경우 vs 전통적이고 보수적이며 구성원들에게 충성심을 요구하는 대신 조직은 이에 상응하는 장기적 고용관계를 제공하는 경우

(4) 조직역량과의 적합성

– 조직역량은 기업이 경쟁우위를 갖기 위해서 다른 경쟁자들과는 차별화되는 핵심역량을 의미

예 • 3M : 차별화된 접착력을 가진 제품을 만들 수 있는 창의적인 연구개발 능력

• 도미노피자 : 배달의 속도

• 사우스웨스트 : 고객들에게 재미를 제공할 수 있는 구성원들의 열정과 이를 제공하는 조직문화

– HR 전략은 이러한 조직역량을 유지하고 강화할 수 있어야 한다.

예 사우스웨스트의 HR 전략 :

• 철저하게 조직문화와 맞는 신입사원을 선발하고자 엄격하게 구조화된 면접방법을 사용

• 이미 다른 항공사의 조직문화를 접했던 지원자는 배제

• 구성원들의 자부심과 동기부여를 위해 다양한 비금전적 보상방식 사용, 종업원지주제 도입)

(5) HR 시스템 내부의 일관성

전략적 HR을 만들어내기 위해서 고려해야 하는 여러 가지 HR영역간에 상호 일관성을 갖추어야 한다. 확보, 평가, 개발, 보상, 이직활동들이 서로 별개로 이루어지는 것이 아니라 조직의 성과를 높이기 위해 상호 보완적으로 기능을 해야 한다.

참고 │ SHRM의 접근법

SHRM에서는 궁극적으로 경영성과에 기여하는 인사관리를 강조하는데 인사관리와 경영성과 간의 관계에 대해서는 세 가지 다른 관점이 있다.

〈보편론적 관점〉

어떤 환경에서도 최상의 제도를 도입하면 성과를 낼 수 있다는 관점

〈상황론적 관점〉

조직이 처한 환경상황에 따라 제도가 달라져야 성과가 좋아진다는 관점

〈형태론적 관점〉

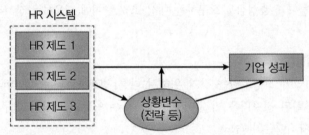

개별 제도들이 모여 일정한 형태를 이룰 때 비로소 경영성과에 기여할 수 있다는 관점

PART
01

인사관리와 전략계획의 연계

기업의 전략경영 의사결정 프로세스는 최고경영층(TMT)에서 이루어지며 여기에서 논의·결정되는 사안들의 상당수는 인적자원관련 이슈를 포함하고 있다. 따라서 전략수립이 인사관리에 영향을 미칠 수 있고 그 역도 가능하다. 전략결정과 인적자원관리 간 연계수준은 기업마다 차이가 있는데 일반적으로 네 수준으로 분류할 수 있다.

1. 관리적 연계

연계수준이 가장 낮은 것으로 여기서는 사업전략계획과 인적자원관리가 별개로 이루어짐.
인사부서는 기업 핵심사업과 무관한 단순행정업무만 수행한다.

2. 일방적 연계

기획부서가 전략계획을 수립하고 이를 인사부서에 알리면 인사부서는 이에 따라 전략실행을 지원하는 시스템 및 프로그램을 개발
전략의 실행 시에는 인사관련 이슈를 고려하지만, 전략의 수립 시에는 고려하지 ×

3. 쌍방적 연계

전략기획팀은 인사부서에 기업이 고려 중인 다양한 전략들에 대한 정보를 제공
→ 인사부서는 각 전략대안들에 있어서의 HR 이슈를 분석하고 그 결과를 전략기획팀에 보고
→ 전략계획이 결정된 뒤 이를 다시 인사부서에 통보하여 전략계획을 실행할 프로그램을 개발하도록 한다.
전략계획기능과 인적자원관리기능이 쌍방적으로 연계되어 상호영향을 미치게 된다.

4. 통합적 연계

가장 높은 수준의 연계로 인사부서와 전략부서가 동시적이고 계속적인 상호작용을 수행한다.
인적자원관리 책임자는 전략기획팀의 일원이 된다.
인적자원관리기능은 전략수립과 실행 프로세스에 통합된다.

▼ **인사관리와 전략계획의 연계수준**

	관리적 연계	일방적 연계	쌍방적 연계	통합적 연계
전략계획과 HRM의 연계	전략계획	전략계획	전략계획	전략계획
		↓	↓↑	
	HRM	HRM	HRM	HRM
핵심사업과의 연계	×	○	○	○
상호의존성	×	×	○	○
지속적 상호작용	×	×	×	○

박문각 공인노무사

02

직무관리

01 | 직무설계

1 직무설계의 의의 및 범위

(1) 의의

조직의 목표를 달성하고 개인의 목표를 만족시키기 위하여 조직에서 수행되는 여러 직무들간의 내용·기능·관계를 설정하고 그 수행방법을 결정하는 활동

(2) 범위

1) 직무구조설계 : 기업에서 수행되는 일(직무)의 내용과 수행방법 등을 설계

2) 직무과정설계 : 직무들이 다른 직무들과 어떻게 연결될 때 성과창출에 보다 효율적인지를 설계 (비지니스 리엔지니어링)

3) 근무시간설계 : 직무 수행의 시작시간, 근무시간의 길이, 휴식시간 등의 제 조건을 설계

참고

(1) **잡크래프팅(job crafting)**
  - 조직설계의 주체를 개인에 초점
  - 조직구성원 자신이 직무를 직접 설계하여 만족을 높이자는 데서 출발
    (자신에게 부여된 권한범위 내에서 보다 새로운 영역에 도전, 새로운 아이디어로 자신의 직무에 혁신하거나 다른 직무의 혁신에 기여, 자신의 일 자체를 보다 긍정적으로 재정의)

(2) **직무구조설계에 대한 기존이론**
  - 아담 스미스(Adam Smith) : 「국부론」 – 분업의 원리
    (핀 제조공장의 예 : 생산성이 240배 증가)
  - 테일러의 과학적 관리법

(3) **직무설계의 중요성**
  - 직무를 어떻게 설계하느냐에 따라 인사관리 개별 기능은 영향을 받게 된다.
    ▸ 개별기업에서 필요로 하는 인력의 양과 질이 달라짐(인력수요 및 공급예측에 결정적 영향)
    ▸ 교육훈련 필요성이 달라짐
    ▸ 특정 직무의 난이도가 달라짐(인력보상(임금) 결정에 영향)
    ▸ 직무에 대한 작업자의 만족도가 달라짐(인력유지에 영향)
    ▸ 직무전문화 방향의 설계 → 많은 경우 인력감축 요인 발생(인력방출에 영향)

---

2 직무구조설계(협의의 직무설계)

참고 직무설계의 접근법

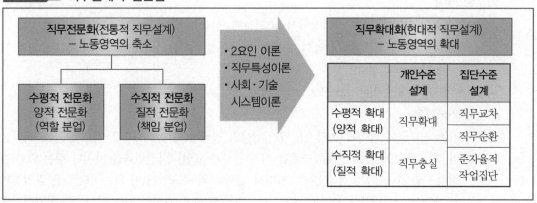

(1) 직무전문화(전통적 직무설계 = 직무영역축소)

1) 의의 : 한 작업자가 하는 여러 종류의 일을 그 숫자 면에서 줄이는 것

- 수평적 직무전문화(양적 전문화) : 단순반복적인 작업공정을 여러 일로 분업화(전문화)시키는 것
- 수직적 직무전문화(질적 전문화) : 책임이 큰 공정들을 쪼개어 하위자에게 일을 맡김으로써 분업화(전문화)하는 것

2) 직무전문화의 장점과 단점

	기업 측	근로자 측
장점	• 작업자의 선발과 훈련 용이 • 단순 · 반복 작업 → 대량생산 可 • 높은 생산성 • 숙련공 필요× → 노무비 저렴 • 작업의 관리가 용이	• 작업결과에 대한 책임부담이 적음 • 정신적 부담이 적음 • 특별한 직무교육 받을 필요 × • 미숙련공의 취업 용이
단점	• 제품 전체에 대한 책임규명 어려움 → 품질관리 어려움 • 작업자의 불만 → 이직, 지각, 결근, 고의적인 생산지체, 고충 증가 등 문제발생	• 작업의 반복 → 권태감 • 세분화된 작업 → 작업에 대한 만족을 느끼기 힘들며, 보다 좋은 직무를 수행할 기회가 적음 • 작업방법/수단을 개선하여 능력을 발휘할 기 회가 적음 • 혹사하여 피로감 가중 • 동료작업자 간의 인간관계 형성기회가 줄어듦

(2) 직무확대화(현대적 직무설계 = 직무영역확대)

1) 직무확대화의 이론적 · 역사적 근거

가. 소외문제

산업사회의 발전에 따라 작업장에서 '소외문제' 심각

(프랑스 사회학자 뒤르켐 : '분업'과 '기계화'가 주류를 이루는 산업조직에서의 인간은 점차 기계의 한 부품으로 전락)

나. 허츠버그의 2요인 이론(two-factor theory)

① 기본가정

기존 연구들이 만족과 불만족을 동일선상의 양극점(반대개념)으로 간주했던 것과는 달리, 허츠버그(Herzberg)는 [만족을 가져다 주는 요인]과 [불만족을 가져다 주는 요인]이 전혀 다를 수 있다는 점을 발견. 여기서 '불만족'의 주요 원인이 되는 사건들은 작업성과와 특별한 인과관계를 보이지 않았으나, **'만족'의 주요 원인이 되는 사건들은 작업성과와 직접적인 인과관계**가 있음을 발견

② 연구내용

- 동기요인(직무동기 유발, 만족도를 증진시키는 업무상 요인) : 성취감, 상사나 동료로부터의 인정, 일 그 자체, **직무에 대한 책임**, 성장과 발전 등
- 위생요인(미충족 시 직무불만족을 유발하는 요인) : 회사의 정책, 관리규정, 감독행위, 임금, 물리적 작업조건, 동료와의 관계 등

③ 시사점

- 기존에는 종업원의 낮은 직무몰입, 불만족의 원인을 개인적 특성(성격, 태도 등)에 두었지만, 2요인 이론의 영향으로 현대 인사관리에서는 직무(동기요인의 측면)와 작업환경(위생요인의 측면)에 초점을 둠
- 동기요인의 측면 : **직무충실화(job enrichment)**를 강조. 이는 작업자가 작업의 계획 · 실행 · 평가를 통제하는 정도를 증대
  → 그의 자유와 독립성↑, 책임을 늘리며, 피드백 제공을 통한 성과평가 및 행동수정을 가능하게 한다.
- 위생요인의 측면 : 불만을 야기하여 성과를 저하시킬 수 있는 요인들을 찾아내어 미연에 방지하는 것이 필요(예 유연근로시간제)
- ➜ 허츠버그는 과거 전문화 일변도의 직무를 작업자에게 흥미 있고, 책임감을 느끼게 하고, 도전감을 가져다 줄 수 있는 방향으로 변화시켜야 하며, 이것이 작업장에서 작업자의 근무의욕(모티베이션)을 높이고 이것이 생산성을 향상시킨다고 결론
(종업원이 더욱 만족과 보람을 느끼고 직무에 임하게 하기 위해서는 직무영역의 확대와 내재적 동기부여가 필요함)

다. **직무전문화와 생산성**

[직무전문화가 생산성과 관련하여 문제가 된 이유]

① 고도로 전문화된 일을 장기간 계속했을 때가 문제 : 작업자의 심리상태는 극도로 피폐, 근로의욕 현저히 ↓

② 산업사회가 진전됨에 따라 작업자의 가치관도 점차 변화 : 산업발달 → 근로자 생활수준↑, 작업조건에 대한 기대수준↑, '인간적인 작업생활'이라는 '사회적 욕구'↑

▼ **직무전문화와 생산성 간의 관계**

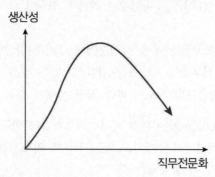

2) **직무전문화에서 직무확대화로의 변화**

- (∵ 노동에서의 인간성 상실과 현실적으로 고도로 전문화된 직무들에서 생산성이 낮게 나타남)
- **직무확대화** : 전문화된 직무의 내용 및 범위를 넓히는 것
  • 수평적 직무확대화 : 한 사람의 작업자가 수행하던 일의 종류를 늘려서 수행하는 것
  • 수직적 직무확대화 : 한 사람의 작업자가 수행해 왔던 일의 종류가 늘어나서 의사결정권한 (자유재량권) 및 책임의 크기도 증가되는 경우

3) **직무확대화 모델**

▼ **개인 및 집단별 직무확대화 모델**

	개인수준 설계	집단수준 설계
수평적 확대 (양적 확대)	직무확대	직무교차
수직적 확대 (질적 확대)	직무충실	직무순환
		준자율적 작업집단

가. **직무확대**(job enlargement)(=협의의 직무확대)

① **개념** : 한 작업자가 수행하는 기존의 과업의 숫자를 늘리되 의사결정과 관련되는 권한(재량권) 내지 책임의 정도는 별로 증가되지 않는 경우

② 목적(효과)
- 작업자의 피로도, 단조로움, 싫증↓
  ↳ 직무만족↑, 결근율·이직률↓
- 여러 종류의 과업을 수행 → 기술다양성(skill variety)↑ → 작업자의 기능의 폭을 넓힘
  ↳ 기업 측 : 인력배치의 폭(flexibility)을 넓힘
    작업자 측 : 노동시장에서의 경쟁력↑
- 직무수행에 대한 의미를 증대
(데이비스의 실험(1979) : 작업량(4.5%↓), 불량률(25%↓))

③ 문제점(한계)
- 흥미 없고 단조로운 직무를 작업자에게 추가로 할당했을 때 작업자의 실망↑
- 모든 작업에 직무확대 모델을 도입할 수 있는 것은 ×
- 작업자의 성장욕구의 정도에 따라 성공/실패가 갈림

나. **직무충실**(job enrichment)(이론적 배경 : 허츠버그의 연구)
① **개념** : 현재의 작업자가 수행하고 있는 직무에 의사결정의 자유재량권과 책임이 추가로 부가되는 과업이 더 할당되는 것
② **목적(효과)**
- 직무를 보다 의미 있게 인식하게 하고 자유재량권 확대를 통한 직무수행자의 창의력 개발 촉진
- 직무수행의 범위를 넓혀 직무의 완전성을 증대
- 작업자의 피로도, 단조로움, 싫증↓
- 새로운 과업의 추가 수행으로 작업자의 능력신장
(해크만 등의 보험회사 근무자를 대상으로 한 실험 : 생산성(39%↑), 불량률(0.6%↓), 결근율(2.34%↓))

③ **문제점(한계)**
- 작업자가 양질의 의사결정을 할 수 있는 능력을 갖추게 하기 위해 추가적인 교육훈련 프로그램이 요청됨
- 작업자가 확대된 자유재량권을 비효율적으로 발휘했을 때의 비용을 사전에 충분히 고려해야 한다.
- 관리자들의 반발(∵ 직무의 계획, 통제활동은 관리자들의 업무라는 기존의 인식)
- 성장욕구가 낮은 작업자의 경우 : 직무충실이 오히려 심리적 부담, 능력이 따라가지 못했을 때 좌절

다. **직무교차**(overlapped workplace)
① **개념** : 집단 내 각 작업자의 직무의 일부분을 타 작업자의 직무와 중복되게 하여 중복된 부분을 타 작업자와 공동으로 수행하게 하는 직무설계 방식
(집단을 대상으로 도입할 수 있는 수평적 직무확대화)

② 목적(효과)
- 작업자들 간의 상호협동을 제고시켜 능률향상을 추구한다.
- 직무수행에 있어서의 단조로움, 싫증↓
- 직무의 범위를 넓힘으로써 작업자의 기능의 폭을 넓힌다.
- 직무교차 모델은 직무전문화에서의 작업자간 협동부족으로부터 오는 소외를 줄일 수 있는 효과가 있다. (∵ 교차된 직무를 옆 작업자와 수행함으로써 작업공간에서의 인간 관계 형성의 가능성을 열어주기 때문)

③ 문제점(한계)
교차된 직무를 작업자간에 서로 미루고 소홀히 했을 때 생산성에 문제가 발생할 수 있다. 따라서 직무교차를 작업장에 도입할 경우 작업자들 간의 협동시스템 구축을 위한 체계적인 교육 및 교차된 과업의 성과저하에 대한 책임을 두 작업자 모두가 지게 하는 방법이 필요하다.

라. 직무순환(job rotation)
① 개념 : 사전 계획에 의해서 여러 직무를 여러 작업자가 순환하여 수행
(집단을 대상으로 하는 직무확대화로 수평적 및 수직적 측면을 동시에 가지고 있는 직무설계 모델)

② 목적(효과)
- 직무구조 개선이 거의 불가능할 때 직무순환을 통해 스트레스를 분담
- 단조로움↓, 매너리즘에 빠지는 것을 방지
- 작업자가 기능 다양성을 갖춤으로써
  → 인력배치의 융통성↑, 변화에 대한 적응력↑, 기업에 대한 외부노동시장의 영향↓
- 작업자에게 보다 수준 높은 직무수행의 기회 제공 → 작업자의 능력 신장 → 노동시장에서의 경쟁력↑

③ 문제점(한계)
- 특정 직무에 대해 작업자를 자주 교체함으로써 생산성 저하 등 비용이 증가할 수 있음
  (비용은 직무순환으로 인한 근로의욕 상승을 통한 생산성 향상과 비교하여 평가)
- 작업집단에 새로운 작업자의 빈번한 이동은 작업집단에 이미 형성되어 있던 긴밀한 인간관계를 통한 협동시스템을 훼손시킬 수 있다.
- 동기유발 잠재력지수가 낮은 직무의 해결책으로는 부족함(∵ 본질적으로 직무 자체의 개선이 아니기 때문에)

④ 도입 시 고려사항(성공조건)
- 한 작업자가 특정 직무에 얼마나 오래 머무를 것인지를 결정(직무체류기간에는 직무 난이도, 직무 적응기간, 성과가 최대로 상승된 이후 성과가 지속되는 기간 등을 고려)
- 이동될 직무들이 갖고 있는 권한의 크기, 난이도, 스트레스 정도가 사전에 파악되어야 함
- 직무이동의 순서가 보다 합리적으로 결정되어야 함

마. 준자율적 작업집단(semi-autonomous workgroup)

① 개념 : 몇 개의 직무들이 하나의 작업집단을 형성하게 하여 이를 수행하는 작업자들에게 어느 정도의 자율성을 허용해주는 것. 집단구성원들은 자신들이 수립한 집단규범에 따라 직무를 스스로 통제, 조정할 수 있게 된다.

(직무확대화 모델 중 가장 발전된 형태로서 집단을 대상으로 하는 수직적 직무확대화)

- 자율성의 기준 : 생산목표, 작업장소・시간, 작업방법・속도, 신규작업자 선정, 작업집단 내 작업활동, 책임자에 대한 결정

- 기업 나름의 사정이 있기 때문에 작업집단에게 부여되는 것은 제한된 자율성이다.
(대개 생산목표 설정과 작업장소를 제외한 나머지 기준에 대해서는 대폭적으로 자율성을 허용한다.)

② 강점

- 기업의 공식 조직에 대한 통제 및 조정기능의 경감

- 집단에 부여된 자율성으로 생산성↑

- 집단 내 작업구성원들 간 작업상 노하우의 전수로 기업입장에서 보면 교육훈련비 경감

③ 약점(문제점)

- 기업과 자율적 집단 간에 갈등문제가 제기될 우려

- 작업집단 내 구성원 간의 갈등문제[제너럴 푸드사의 사례 보고-웰튼(1975)]

- 효과 : 경상경비(33%↓), 결근율(9%↓), 불량률(92%↓)

- 문제점
  - 집단구성원들이 자격수준 면에서 각자 자기가 서로 높다고 주장
  - 서로가 보스로 군림하려고 함
  - 기업 측이 집단의 생산목표를 상향 조정하려고 했을 때 집단구성원들이 단결하여 저항

④ 준자율적 작업집단의 추구 목표

- 집단구성원의 사회적 욕구를 충족시켜 협동시스템을 구축
(작업관련 인간관계 형성 기회, 소속감↑ → 심리적 안정감 형성)

- 집단구성원들이 갖고 있는 노하우의 공유
(이를 통해 일차적으로 직무수행상 제기되는 기술적 문제의 해결)

- 개인의 성장욕구 충족
(∵ 구성원들 스스로 작업에 대해 많은 사항을 결정할 수 있는 재량권을 부여받기 때문)

⑤ 성공요인(적용대상)

- 작업집단 내 직무들 간의 상호의존성이 높을 때

- 직무들이 심리적 스트레스를 많이 야기할 때

바. 직무확대화와 성과 간의 관계 – JCM

① 의의

– 직무확대화가 생산성 향상에 공헌하는 이유에 대해 해크만과 올드햄(Hackman&
Oldham, 1976)은 직무가 확대되었을 때 직무의 내재적 특성이 성과로 연결되는 심리
적 과정을 제시(직무설계와 성과 간의 관계를 보다 과학적으로 규명하는 데 큰 공헌)

▼ **직무특성모델(Job Characteristic Model, JCM)**

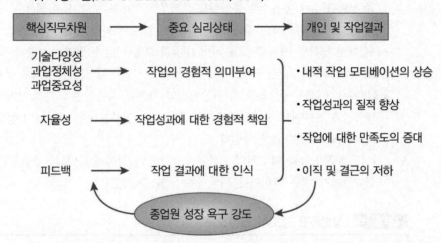

– 직무의 특성이 종업원의 심리상태에 영향을 주어 궁극적으로 개인의 동기부여와 직무
만족, 나아가 조직성과에까지 긍정적 영향을 줄 수 있다.

② 핵심직무차원 – 핵심직무차원을 구성하는 요소

❶ 기술다양성(skill variety)(A) : 특정 직무를 수행하는 데 요구되는 기능의 종류

❷ 과업정체성(task identity)(B) : 작업자가 현재 수행 직무를 가지고 생산하는 제품(완
제품)과의 관계를 인식할 수 있는 정도

❸ 과업중요성(task significance)(C) : 작업자가 현재 수행 직무가 최종제품의 완성에
얼마나 중요한 몫을 차지하고 있느냐를 인식하는 정도

❹ 자율성(autonomy)(D) : 작업자에게 작업의 일정, 방법 등을 결정하는 데 부여된 자
유재량권

❺ 피드백(feedback)(E) : 작업자가 자신이 수행한 일의 성과에 대한 정보를 획득할 수
있는 정도 및 기간

■ **동기부여 잠재점수(motivating potential score, MPS)**

$$MPS = \frac{(A+B+C)}{3} \times D \times E$$

---

③ 핵심직무특성과 중요심리상태 그리고 그 결과
 - 기술다양성, 과업정체성, 과업중요성의 정도는 작업자가 작업에 대한 의미를 지각하
   는 데 영향을 미침
 - 직무에서 허용되는 자율성 정도는 작업자가 작업결과에 대한 책임감을 느끼게 하는
   데 영향을 미침
 - 피드백은 작업자가 작업결과를 인식할 수 있도록 해준다.
 ↳ 즉 MPS점수가 높을수록 종업원들은 직무의 의미를 보다 잘 이해하고, 본인의 역할수
   행에 대한 책임의식을 갖게 되며, 과업이 잘 수행되었을 때 어떤 결과로 이어지는지
   에 대한 명확한 지식을 갖게 되어 내재적 보상을 얻게 된다. 그 결과 직무에 대한 강
   한 동기, 성과 개선, 만족도↑, 이직률·결근율↓되어 궁극적으로 조직효과성↑
④ 조절변수 : 종업원 성장욕구 강도(종업원의 자존과 자아실현에 대한 열망의 정도)
 - 해크만과 올드햄은 직무구조와 직무성과 간의 인과관계에 '작업자의 성장욕구'의 정도
   가 영향을 미친다고 주장했다.
   (성장욕구가 높을 때 : 위의 인과관계의 정도가 강하게 나타남, 성장욕구가 낮을 때 :
   인과관계가 매우 약하거나 나타나지 않을 수 있음)

참고 | 성장욕구 강도의 조절효과

⑤ 시사점
  허츠버그의 직무충실화의 개념을 발전시켜 직무확대 및 충실화에 대한 이론적 근거를 제
  시해 주는 동시에 개인차(성장욕구)를 인정했다는 점에서 이론적 공헌을 높게 평가받음
  (업무수행자의 심리상태를 동기화시킬 수 있는 직무재설계가 중요함을 밝힘)
⑥ 한계
  • 중요심리상태와 결과변수 간의 분명한 인과관계 입증에 소홀
  • 중요심리상태가 직무특성 이외의 요소에 의해서 유발가능함을 간과. 이는 곧 내재적
    동기부여를 지나치게 강조함으로써 기타 요인들의 효과에 대한 설명이 부족하다는 것

참고 | **사회 · 기술 시스템 이론**

Ⅰ. 의의
- 조직을 테일러적 기술시스템과 인간관계적 사회시스템을 거시적 입장에서 통합한 사회 · 기술 시스템으로 파악
- 기업시스템의 구성
  - 기계설비 및 이의 조작지식이라는 [기술시스템]
  - 생물적 및 사회 · 심리적 원칙에 지배받는 종업원의 심리상태와 종업원간의 [사회시스템]
- 기업이 전체 업무를 최적화하기 위해서는 각각의 시스템이 상대방의 방해를 받지 않고 독자적인 기능에 따라 충분히 기능할 수 있도록 관계를 설정하는 것이 필요하다. 즉 기술적 요구와 인간적 요구의 동시최적화를 추구하면서 환경적 조건에도 부합되어야 한다.

Ⅱ. 등장배경
- 타비스톡 연구팀을 필두로 한 1950년대 사회학자들에 의해 제시
- 사회 · 기술 시스템은 인간적인 삶을 위한 노력은 직무의 변화에서부터 시작되어야 한다는 사상을 가지고 있다.

Ⅲ. 직무설계의 원칙
- 기술적 하위 시스템과 사회적 하위 시스템의 공동최적화에 필요한 방향으로 직무의 객관적 특성을 변화시킬 것을 제시
- 직무설계원칙
  - 전체과업에 관계되는 의미 있는 과업형태
  - 최적 작업주기
  - 성과기준 설정에 있어서의 재량권과 결과의 피드백
  - 어느 정도의 기능을 필요로 하는 가치있는 과업
  - 전체 생산과정에 뚜렷한 기여를 하는 과업

Ⅳ. 시사점
- 사람을 조직성과창출을 위한 중요자원으로 간주함에 따라 개인에게 적합한 기술과 작업을 부여하고 이를 제대로 수행하였을 때 적절한 보상을 주는 것을 중시
- 물리적 요소와 인적 요소의 적절한 조화를 중시한다는 점에서 생산성과 유연성의 두 측면을 모두 고려하는 직무설계 이론

Ⅴ. 공헌
- 노동의 인간화 및 근로생활의 질 향상(QWL)에 많은 영향을 미침
- 준자율적 작업집단의 도입에 공헌

(3) 행동중심 직무설계

1) 의의

조직구성원이 직무수행을 통해 만족을 느끼도록 하기 위해 직무영역의 설계에 초점을 두는 것 (기본가정 : 직무수행자가 직무를 통해 만족을 느낄 수 있을 때 더 높은 성과를 낼 수 있다.)

2) 직무수행을 통해 만족을 높일 수 있는 방법

- 개인직무 적합성을 극대화
  (개인 : 직무수행자의 특성으로서 성격, 역량, 선호도 등을 포함)
- 직무내용이 직무수행자의 특성과 매치가 잘 될 경우, 성과가 높게 나타난다는 것
- 버틀러/월드루프가 제시한 작업자의 직무선호유형 : 기술응용형, 계량분석형, 창조형, 조언 코치형, 대인설득형

3 직무과정설계

(1) 문제제기(직무과정설계의 필요성)

- 기업 내 모든 직무는 서로 연계되어 있으며, 직무수행의 흐름이 원활한지의 여부가 기업 전체의 효율성과 직결된다는 점에서 직무구조 자체만을 직무설계의 고려대상으로 놓는 것은 부족함
- 고객의 욕구를 충족시키기 위해 기업들은 질 좋은 제품을 보다 빠르게 고객들에게 전달해야 하므로 과거의 직무수행 과정에 대한 전면적인 재검토를 하게 됨

(2) 비즈니스 리엔지니어링

1) 내용

① 개념

마이클 해머(Michael Hammer)는 비즈니스 리엔지니어링을 "영업실적을 나타내는 중요하고도 현대적인 척도인 비용, 품질, 서비스, 속도 등의 극적인 변혁을 실현하기 위해 업무수행 프로세스 전 과정을 완전히 재고하여 근본적으로 재설계하는 것"이라고 정의(업무 프로세스 : 하나 이상의 입력을 받아들여 고객에게 가치 있는 결과를 산출하는 행동들의 집합)

② 비즈니스 리엔지니어링이 요청되는 상황

- 프로세스를 구성하는 업무들이 여러 부문에 산재되어 있고 업무처리 단계별로 의사결정 소요시간과 대기시간이 길어 직무수행과정 전체가 비효율적으로 이루어지는 경우
- 프로세스를 공유하는 부서 간의 의사소통이 원활하지 못하고 각 부문들이 자신의 업무에만 집착하여 기업 전체의 성과를 훼손할 가능성이 있는 경우

③ 직무프로세스 재설계의 단계

❶ 기업 내 주요 업무흐름을 파악
(고객에게 가치를 제공하는 데 반드시 필요한 핵심 프로세스 위주로 파악)

▼

❷ 업무 프로세스 흐름도를 작성하고 관련 조직과 프로세스에 대한 분석을 통해서 문제점 도출

▼

❸ 프로세스 재설계에 착수(불필요한 업무중복·지연의 소지가 있는 부분의 과감한 재구조화 및 단순화 작업, 신속한 업무처리를 위한 정보시스템의 지원가능성 타진)

▼

❹ 새롭게 설계된 업무 프로세스에 대한 평가과정을 거친 후 효율적인 직무과정이라고 판단되면 신프로세스를 확정

2) 기대효과

- 비즈니스 리엔지니어링은 고객위주의 경영사고에 기초
- 고객에게 가치 있는 제품·서비스를 제공하기 위하여 불필요한 대기시간 및 작업과정이 제거됨으로써 기업은 **관리의 효율성, 고객만족**을 기대할 수 있으며, 장기적으로는 기업의 **경쟁력 축적**에 기여

▼ 리엔지니어링의 기대효과

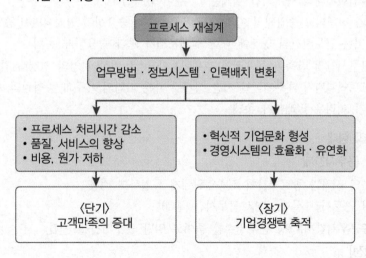

3) 도입ㆍ실행을 위한 필수요건(핵심성공요인, CSF)

① 현재의 문제점을 과감히 드러낼 수 있는 현상타파적 사고 필요

② 한 부서의 문제점을 임시방편적으로 해결하는 것이 아니라 문제를 발생시킨 근본적인 원인을 추적하여 업무수행방식을 과감하게 개혁

③ 정보처리기술을 이용한 프로세스 혁신이 동반되어야 한다.

④ 최고경영자의 강력한 의지와 지원, 종업원에 대한 재교육이 뒤따라야 한다.

4 근무시간설계

(1) 문제제기(근무시간관리의 필요성)

- 근무시간은 기업의 입장에서 보면 가장 중요한 자원 중 하나
- 종업원의 근무시간은 성과 결정의 결정적 요인

$$성과 = f(\,능력,\ 모티베이션,\ 근무시간\,)$$

- 근무시간은 종업원 입장에서 보면

① 육체적ㆍ정신적 에너지를 지나치게 소진하게 되면 건강문제

    ↳ 에너지를 재충전할 수 있는 적절한 근무시간 설계 필요

② 근무시간은 종업원의 자유시간에 대한 욕구충족에 제약요인

    ↳ 기업 측과 종업원 측 사이에는 본질적으로 근무시간에 대한 갈등문제가 존재

- 근무시간의 설계는 근무시간의 길이문제와 형태문제로 구분
- 초기 산업화시대의 근무시간 설계는 그 길이에 초점

산업화가 진행되고 종업원의 이에 대한 욕구충족의 중요성이 인정되면서 종업원의 욕구를 반영할 수 있는 근무시간의 형태에 대한 설계문제가 보다 중요하게 논의

- 주당 근무시간의 단축은 세계적인 추세이지만 이로 인한 기업의 경쟁력 감소, 나아가 이것이 실업으로 연결되기 때문에 근무시간 설계에 따른 기업의 욕구와 종업원의 욕구 사이에는 쉽게 극복하기 어려운 딜레마가 존재

(2) 근무시간의 형태

1) 고정적 근무시간제

- 근무의 시작과 종료시간이 전종업원에게 동일하게 적용

(1일 근무시간 설계, 주당 근무시간 설계)

- **집중근무시간제**(주당 근무일수를 줄이고 일당 근무시간을 늘림)

[장점]

① 직무들의 상호연관성이 높을 경우 → 협동가능성, 업무진행 효율성↑

(∵ 근무시간의 시작과 종료가 전종업원에게 동일 적용)

② 긴 주말 → 가족과의 레크리에이션 기회 증대

③ 가정과 직장이 멀리 떨어져 있는 종업원에게 유리

[단점]

① 저녁 자유시간의 단축이 개인의 불만요인

② 고객 서비스 기간이 줄어들어 고객의 불만 야기

③ 교대근무제가 없는 작업장의 경우 장비·설비 활용도↓

④ 작업자의 피로도 증가→성과와 작업안전에 부정적 영향

　　– 법적제약으로 인한 인건비 상승,

　　– 미혼자·자녀 없는 기혼자는 선호 / 고령층 종업원은 기피

2) 변동적 근무시간제(선택적 근무시간제)

① 개념, 발생배경

　– 개념 : 작업자 스스로 근무의 시작과 종료를 선택하는 데 많은 재량권을 기업으로부터 부여받은 제도

　– 발생배경 : 1967년 독일에서 종업원의 출퇴근 시 교통문제 경감을 위해 도입, 그 후 1970년대 전문직·관리직 중심으로 유럽 전역에 확산

② 제도가 추구하고 있는 인사관리적 목표(효과)

　• 종업원 욕구를 최대한 반영(종업원들은 자신의 바이오리듬에 맞추어 출퇴근시간을 정할 수 있다.)

　• 재량권 부여→직무확대화가 추구했던 자율성↑→근무의욕↑

　• 근무시간에 관한 의사결정에 작업자가 참여함으로써 노동의 인간화 추구

③ 내용

　– 변동적 근무시간제를 설계하는 데에는 근무의 시작 및 종료시간, 반드시 근무해야 하는 시간대, 탄력적인 근무시간의 폭 등이 결정되어야 한다.

　▼ 변동적 근무시간제 기본 모델

가능근무시간대		
탄력시간대(A)	고정시간대	탄력시간대(B)

　07 : 00　　　　10 : 00　　　　16 : 00　　　　19 : 00　　→ 시간

　– 설계에 중요 의사결정사항

　• 고정근무시간대 : 모든 종업원이 반드시 이 시간대에 작업장에서 근무를 해야 하는 시간대

　• 고정근무시간대의 결정기준 : 작업의 특성(타 작업과의 상호연관성 등), 고객에게 만족스러운 서비스의 제공에 필요한 시간대

- 탄력시간대의 폭은 고정시간대가 먼저 결정되면, 1일 전체 근무시간을 감안하여 결정. 또한 종업원의 바이오리듬, 출퇴근 교통문제, 감독자 투입가능 정도에 따라 결정
  - 변동적 근무시간제의 효과에 대하여 피터슨의 미국기업을 대상으로 한 사례연구
    - 결근율, 지각, 이직률, 연장근무의 필요성↓
    - 직무만족, 근무의욕, 생산성↑

④ 한계
  - 감독상의 문제발생
  - 협동의 문제(기업 내 타부서와의 협동, 기업외부의 고객, 거래업자, 금융기관 등과의 협동)

⑤ 도입의 전제조건
  - 작업집단 내 직무들 간의 상호의존성이 높지 않아야 함(생산작업장의 경우 도입에 많은 제약 예상)
  - 고객, 거래회사, 금융기관, 관청 등과의 접촉이 빈번한 부서의 경우 서비스의 극대화 추구라는 이유로 도입에 많은 제약

(3) 근무시간계정제

- 독일기업에서 처음 도입된 것으로서 근로자가 특정 기간 동안에 발생된 계약근무시간과 실제근무시간 간의 차이를 계정에 산입하여 운영하는 제도
- 계약근무시간을 초과한 시간을 근로시간채권, 미달된 부분을 근로시간채무라고 한다. 근로시간채권·채무는 특정 기간 내에 소멸·변제되어야 한다.

[장점]
- 사용자 측
  - 시장수요의 변화에 따른 노동력 투입의 최적화
  - 초과근무수당 등 인건비 절약
- 종업원 측
  - 근로시간에 대한 결정권한 증가
  - 평생근무시간 설계의 자율성 증가

[단점]
- 사용자 측 : 계정운영에 따르는 행정비용 발생
- 종업원 측 : 회사의 도산 시 근로시간 채권상실

(4) 부분근무시간제(part time work)

- 정규근무시간(full time work)제보다도 적게 일을 하며 이에 상응하는 낮은 급여가 지급되는 경우
- 1980년 이후 점차 증가되고 있는 실정

신인사관리 Sub - Note

[증가 이유]

① 정규근무시간제의 직무를 구하기 어려움

② 취학아동을 가진 기혼여성의 사회진출

③ 대학생의 선택

④ 정규근무시간제 근로자의 부업

⑤ 정년퇴직자 혹은 고령자의 선호

[도입을 위한 전제]

① 직무가 나누어질 수 있어야 함(단순, 반복적 직무여야 함)

② 작업수행의 완성시간이 엄격히 정해진 직무가 아니어야 함

③ 직무간의 상호의존성이 낮아야 함

④ 정규직 수행자보다 낮은 급여를 수용할 태세가 되어야 함

[장점]

① 연중 생산 작업의 피크타임을 잘 극복할 수 있다.

② 연장근무수당의 비용을 절감할 수 있다.

③ 작업자의 피로도가 낮다.

④ 일에 대한 집중도가 높다.

[단점]

① 교육훈련비가 많이 든다(∵ 같은 직무를 위한 교육훈련을 부분근무를 하는 여러 종업원에게 실시).

② 감독자의 업무 부담 증가

③ 정규근무시간제 종업원에 비해 애사심이 낮은 경우가 많다.

(5) 교대근무시간제

- 기업은 제품 및 서비스의 생산을 늘릴 필요가 있을 때, 1일 근무시간의 연장을 위해 교대근무제를 도입

- 생산장비를 1일 24시간 가동해야 하는 자동화 공장, 연속공정산업(철강, 화학 등), 병원 등에서 활용

[장점]

① 장비, 기계설비 등을 최대한 활용가능

② 높은 생산이 가능 → 제품시장의 수요 충족

[단점]

① 시간대별로 불리한 근무교대조(오전·야간조)에서의 낮은 생산성, 높은 결근율, 높은 사고율의 가능성

② 종업원의 불충분한 수면, 육체적 질병발생 가능성

③ 시간의 제약(오후·야간조)으로 인해 고립된 사회생활의 가능성

④ 근무시간대의 불규칙으로 가족과의 원만한 관계에 문제발생 가능성

(6) 휴게시간

① 목적은 작업자의 피로 회복 → 작업에서의 생산성 저하 방지

② 설계기준

- 휴게시간의 길이(작업시간 전체의 5~10% 정도가 효과적)
- 휴게시간의 횟수(늘릴수록 효과적이라는 주장과 너무 많을 경우 작업을 새로 시작할 때 적응 시간 때문에 역효과라는 주장)
- 휴게시간의 결정주체(직무특성에 따라 달라진다. 기업측이 정하거나 or 휴게시간 길이만 정해 주고 시작 · 종료 · 횟수는 종업원 스스로 정하는 방식)

  (준자율적작업집단, 전문직 종사자로서 독립적으로 일을 수행하는 작업자 : 스스로 휴게시간 결정하게 함 → 자율성을 자극하여 효과적일 수 있음 but 연속공정, 타 직무와 상호의존성이 높은 직무수행의 경우 자율성은 문제를 야기)

5 인사부서의 역할과 직무설계

경제적 효율성과 사회적 효율성을 동시에 추구할 수 있도록 인사부서의 직무를 설계하기 위해서 인사부서의 역할에 대한 이해가 필요

(1) 인사부서의 역할

- 역할이란 해당 직무의 일을 하는 데 기대되는 행동으로서 원래 주어진 직무에 추가적으로 요구되는 것이다. 이러한 역할은 인사부서가 가지고 있는 고유의 활동에 추가하여 환경변화에 따라 요구된다.
- 오늘날 인사부서의 활동은 과거 운영적 · 통제적 · 단기적 내부기능 중심의 활동에서 → 점차 전략적 · 동반자적 · 장기적 사업 및 외부 고객중심으로 변화

1) 울리히의 인사관리자 대(多)역할 모형

① 울리히(Ulrich)는 인사관리자가 대체적으로 여러 가지의 역할을 주로 수행한다고 주장하였다. (∵ 복잡한 현대의 경영환경 속에서 인사관리가 대응해야 하는 제 요소가 양면성을 띠고 있기 때문)

② 인사관리자는 관리의 초점과 활동의 내용에 따라 네 가지 역할을 수행
- 인사관리의 초점에 있어서는
  - **전략적**이면서 **장기적**인 관리를 수행하는 동시에
  - **업무적**이면서 **단기적**인 관리를 수행
- 인사관리 활동의 내용적 측면에 있어서는
  - 기업입장의 경제적 효율성 향상을 위한 **시스템적** 관리(프로세스 관점)와
  - 종업원입장의 사회적 효율성 향상을 위한 **동기부여적** 관리(사람 관점)를 동시에 수행

참고   인사관리자(부서) 역할의 변화

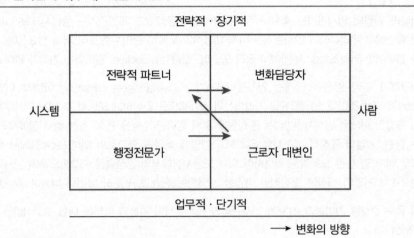

① 단기적 – 프로세스 관점 : 행정 전문가
  – 인사부서의 역할 : 기업 내 효율적인 인사관리 시스템 구축
    (인사관리의 전통적인 역할로서 확보부터 방출까지의 전 과정을 보다 효율적으로 관리하는 것)
② 단기적– 사람 관점 : 근로자 대변인
  – 인사부서의 역할 : 종업원의 기업에 대한 공헌도(업적)↑
    이를 위해 종업원의 역량을 높일 수 있도록 지원, 동기를 유발
③ 장기적 – 프로세스 관점 : 전략적 동반자
  – 인사부서의 역할 : 기업의 경영전략이 성공을 거둘 수 있도록 지원
    (예 전략을 수립할 수 있는 인력 양성, 이를 집행할 역량 개발)
  – 이러한 관점에서 나타나는 형태가 전략적 인사관리
④ 장기적 – 사람 관점 : 변화 담당자(촉진자)
  – 인사부서의 역할 : 장기적 시각에서 종업원을 변화시키는 데 초점을 둔 것으로서 조직의 쇄신, 조직
    문화의 변화 등
  – 변화관리의 핵심은 조직 내 신뢰관계의 구축, 문제해결 등

③ 인사관리자(부서)의 역할 변화

전통적인 인사관리에서는 행정 전문가와 근로자 대변자로서의 역할을 강조해 왔으나 최근에는
전략적 동반자와 변화 담당자로서의 역할에 대한 관심이 증가하고 있다. 하지만 여전히 행정
전문가와 근로자 대변자는 인사관리의 효과성 제고를 위해서 인사관리자가 기본적으로 당연히
수행해야만 하는 중요한 기능이 된다.

↳ 복잡하고 다양한 오늘날의 경영 및 인사환경에서는 인사관리자가 복수의 역할을 균형 있게 수행
  하는 것이 타당

> **참고** **인사관리부서의 역할 재정립**
>
> 우리나라 기업의 인사관리는 확보나 유지관리에만 치중해왔고 개발관리는 등한시해왔다고 볼 수 있다. 이런 측면에서 우리나라의 인사관리는 아직 대응적(reactive) 관리수준(조직 내에 필요성이나 문제가 발생했을 경우에만 인사조치를 시행)에 머물러 있으며, 선행적(proactive) 관리와는 거리가 멀다고 볼 수 있다.
>
> 인사관리가 가장 발전한 단계는 인사관리부서가 비용중심점(cost center)이 아니라 이익중심점(profit center)이 되는 것이다. 인적자원을 기업혁신의 잠재력으로 인식하고 모방할 수 없는 경쟁우위로 간주하는 데서 출발한 현대적 인적자원관리는 종업원을 위해 경력관리 등을 통해 기업내부시장에서의 경쟁력을 높이는 한편, 기업의 긍정적 이미지를 유지하고 기업에 매력을 줌으로써 외부노동시장에서 우위를 점하는 역할을 하고 질 높은 노동력을 확보하여 외부 노동시장에서의 경쟁력을 제고함으로써 인사부서가 이익중심점으로서 기업의 성장에 결정적인 역할을 수행하는 단계로 꾸준히 발전해 나가야 할 것이다.
>
> 세계 유수 컨설팅 기업들의 21세기 인사관리와 인사부서의 기능과 역할에 대한 보고서들은 두 가지 사실을 확인하였다.
> ① 인사관련 과업들이 과거보다 훨씬 다양해지고 있다는 것
>   (전통적인 과업은 더욱 확대, 시간관리·인사통제·기업문화 관리 등 새로운 과업들이 그 중요성을 더해감)
> ② 인사부서의 과업들이 업무적 의사결정의 차원에 더 이상 국한되지 않으며, 전술적이고 전략적으로 중요한 의사결정 수준을 포함하는 일이 증가.

2) 인사부서 직무설계 시 고려해야 하는 변수

① 기업의 규모

  기업의 규모가 크면 인사부서의 활동은 보다 전문화되고 보다 높은 수준의 서비스가 요구된다.

② 인사부서와 타부서 간의 인사권(인사활동에 대한 의사결정 권한)의 배분 정도

  기업의 규모가 작을 때는 대개 라인부서에 많이 배분. 기업의 규모가 커지면 인사부서로 이동

③ 경영전략 등

  • 세계화 전략 시 : 인사부문에서 '국제인력양성' 관련 직무가 증가, 비중↑
  • 코스트 전략 시 : 인사부문의 직무는 '통제활동'에 많은 비중

(2) 인사부서의 직무설계

1) 전통적 설계모델

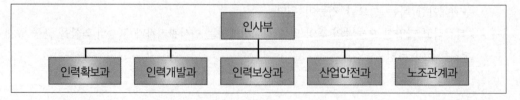

- 인사부문의 활동을 기능적 차원을 기준으로 전문화
- 각 과에서는 기능별 전문화된 업무를 담당
- 비교적 보수적이고 환경변화도 빠르지 않은 기업에서 흔히 발견

2) 관리활동 중심 설계모델

- 기업의 경쟁이 치열, 환경변화가 빠를 경우
- 특징은 계획과 통제 활동을 강화시키는 데 있다.
  - 계획활동 강화 이유 : 환경변화의 속도가 빠를 때 인사부문의 효과적 적응이 요청됨. 이를 위해 예측활동의 중요성 대두
  - 통제활동 강화 이유 : 제품시장의 경쟁이 치열할 때 보유 인력에 대해 어느 정도 효율성을 유지하고 있는지, 전략이 요구하는 인력을 효과적으로 확보하고 있는지 등이 인사관리의 중점사안으로 강조되기 때문
- 각 부서의 업무내용
  - 인력기획과 : 인사기능 중 계획 관련 부분을 전담
  - 인력운용과 : 기능적 활동차원 중 실천적 측면을 전담
  - 인력통제과 : 각 기능에 대한 평가 등 통제활동을 전담
- 장점 : 인사부문 활동의 효율성을 높이기 위한 정보 제공
- 단점 : 담당과에서 확보에서 방출까지 전체 과정에 대한 높은 전문성을 갖추기가 쉽지 않다.

3) 서비스 대상 중심 설계모델

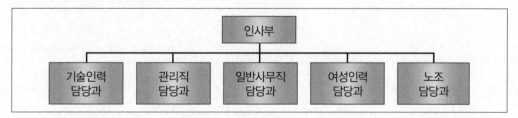

- 기업 내 종업원집단별 인사관리 서비스를 구분
- 기업 내 개별 종업원집단들이 갖고 있는 욕구구조와 이들 집단에 대한 노동시장의 특수성을 고려하여 이들 집단에 대한 인사관리 서비스의 효율성을 극대화시키기 위해 등장
- **장점** : 인사관리의 전체 종업원에 대한 서비스 기능 강화
  (종업원 집단별 욕구구조에 맞는 인사관리 서비스 제공이 가능 → 사회적 효율성 추구 가능)
- **단점** : 개별 과 수준에서의 인사기능의 전문성 확보에 어려움

4) 결론

위의 모델들은 인사부문 직무 설계의 기본 모델이기 때문에 해당기업은 어느 하나를 고집할 필요 없이 세 모델의 일부분들을 재구성하여 해당기업의 특성(상황)에 맞게 설계해야 인사관리의 목표인 경제적 효율성과 사회적 효율성 증대에 기여할 수 있다.

참고 **직무설계에 있어서 관계성과 주도성**

- 관계성(relatedness) : 사람이 다른 사람과 연결되어 있는 정도
- 주도성(proactivity) : 직무수행 환경과 조건을 직무담당자 스스로 주도적으로 관리할 수 있음을 나타냄

그랜트(Grant)에 따르면 직무설계에 있어서 특정직무가 다른 사람들이 수행하는 직무와 어떻게 연관되어 있는지를 알려주고 업무의 본질을 건드리지 않고도 동료들과의 상호작용을 활성화하는 방식을 사용함으로써 동기부여 증진효과를 얻을 수 있다고 한다. 이를 통해 사람들은 타인과는 구별되는 자신만의 정체성을 갖게 되는 동시에 자신이 수행하는 일의 본질적 의미와 효용을 깨닫게 되는 것이다. [관계성]
또한 상사가 제시하는 직무를 수동적으로 수행하는 것이 아니라 자신이 직무의 주체로서 내재적으로 유발된 동기와 책임감으로 업무에 임할 수 있다. [주도성]

---

02 ｜ 직무분석 및 직무평가

☐1 직무분석

(1) 개념

- **직무분석** : 특정 직무의 내용 및 이를 수행하는 데 필요한 직무수행자의 행동, 육체적·정신적 능력을 밝히는 체계적인 활동

- **직무** : '일의 범위 내지 크기'에 대한 상대적인 규정
  - 요소(element) : 관련 동작, 정신적 과정을 분리시켰을 때 가장 작은 단위의 일
    (종이를 타이프에 끼우는 일, 타이프를 치는 일, 작성한 내용의 검토, 완성 후 종이를 타이프에서 꺼내는 일 등)
  - 과업(task) : 독립된 목적으로 수행되는 하나의 명확한 작업활동
    (연락업무, 상사의 일과 진행, 방문객 접대, 지시받은 일을 타이핑 등)
  - 직무(job) : 유사한 과업들이 모여 하나의 일의 범위를 형성하는 것(비서직무)
  - 직위(position) : 한 사람의 작업자에게 부여되는 일의 집합(기업에서 직위의 수는 바로 종업원 수)
  - 직군(job family) : 유사한 직무들의 집단(**사무보조직군**)
  - 직종(occupation) : 유사한 직군들의 집단(**사무직**, 생산직 등)

참고 / **직무분석의 절차**

① 배경정보의 수집
- 이는 예비조사의 단계에서 대부분 이루어진다. - 조직도, 업무분장표, 기존 직무기술서·직무명세서 등 이용 가능한 배경정보 수집

▼

② 대표 직위의 선정(분석대상 직무 선정)
- 시간·비용의 문제로 일반적으로 대표직위를 선정하여 중점 분석 - 조직의 전략적 목표달성에 필수 직무와 학습이 곤란하거나 직무의 성격·내용이 변하는 직무는 분석 대상에 포함시키는 것이 필요

▼

③ 직무정보의 획득
- 이 단계를 보통 직무분석이라고 함 - 직무의 성격, 직무수행에 요구되는 종업원행동, 인적요건 등을 구체적으로 분석

▼

④ 직무기술서의 작성
- 직무의 주요 특성과 함께 직무의 효율적 수행에 요구되는 활동들에 관하여 기록한 문서인 직무기술서를 작성

▼

⑤ 직무명세서의 작성
- 직무수행에 필요한 인적 자질, 특성, 기능 경험 등을 기술한 직무명세서를 작성

(2) 목적

- 직무수행자가 성공적으로 직무를 수행하기 위해서 직무수행자에게 직무수행과 관련되는 광범위한 정보 제공을 위해
- 인사관리의 제 기능분야의 활동을 보다 효율적으로 수행하는 데 필요한 정보를 제공하기 위해
- 직무분석은 그 수행결과 직무내용에 관한 정보(직무기술서)와 직무수행자에게 요구되는 자격요건에 관한 정보(직무명세서)를 획득할 수 있다.

[직무분석과 인사관리의 제 기능분야의 활동]

① 직무분석 – 인력확보
- 인력수요산정 : 존재 직무의 종류와 양 파악 → 적정인력산정에 활용
- 모집 : 충원해야 할 직무의 우선순위 판단에 유용한 정보제공
- 선발 : 공석의 직무들이 요구하는 자격요건을 구체적으로 파악 → 적격자를 과학적으로 선발 가능
- 배치 : 직무수행자 – 직무 간의 적합성(P–J fit)을 최대화

② 직무분석 – 인력평가 · 개발

- 평가
  - 직무가 요구하는 작업수행자의 능력 정보를 통해서 작업수행자에 대한 능력평가 기준이 명확해짐
  - 직무의 난이도에 따라 성과가 다르므로 → 작업자의 성과평가가 획일적으로 흐르는 것을 방지
- 교육훈련 : 교육훈련의 내용에 대한 명확한 정보 제공 → 불필요한 교육훈련을 줄이고, 목적지향적인 교육훈련을 가능하게 함
- 경력개발 : 직무순환에 필요한 정보를 제공 → 직무순환을 통한 경력개발의 효율성 제고

③ 직무분석 – 인력보상

- 임금 : 직무분석을 기초로 한 직무평가를 통해 → 합리적인 임금수준 결정을 가능하게 함

④ 직무분석 – 인력유지

- 동기유발 : 직무분석을 통한 개인 – 직무적합성에 대한 정보는 직무수행자의 동기유발을 위한 직무조정이나 전환배치 등의 기초자료가 됨
- 안전사고 예방 : 직무수행방법, 사용장비 등에 대한 정보로 개별직무의 수행상 위험정도를 파악 가능 → 안전사고 예방대책 수립을 용이하게 함

⑤ 직무분석 – 인력방출

- 인력감축 : 개별 직무가치, 타작업자에 의한 대체가능성 등의 정보 → 합리적인 인력감축 의사결정을 가능하게 함
- 이직방지 : 이직방지 대책으로 직무구조 개선 시 정보제공

⑥ 직무분석 – 직무설계

- 직무구조 및 과정의 개선 : 기존 직무는 기술변화 등으로 항상 변화되고 개선되어야 하는 경우가 많다. 따라서 직무내용에 대한 정보는 보다 효율적인 직무를 설계하는 데 도움을 줌

➲ 직무분석은 직무와 관련되는 매우 광범위한 정보수집 활동이기 때문에 직무분석의 범위, 필요한 정보의 내용, 정보수집 방법에 따라 추구하는 목적의 포인트가 달라질 수 있다.
  ↳ 직무분석의 목적을 확인하는 것이 중요

(3) 직무정보 수집방법

1) 관찰법(observation)

① 개념 : 직무분석을 수행하는 사람이 특정 직무가 수행되고 있는 것을 관찰하고 내용을 기록하는 것(관찰법을 적용하는 직무들은 직무단위의 시작과 종료간의 시간이 짧은 직무들)

② 장점 : 실시가 간편함

③ 단점

- 작업자의 정신적인 활동은 관찰이 불가능(연구개발부서의 직무, 법률관련 직무 등)

- 시작에서 종료까지 많은 시간이 소요되는 직무에는 적용 곤란
- 직무수행자의 작업에 방해가 될 수도 있다.
- 직무수행자가 자기의 직무가 관찰되고 있다고 인지할 경우 직무수행의 왜곡현상이 나타날 수 있다(호손효과).

2) 면접법(interview)

① 개념 : 직무분석을 실시하는 담당자가 해당직무 수행자에게 면접을 실시하여 직무에 관한 정보를 획득하는 방법(담당자는 대개 준비된 질문항목을 가지고 면접에 임함)

② 장점

- 시작에서 종료까지 기간이 긴 직무의 경우 직무수행자가 이를 요약해서 설명해 줄 수 있음
- 직무수행자의 정신적 활동까지도 파악 가능

③ 단점 : 피면접자(직무수행자)가 직무분석의 결과로 인해 자신이 피해를 입을지도 모른다고 판단하게 되면 해당직무에 대해 정확한 정보제공을 기피하는 경우가 종종 발생

3) 질문지법(questionnaire)

① 개념 : 직무수행자에게 질문지를 나누어 주어 답하게 함으로써 직무에 대한 정보를 획득하는 방법(질문지에는 직무내용, 수행방법, 수행목적, 수행과정, 직무수행자의 자격요건 등에 대한 질문이 포함)

② 장점

- 정보수집을 위한 시간과 노력이 많이 절약됨
- 폭 넓은 정보를 수집할 수 있음

③ 단점

- 직무수행자가 얼마나 성의를 가지고 정확하고 정직하게 질문지에 응답을 해주느냐, 즉 신뢰도의 문제
- 질문지 작성의 어려움, 질문문항에 대한 직무수행자의 정확한 이해부족 등 커뮤니케이션 상의 문제
- 대면적 방법으로 얻게 되는 협조와 동기부여 효과의 결여
- 질문지 개발에 많은 시간과 노력이 소요

4) 작업기록법(employee recording)

① 개념 : 직무수행자가 매일 작성하는 작업일지나 메모사항을 가지고 해당 직무에 대한 정보를 수집하는 것(관찰하기 어려운 직무(엔지니어, 과학자, 고급관리자 수행 직무)를 분석할 때 많이 활용)

② 장점 : 장기간에 걸쳐 작성된 작업일지의 경우 쓰인 내용 그 자체에 대한 신뢰도는 상당히 확보 가능

③ 단점 : 직무분석에서 원하는 정보를 충분히 획득할 수 있느냐의 문제

PART
02

5) 중요사실기록법(critical incidents method)

① 개념 : 직무수행자의 직무행동 가운데 성과와 관련하여 효과적인 행동과 비효과적인 행동을 구분하여 그 사례들을 수집하고, 이러한 사례로부터 직무성과에 효과적인 행동패턴을 추출하여 분류하는 방법

② 장점 : 직무행동과 직무성과 간의 관계를 직접적으로 파악 가능

③ 단점

- 수집된 많은 직무행동을 분류·평가하는 데 많은 시간과 노력
- 여기서 얻은 정보만 가지고는 해당직무에 대한 포괄적인 정보의 획득에는 제약이 있다.

참고

6) 경험법

① 개념 : 직무분석자가 직접 해당 직무를 수행해 봄으로써 직무에 관한 정보를 획득하는 방법

② 장점 : 가장 정확하게 직무의 내용을 파악 가능

③ 단점 : 실시 가능한 직무 자체가 제한, 시간과 비용이 많이 소모될 수 있음

7) 임상적 방법

① 개념

- 시간연구(근무활동의 시간적 형태를 객관적으로 파악)
- 동작연구(공간적 형태를 객관적으로 기록하여 우량작업과 불량작업으로 나누는 요인의 추출에 집중)
- 테스트법(직무의 소요시간을 현재 해당 직무에 종사하고 있는 평균적인 작업자나 최우수작업자군에 대해 성능검사를 실시함으로써 파악)

② 장점 : 비교적 정밀하고 객관적인 직무자료 도출이 가능

③ 단점 : 상대적으로 절차가 복잡하고 전문적 지식을 필요로 한다.

➲ 정보수집 방법을 선택하는 데에는 해당 직무분석의 주목적, 분석대상 직무들의 개략적인 특성, 직무수행자의 특성, 직무분석을 위해 투입할 수 있는 인력과 시간 등을 고려하여 가장 적합한 방법을 선택함이 합리적이다. 대개 기업에서는 여러 방법을 병행하는 경우가 많으며 특히 질문지법과 면접법을 병행하는 경우가 많다.

(4) 직무분석 기법

직무분석의 대상이 되는 직무의 내용과 직무수행자에게 요구되는 자격요건에 대한 정보의 내용을 어떤 관점에서 수집 & 분류하느냐

1) 기능적 직무분석법(Functional Job Analysis : FJA)

① 개념 : 직무정보를 모든 직무에 존재하는 3가지 일반적 기능을 분류하고 정리(미 노동성에서 개발)

- 자료(data)와 관련되는 기능
- 사람(people)과 관련되는 기능

- 사물(things)과 관련되는 기능
- 정보수집 방법에는 작업자의 업무일지, 메모사항, 작업자 및 그의 상사와 면접, 작업 진행사항을 관찰
- 이 방법으로 미국의 직업사전(DOT)이 만들어짐

② 장점
- 행동의 종류, 복잡성 정도, 이에 따라 요구되는 자격요건의 수준을 보다 체계적으로 파악 가능(∵ 작업자의 작업행동에 초점을 맞추었기 때문에)
- 직업사전을 활용하여 특정직무를 간단하게 분류하는 데 유용하게 활용. 특히 중소기업에서 쉽게 사용 가능

③ 단점 : (서로 성격이 상이한 여러 직무들을 대상으로 적용하는 데 아무런 문제가 없지만) 그 결과를 가지고 바로 직무평가에 적용하는 데에는 한계가 있다.

2) **직위분석 질문지법(Position Analysis Questionnaire : PAQ)**
① 개념 : 작업자 활동 관련 187개 항목과 임금관련 7개 항목을 포함하여 총 194개 항목으로 구성된 질문지로서 작업에 대한 표준화된 정보를 수집하는 대표적 방법
(맥코믹(McCormick)등에 의해서 개발)
[질문지 항목들은 6개의 범주로 구분]
① 정보의 투입   ② 정신적인 과정   ③ 작업의 성과
④ 타인과의 관계   ⑤ 직무환경 및 상황   ⑥ 기타 직무특성

② 장점
- 개별 직무에 대해 다각적이고 풍부한 정보를 획득 가능
- 기법의 활용 폭이 넓다.

③ 단점 : 이 설문지로 측정된 점수를 가지고 개별 직무의 성과표준이나 훈련내용을 직접 산출하는 데에는 많은 무리 → 인사평가와 교육훈련용도로는 활용×

3) **관리직 직무분석법(관리직위기술 질문지법)(Management Position Description Questionnaire : MPDQ)**
(관리자의 직무는 계획·조직·조정 등의 다양한 활동으로 이루어져 있으며, 유사한 직무가 직무담당자에 따라 다르게 수행될 수 있고, 직급·직종·지역적 여건·조직특성에 따라서도 달라지기 때문에 이러한 점들을 고려하여 직무차원을 구별하고 측정하는 것은 쉽지×)
① 개념 : 관리직 직무를 파악하기 위한 208개의 항목으로 된 질문지. 이 질문지의 내용은 13개의 범주로 분류
(토나우(Tornow)와 핀토(Pinto)에 의해서 개발)

② 장점 : 개별 항목의 해당 관리직무에서의 중요성 정도, 직무수행에 필요한 지식·능력 등이 밝혀짐. 이 기법에 의한 결과는 타 관리직무로 이동하는 관리자의 교육 필요성을 진단하고 관리직의 직무평가에 유용하게 활용

③ 단점 : 직무의 행동적 요건, 근무성과의 측정에 활용하는 데에는 한계가 있다.

참고

4) 과업목록법(task inventory procedure)
  ① 개념 : 설문지를 이용하여 분석하고자 하는 직무의 모든 과업을 열거하고 이를 상대적 소요시간, 빈도, 중요성, 난이도, 학습의 속도 등의 차원에서 평가
    – 특정과업에 대한 구체적 정보를 수집하는 대표적 방법(미공군에서 기원)

  ② 장점
    • 교육용도로 매우 효과적으로 활용
    • 과업을 매우 세부적이고 체계적으로 분석 가능
    • 현실적인 직무내용을 파악할 수 있다(∵ 종업원과의 인터뷰를 통해 획득한 설문항목을 사용하기 때문에).

  ③ 단점 : 직무평가 등의 용도로는 적합하지 않다(∵ 직무 간 비교가 어렵기 때문에).

5) 능력요건척도(ability requirement scales : ARS)
  ① 개념 : 작업자에 대한 표준화된 정보수집을 바탕으로 직무수행에 필요한 제반 능력요건을 분석(플라이시만(Fleishman)에 의해서 개발)
    – 여러 직무에 공통적으로 적용될 수 있는 52가지의 인지적, 육체적, 감각적, 정신운동 능력을 각각 7점 척도로 측정
  ② 장점 : 직무관리뿐만 아니라 선발, 교육훈련, 경력개발 등에 널리 활용

(5) 직무기술서와 직무명세서

직무분석 활동의 산출물(output)

(기업실무에서는 편의상 직무기술서에 직무명세서 내용을 같이 기술하고 있는 경우도 많다.)

1) 직무기술서

① 개념 : 직무분석의 결과에 의거하여 직무수행과 관련된 과업 및 직무행동을 일정한 양식에 기술한 문서

② 내용
  • 직무명칭
  • 직무의 내용
  • 직무수행에 필요한 원재료, 설비, 작업도구
  • 직무수행방법 및 절차
  • 작업조건 등

참고 **직무기술서 작성 시 유의할 점**

- 표현이 단순명료해야 한다.
- 직무를 정의함에 일의 범위와 성격을 확실하게 지적해야 한다.
- 구체적이어야 한다(예 일의 종류, 복잡성의 정도, 요구되는 기능의 정도, 문제가 표준화되는 정도, 일의 각 단계에 있어서 작업자의 책임정도, 보고의무의 정도와 종류를 기술한다).
- 감독책임을 나타내야 한다.

---

2) 직무명세서

① 개념 : 직무분석의 결과에 의거하여 직무수행에 필요한 종업원의 행동, 기능, 능력, 지식 등을 일정한 양식에 기록한 문서

이것은 물적 환경, 과업과 책임, 고용조건 등에 대하여 기술하는 것이 아니라 직무수행에 필요한 인적 특성을 결정하는 것에 목표를 둠

② 내용 – 직무수행자가 갖추어야 하는 자격요건
- 직무명칭
- 요구되는 교육수준
- 요구되는 기능·기술·지식
- 요구되는 정신적 특성
- 요구되는 육체적 능력
- 요구되는 작업경험

(6) 직무분석결과의 활용

- 직무분석의 결과는 기업 내 직무들을 의미 있게 분류하는 데에 결정적 정보 제공
- 직무분류 : 여러 종류의 직무들을 직군별 or 직종별로 분류하는 것

이 결과 역시 인사관리의 효율성을 높이는 데에 활용
- 직무분류의 기준은 반드시 어느 하나일 수는 없으며 직무분류를 통해 추구하려는 목적에 따라 다를 수 있다.

예 인력개발을 위한 직무이동의 범위를 설계하기 위해 직무를 분류하는 기준
- 전문성(직무를 수행하는데 요구되는 자격수준의 정도)
- 정형성(기계적으로 업무가 진행되는 정도, 예측이 잘 되고 매뉴얼대로 돌아가는 속성)

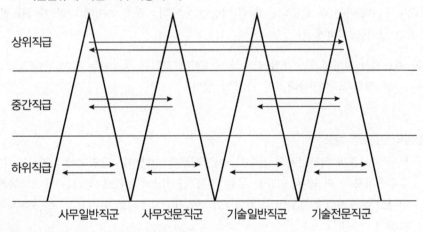

▼ 우리나라 에너지 관련 기업의 직군분류 예시

▼ 직군분류에 따른 직무이동의 폭

<참고> **직무분석 활용에 따른 문제점 및 대책**

① 직무분석 실시 전에 구체적인 목표에 대한 인식이 필요
    (직무기술서 작성 그 자체로 끝나지 말고 이를 가지고 인사관리의 개별기능분야의 활동에 적용시키고 직무의 재분류를 통한 새로운 의미 있는 직군개발 등 적극적 노력 필요)
② 직무분석을 실시할 때 종종 종업원의 강력한 저항이 발생할 수 있음
    (∵ 직무분석의 목적, 필요성에 대한 사전이해가 되어 있지 않아 직무분석으로 인한 불리한 직무배치, 직무통합 등의 불이익을 우려)
    ↳ 직무분석 시 최고경영층의 의지 표명을 통해 이로 인한 종업원의 불이익을 최소화시킨다는 기업의 인사방침에 대한 종업원의 신뢰를 먼저 끌어내야 함
③ 어떤 기업이든 기술변화 등으로 인한 직무구조의 변화는 항상 일어남
    ↳ 직무분석을 정기·비정기적으로 계속적으로 실시함으로써 해당 직무에 대해 보다 정확한 정보를 유지하도록 해야 함

2 직무평가

(1) 개념 및 목적

1) 개념

직무평가 : 직무분석의 결과를 가지고 해당 직무의 상대적 가치를 밝히는 것

('직무의 가치'란 해당 직무를 수행했을 때 그 결과(성과)가 기업의 목표달성에 얼마나 공헌하느냐를 기준으로 판단)

기업 현실에서는 개별 직무의 성과와 기업 목표달성과의 관계를 명확하게 규명하기 어렵다. 즉 개별 직무를 기업 목표달성 정도와 직접 연결해서 가치를 평가한다는 건 현실적으로 매우 어렵다. 왜냐하면 중간에 수없이 많은 직무들이 존재하고, 각 직무들의 성과 간 서로 높은 상호의존성을 가지고 있기 때문이다.

↳ 직무의 가치에 대한 평가는 '직무의 기업목표 달성에의 공헌도'라는 기본 정신을 바탕으로 해당직무를 수행하는 데 요구되는 제 작업상황의 양적·질적 측면에 대한 가치를 평가하는 간접적인 방법을 택하게 됨

이러한 관점에서 직무평가는 개별 직무의 절대적인 가치를 평가하는 것이 아니고 그 기업에 존재하는 다른 직무들과의 '상대적인 가치'를 평가

2) 목적

① 임금의 공정성 확보
  - 직무평가 결과 직무가치의 점수가 높은 직무를 수행하는 작업자에게 직무가치가 낮은 직무수행자보다 더 많은 임금을 주는 것을 공정성의 논리로 삼자는 데 그 목적
  - 임금의 공정성이 확보되면 → 기업 측은 인건비 지출에의 합리성↑, 임금관련 종업원과의 갈등↓

② 인력확보 및 인력배치의 합리성 제고(P−J fit)
  직무가치의 정도에 따라 종업원의 능력을 기준으로 인력배치의 합리성을 제고시킬 수 있다.

③ 인력개발의 합리성 제고
  인력 개발의 중요한 수단인 경력경로(career path)를 설계할 때 직무들 간의 직무가치 정도에 따라 합리적인 이동경로 설계 가능

(2) 직무평가의 방법

| 참고 | 직무평가의 방법 |

	계급적(구간 O)	계열적(구간 ×)	
정성적 (점수화 ×)	분류법	서열법	종합적 (포괄적)
정량적 (점수화 O)	점수법	요소비교법	분석적
	직무 VS 기준	직무 VS 직무	

1) 서열법

① 개념 : 직무평가자가 평가하려는 직무들의 직무기술서·명세서를 가지고 포괄적으로 고려하여 그 가치에 따라 서열을 매기는 방법

- **교대서열법** : 평가대상 직무들 전체를 놓고 가장 가치가 높다고 판단되는 직무와 가장 가치가 낮다고 판단되는 직무를 선정하고, 그 다음 나머지 직무들에 대해 위와 같은 방법을 계속 적용
- **쌍대비교법** : 평가대상 직무들을 2개씩 짝을 지어서 서열 평가
- **위원회방법** : 평가위원회를 설치하여 서열 평가

② 장점 : 간단 & 용이

③ 단점

- 평가자의 주관이 개입될 소지가 크다.
- 서열 간 직무가치의 차이 정도를 파악할 수 없다.
- 평가대상 직무수가 많을 때 평가능력의 한계가 예상되어 평가의 신뢰도를 확보하기 어렵다.
- 유사직무가 많을 경우 서열을 매기기가 매우 어려워서 평가의 신뢰도 문제가 제기된다.
  ↳ 대규모 기업에서는 도입이 바람직하지 않다.

2) 분류법(등급법)

① 개념 : 사전에 작성한 직무의 제 등급을 표시하는 표에 평가하려는 해당 직무를 분류하는 방법
직무등급표에는 직무의 중요성, 난이도, 직무환경 등을 고려하여 개별등급에 대해 포괄적으로 기술

② 장점

- 실시과정이 간단하고 용이
- 도입비용이 별로 발생하지 ×

- 평가대상 직무들이 가지고 있는 자격요건의 수준등급이 몇 개 되지 않는 경우에 매우 효과적으로 적용

③ 단점
- 개별 등급에 대한 정의를 내리는 것이 어렵다(특히 중간등급에 대해 명확히 차별화된 정의를 내리기 어렵다).
- 개별 등급들은 넓은 일반성을 지닌 개념을 사용하여 정의할 수밖에 없다(∵ 여러 직무들이 갖고 있는 가치를 공통적으로 포함시켜야 하기 때문에).
  이로 인해 기술한 정의에 대한 해석상 논란 발생 가능성이 있다.
- 어느 등급으로 분류하느냐에 대한 의사결정에 주관적 판단이 개입될 소지가 많다.

3) 점수법

① 개념 : 평가대상인 개별직무의 가치를 점수화하여 표시하는 기법

[평가과정]

제1단계 : 평가요소의 선정

▼

제2단계 : 평가요소에 대한 가중치 설정

▼

제3단계 : 평가요소에 대한 점수부여

❶ 제1단계 : 평가요소의 선정
  - 개별직무의 어떤 측면을 평가할 것인가를 결정
  - 직무평가요소

▼ REFA 모델

대분류
1. 지식
2. 숙련
3. 책임
4. 정신적 노력
5. 육체적 노력
6. 작업환경

▼ 라이틀(Lytle) 모델

대분류	세부분류
1. 숙련	지능적 숙련, 육체적 숙련
2. 노력	정신적 노력, 육체적 노력
3. 책임	대인적 책임, 대물적 책임
4. 작업환경	위험도, 불쾌도

❷ 제2단계 : 평가요소에 대한 가중치 선정

평가요소들이 특정직무의 가치를 평가하는 데 똑같이 중요한지 혹은 직무의 특성에 따라 중요성이 다른지를 판단

(여기에는 해당 평가요소의 기업 전체목표 달성관점에서의 중요성, 개별 직무의 성공적 수행을 위한 중요성 등이 중요 판단기준)

▼ 평가요소의 가중치 – 전자산업 생산직종(예)

평가요소		가중치(%)
대분류(가중치%)	소분류	소분류
숙련 (50)	경험	22
	교육수준	14
	창의력	14
노력 (15)	육체적 노력	10
	정신적 노력	5
책임 (20)	설비	5
	원재료 및 제품	5
	타인의 안전	5
	타인의 작업	5
직무조건 (15)	작업환경	10
	위험도	5
계		100

❸ 제3단계 : 평가요소에 대한 점수부여

– 가중치가 부여된 개별 평가요소들에 대한 점수를 부여

– 이 과정에서 평가자의 주관이 개입될 소지를 줄이기 위한 방법

　• 각 평가요소들에 대해 평가구간을 설정해야 함

　• 설정된 구간별 정의를 명확히 해야 함

(평가요소별로 아래와 같은 등급표를 작성하여 점수부여)

교육수준	초졸 이하	초졸	중졸	고졸	전문대졸	대졸	대학원
등급별 점수	0	2	3	4	5	6	7
가중치 점수	0	4	6	8	10	12	14

(예) 평가요소 중 교육수준에 대한 평가에서 요구되는 교육수준이 고졸인 경우 점수는 8점으로 산정)

② 장점

- 개별 직무에 대한 가치가 점수로 명확하게 산정되며 직무들 간의 가치 비교를 보다 구체적으로 할 수 있다.
- 일단 평가요소 및 가중치가 결정이 되면 그 후의 평가과정에서는 평가자의 주관을 최소화할 수 있다.
- 직무가치를 기준으로 하는 임금수준을 결정할 때 여러 직무들 간의 임금격차에 대한 합리성·공정성 확보 가능(∵ 직무들 간 상대적인 가치의 크기에 대한 구체적이고 점수화한 정보를 획득할 수 있기 때문에)

③ 단점

- 평가요소에 대한 가중치 설정에 문제가 제기될 수 있음
  ⅰ) 직무평가자의 주관성이 개입될 소지
  ⅱ) 평가요소의 가중치에 대해 기업측과 작업자의 생각이 다를 경우
      → 평가결과에 대한 종업원의 수용성 확보가 어려움
- 개발에 상대적으로 시간과 비용이 많이 발생

4) 요소비교법

① 개념 : 서열법에서 발전된 기법으로서 여러 직무들을 전체로 비교하지 않고 직무가 갖고 있는 요소별 직무들 간의 서열을 매기는 데에서 출발

[실시단계]

❶ 평가요소의 선정

- 정신적 요건, 숙련, 육체적 요건, 책임, 작업조건 등의 요소가 주로 선정
- 점수법에서보다 적은 수의 평가요소가 사용됨

▼

❷ 대표 직무들을 선정함

대표직무 : 해당기업의 목표달성과 관련하여 중요하면서 없어서는 안 될 직무들이 우선 고려대상

▼

❸ 대표직무들을 평가요소별로 서열을 매김

서열은 해당요소의 중요성 정도, 난이도 정도를 가지고 판단. 이를 위해 직무기술서·직무명세서 구비가 필수적임

▼

❹ 대표직무의 임금을 평가요소들에 배분함

대표직무들에 지급되는 시간당 임금을 평가요소들에 배분(배분시 해당 직무가 성과를 창출하는 데 어떤 직무요소가 중요하며 공헌도가 더 큰가를 기준으로 잡는다)

▼

> ❺ 각 직무들의 요소별 서열과 배분된 임금의 서열을 비교
>
> − 목적 : 양자의 서열을 비교함으로써 직무요소별로 난이도 서열 및 임금배분액의 타당성을 검토
> − 불일치한 곳이 발견되면 이에 대한 원인규명과 조정작업

▼

> ❻ 대표직무들의 직무평가 결과를 기준으로 다른 직무들을 평가
>
> 이렇게 함으로써 전체 직무를 동시에 평가함으로써 나타나는 복잡성을 줄이고, 평가에의 타당도를
> 확보하는 데 도움이 된다.

② 장점
- 직무평가 결과가 바로 임금책정과 연결되어 임금 공정성 확보에 상당히 기여
- 직무평가 과정이 타 평가방법에 비해 매우 정교하게 짜여 있어 평가의 타당도 및 신뢰도
  확보 면에서 우월
- 유사한 직무 및 기업 내 전체직무를 평가하는 데 용이

③ 단점
- 대표직무들의 평가요소들에 대한 서열을 매길 때 주관적 판단을 배제하기 어렵다.
- 개별직무의 임금을 평가요소에 배분하는 과정에 주관적 판단이 개입될 소지가 높다.
- 평가방법과 그 과정이 복잡하여 종업원의 수용성을 끌어내는 데에 많은 노력이 요구된다.

[기업에서 요소비교법의 단점을 극복하기 위한 방법]
- 직무평가 위원회를 구성하여 개별평가자의 주관적 평가를 최소화시키려 함
- 외부전문가를 초빙하여 기업 내 직무평가위원회와의 긴밀한 협력을 통해 평가의 타당도
  ·신뢰도를 높이려 함

5) 일반적으로 직무평가를 실시할 때 제기되는 문제점
① 평가결과에 대한 종업원의 거부 내지 저항이 발생할 수 있음
  (∵ 직무평가의 결과가 임금책정의 합리성 제고에 활용되어 임금관련 불이익을 당하는 집단
  이 나올 수 있기 때문)
② 평가요소의 선정(점수법, 요소비교법)에 있어서 기업 측과 종업원 측 간의 마찰이 생길 수
  있음
③ 과거엔 하지 않던 기업이 갑자기 직무평가를 실시할 경우 종업원이 기업의 직무평가 목적에
  대해 오해를 하고 이로 인해 노사 간 갈등이 노골화될 수도 있다.

6) 극복 방안
① 기업이 직무평가 실시 전에 종업원에 대해 충분히 홍보
② 평가의 객관성을 어느 정도 보장할 수 있는 외부전문가의 참여
③ 종업원 대표도 직무평가위원회에 참여시킴이 바람직

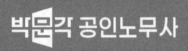박문각 공인노무사

인력확보

확보관리(staffing)

(1) 개념 : 기업의 목표달성을 위해 특정 직무를 수행할 수 있는 인력을 얻는 과정에 대한 체계적이고 합리적인 관리과정

(2) 효과

1) 경제적 효율성

① 경쟁력 제고

기업은 인력확보 활동을 통해 제품 및 서비스를 생산하여 시장에 판매함으로써 → 수익증대, 시장점유율 유지·증가 → 경쟁력 제고

(인력확보 활동을 통해 획득한 인적자원은 경영전략 수립 및 집행의 주체자로서 경쟁력의 원천(RBV))

② 조직의 안정성 제고

필요한 인력을 적시에 획득하는 것은 기업 조직의 안정성 유지에 커다란 공헌을 하게 됨 (인력부족 → 기업은 시장기회를 포기 or 현재인력의 초과근무, 임시직 고용 등 → 중장기적으로 기업조직 안정성을 훼손시킬 수 있음)

2) 사회적 효율성

① 고용기회의 창출

실업 노동력을 흡수함으로써 그들에게 생활의 터전을 마련

② 승진욕구의 충족

내부노동시장에서의 인력확보는 현직종업원에게 보다 많은 승진기회 제공 및 승진욕구를 충족시키는데 기여

▼ **인력확보 활동의 관리적 과정**

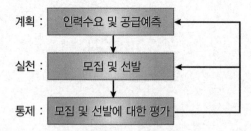

01 | 인력수요 및 공급예측

1 전략적 인력계획

[불확실한 기업환경의 변화]

→ 기업의 전략변화를 유발

→ 기업의 인사, 마케팅 재무 등의 계획에 영향을 주고 이런 계획에 따라 요구되는 직무의 수가 달라지고 개별 직무에서 요구되는 직무수행자격요건이 달라짐

→ 인력의 양과 질의 당위적 수준이 결정되고 현황과 대비되어 그 차이를 메우는 활동이 요구됨

(1) 기업의 미래인력 확보전략

1) 인력적응전략

① 개념 : 기업이 미래의 어느 시점(t_1)까지 별다른 조치를 하지 않다가 t_1에 도달했을 때 필요인력을 확보 혹은 과잉인력을 감축

- t_1에서 기업의 보유 인력을 단기적으로 움직일 수 있는 융통성을 최대한 이용

② 장점

- 인력계획전략의 예측위험성에 따르는 비용을 피할 수 있으며 잘못된 인력투자를 막을 수 있음
- 직무와 인력간 적합성을 보다 극대화(∵ 기업의 기술 환경이 복잡할 경우, t_1에서 필요인력의 양·질을 t_1시점의 구체적인 기술 상황을 가지고 판단하기 때문에)

③ 단점

- t_1시점에 필요인력의 자격요건이 특수하여 외부노동시장에서 구해야만 하는 경우 외부노동시장이 이런 인력을 항상 제공해 주지는 못함 → 구하지 못할 경우 기업은 시장기회를 상실
- t_1시점에 기업이 기술변화 등으로 인해 기능이 노후화된 종업원들을 법적·도덕적 제약으로 방출시키지 못할 경우가 발생할 수 있음 → 이런 종업원들은 기능발휘를 못하는 직무수행으로 직무불만족

2) 인력계획전략

① 개념 : 미래(t_1)에 발생할 기술변화 등 환경변화를 사전에 예측하여 t_1에서의 인력의 양적·질적 문제를 사전에 충분한 시간을 갖고 준비하는 전략

② 장점

- 인력확보면에서 외부노동시장에 대해 비교적 높은 독립성(∵ 가능한 한 내부노동시장인 현재 종업원을 대상으로 교육훈련 등을 통해 미래에 요구되는 직무자격요건을 갖추게 하는 것을 강조하기 때문)

- 종업원의 능력개발욕구를 충족, 그들의 노동시장에서의 경쟁력을 높임
③ 단점
  - 예측위험비용 발생 가능
  - 예측위험성을 최소화하기 위한 종업원의 다기능화는 인사관리의 유효성 관점에서 문제가 제기될 수 있음(∵ 당장 실무에 적용할 기회가 없는 자격획득은 종업원의 불만을 야기할 수 있고, 자격획득에 투입된 비용 또한 기업이 부담)

➲ 인력적응전략보다 인력계획전략이 여러 측면에서 보다 유용
  (∵ 과다인력의 보유 → 비용의 증가, 과소인력의 보유 → 시장기회를 상실)
  ↳기업 목표달성 극대화를 위해서는 인력확보를 위해 인력계획전략의 도입이 요청된다.

2 인력수요예측

(1) 개념
- 조직목표를 달성하기 위하여 단기/중기/장기적으로 요청되는(필요한) 인적자원의 양과 질을 파악하는 과정
- 인력수요예측 활동
  - 질적 측면 : t_1에서 종업원에게 요구되는 직무수행 자격요건의 예측
  - 양적 측면 : t_1에서 필요한 해당기업의 종업원의 수의 예측

(2) 질적 인력수요예측
  #### 1) 질적 인력수요의 결정이론
  ① 질적 인력수요예측의 기본전제
  미래에 해당 기업의 종업원에게 요구되는 직무수행 자격요건이 기업의 환경변화로 인해 바뀔 수 있다는 것
  ② 미래 직무자격요건의 형성과정

t_1에서 요구되는 해당 직무의 성과
t_1에서 요구되는 해당 직무의 성과의 기준은 기업의 경영전략에 의거한 판매계획 및 생산계획 과정을 거쳐 밝혀짐

▼

해당 직무를 수행하는 데 필요한 작업내용
- 이는 t_1에서의 생산기술변화의 정도, 적용되는 작업방법, 제공되는 작업조건 등에 의해 결정 - 특히 생산기술의 변화는 양적·질적 인력수요예측의 결정적 변수(기술변화(발전)는 직무구조(내용)를 변화시키고, 변화된 직무구조는 새로운 직무수행요건을 필요로 하는 것이다.)

▼

해당 직무를 수행하는 데 필요한 작업자의 자격요건
직무수행요건의 내용은 숙련, 지식, 책임감, 직무경험 등

③ 기술발전(하이테크의 도입)에 따른 직무구조 및 자격요건의 변화에 대한 가설
   - **상향가설** : 기술변화는 고도의 기능 및 기능의 다양성을 요구(자동화는 반복작업을 제거,
     작업자는 밀접한 감독을 받게 되어 책임감이 증가. 특히 고도의 기술분야에서의 작업은
     복잡성·상호관련성이 증대)
   - **하향가설** : 기술발전 → 요구되는 자격요건의 수준은↓
   - **현상유지가설** : 기술발전 → 자동화수준에 따라 영향이 혼합되거나 작업환경에 따라 근본
     적인 변화가 없다.
   - **근접가설** : 기술발전 → 상위직과 하위직 간 자격요건의 수준차이가 점차 줄어든다.
   - **양극화가설** : 기술발전 → 제조분야에서의 자격수준은↓, 관리직에서의 자격수준은↑
   - **혼합가설** : 기술변화의 내용이나 정도에 따라 → 직무수행 자격요건이 다양하게 변화된다.
     (라이트 : 기술발전 → 자격요건이 상향되다가 그 이후 하향)

▼ **기술발전(하이테크 도입)에 따른 직무구조 및 자격요건의 변화에 대한 가설**

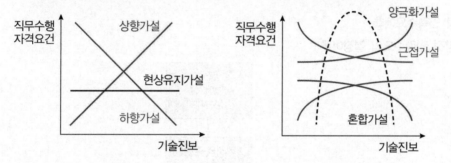

2) **질적 인력수요의 예측기법**

① **자격요건분석 기법**
   - 매우 안정적 환경하에서 직무내용·조직구조·생산기술에 거의 변화가 없을 경우 사용
     가능한 단기적 수요예측기법으로서 직무수행에 필요한 각종 직무수행역량(K·S·A)에
     기반하여 미래(t_1)시점에 요구되는 직무수행 자격요건을 예측하는 기법

자격내용 \ 자격수준	매우 낮음	낮음	중간	약간 높음	아주 높음
전문지식			t_0	t_1	
능력			t_0	t_1	
직무의 난이도	t_0		t_1		
직무경험	t_1				t_0
책임				t_1	t_0
작업조건		t_0	t_1		

- 이 기법은 개별직무를 구성하고 있는 과업에 대한 분석도 병행해서 t_1에서 개별직무의 과업구조가 어떻게 변화되는지도 예측
- 개별직무를 구성하고 있는 과업에 대한 분석과 해당직무가 요구하고 있는 자격요건에 대한 정보는 미래의 효율적 인력관리를 위한 직무 재설계/재분류의 가능성 제시

② 시나리오 기법
- 기업의 환경이 매우 불안정하고 복잡한 변화가 예상되어 해당 기업의 직무·조직구조·생산기술의 변화에 대한 예측이 용이하지 않을 경우, 질적 인력수요예측을 위해 활용
- 예측 프로젝트조직에서 브레인스토밍 및 경영환경의 변화, 미래의 기회와 위협에 대한 분석으로 개별 직무내용의 변화와 그에 따르는 인력수요의 변동을 예측하는 방법
- 인력수요예측을 위한 시나리오에는 예측의 타당성을 담보하기 위해 앞으로의 정치·경제·사회·문화적 트렌드, 각종 경제 지표, 사회 가치관의 변화 등이 종합적으로 반영되어야 함

(3) 양적 인력수요예측

1) 양적 인력수요의 결정이론

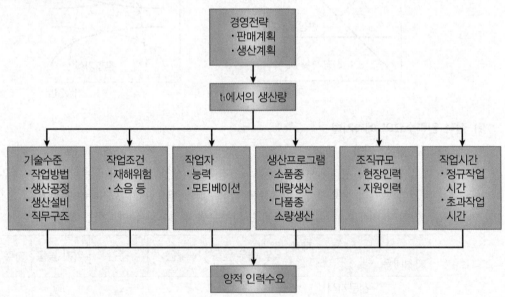

① 생산량 & 기술수준
- 다른 결정요인이 고정적일 때 생산량이 증가될수록 인력수요는 증가
- 생산량과 인력수요는 t_1에서 해당기업이 도입할 생산기술수준(작업방법, 생산공정, 생산설비 등)에 따라 달라짐

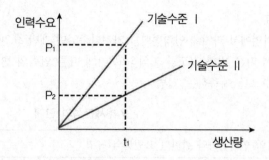

② 생산프로그램의 종류

　　예 특정 제품의 생산규모(필요인력 : 소품종 대량생산체제 < 다품종 소량생산체제)

③ 조직의 규모

생산현장이 있으면 반드시 이를 지원하는 부문(스태프인력)이 존재한다. 지원인력은 조직규모가 어느 정도 증가할 때까지 고정적이며 특정 이상의 규모가 될 때 증가하게 된다.

④ 허용 작업시간(근로시간)

2) 양적 인력수요의 예측기법

가. 통계적 기법

출발점은 해당기업의 역사적 자료를 가지고 분석하는 것

① 생산성 비율 분석

－ 과거 해당기업이 달성했던 생산성의 변화에 대한 정보를 가지고 미래에 필요한 생산라인에 투입할 인력을 예측하는 기법

(기본적으로 필요한 인력의 수가 작업량에 따라 비례적으로 증가한다는 가정에 그 바탕을 두고 있다.)

－ 생산성에 근거한 예측에서 기술혁신, 작업자의 숙련향상 등으로 인해 생산성과 수요인력의 비율은 변화될 수 있다.

이와 관련하여 학습곡선(learning curve)을 이용한 예측이 유용하게 활용되는데, 그 기본가정은 생산성이 경험에 의해 좌우된다는 것이다.

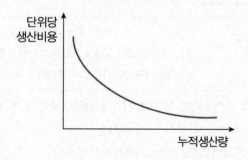

② 추세분석
- 해당기업에서 과거에 인력변화를 가져다주었던 제반 요인들을 찾아서 이러한 요인들의 시간에 따른 변화 정도를 파악하고 이에 따른 인력의 변화정도와 연결시켜서 미래의 인력수요를 예측하는 기법

▼ 추세분석의 단계

① 과거의 인력변화와 관련된 요인들의 규명

▼

② 이러한 요인들과 인력규모에 대한 자료의 파악

▼

③ 작업자 개인별 연간 생산량 계산

▼

④ 노동생산성의 추세파악

▼

⑤ 미래의 특정 시점에 대한 수요인력 예측

- 추세분석법은 현재까지의 추세가 앞으로도 이어진다는 가정하에서 의미를 가지는 방법이므로 단기적 수요 예측에는 적합하지만 장기적으로 또는 정확한 예측이 필요한 상황에서는 바람직하지 ×

③ 회귀분석
- 기업의 인력수요결정에 미치는 여러 영향요소들의 복합적인 영향력을 독립변수와 종속변수간 회귀방정식의 형태로 계산하여 해당기업의 미래 인력수요를 예측하는 기법
- 인력수요 결정에 영향을 미치는 변수 : 매출액, 생산량, 생산장비에 대한 투자액, 수익, 기술수준의 정도 등
- 회귀분석결과 얻은 방정식에 t_1에서의 제 변수들의 수치를 대입시키면 t_1에서의 인력수요가 계산된다.

$$Y = a + bX_1 + cX_2 + dX_3$$
(Y : 인력수요(t_1), a : 고정인력, X_1 : 매출액(t_1),
X_2 : 생산량(t_1), X_3 : 생산장비 투자액(t_1))

- t_1에서의 인력수요를 예측하기 위해 인력수요에 미치는 결정적인 변수를 하나로 간주할 때는 상관관계 분석을 실시한다.
- 회귀분석 기법을 도입하기 위한 기본전제
  • 회귀방정식의 도출을 가능하게 하는 충분한 과거 데이터가 있어야 함

- 개별 영향변수들과 인력수요 간에 유의적인 상관관계가 존재해야 함
- 생산성이나 제품믹스에 극적인 변화가 없을 것으로 예상되어야 함

➲ 통계적 기법은 '과거'에 근거하기 때문에 예측의 정확성에는 한계가 존재할 수밖에 없다.
(기업의 미래 환경이 '불연속성', '불확실성' 속에 있기 때문에)

↳ 미래의 수요인력에 대한 방향인식과 예측기간을 가능한 한 단기간으로 좁혀 나가면서
예측치에 대한 수정작업을 계속해 나가는 것이 바람직하다.

나. 노동과학적 기법

- 작업시간연구를 기초로 조직의 하위 개별 작업장별 필요한 인력을 산출하는 기법
- 기법의 중심은 생산량이며 주로 생산직종의 인력 예측에 활용
(관리직, 사무직의 경우 목표량 측정의 어려움과 작업시간과 목표달성의 관계가 명확하지
않기 때문에 이 기법의 적용이 어렵다.)

$$수요인력 = \frac{연간\ 총\ 작업시간}{연간\ 1인당\ 작업시간}$$

다. 델파이 기법

- 전문가들이 익명으로 서로의 견해에 대하여 서면상의 피드백을 주고받으며 견해를 수렴
하는 방식
- 해당기업의 미래환경이 복잡하고 어떤 틀에 의해 정형화시키기 어려울 때 도입의 필요성
이 강조됨
- 진행과정

① 참여할 전문가를 선정하고 그들에게 기업의 제 정보를 충분히 제공

▼

② 각 전문가에게 미래 인력수요예측과 관련된 질문지를 발송.
이 질문지는 익명으로 작성되어 다시 진행자에게 제출됨

▼

③ 진행자는 제출된 질문지를 종합하여 다시 각 전문가에게 발송.
각 전문가들은 익명으로 된 다른 전문가들의 예측정보를 참고로 다시 예측을 하여 익명으로
진행자에게 발송

▼

④ 3단계 과정을 최적의 대안이 도출될 때까지 반복

- 예측활동에 참여하는 전문가들은 서로 대면접촉을 하지 않음으로써(서면으로 소통) 의사
결정의 질을 향상
(∵ 직접 대면에 의해 나타날 수 있는 성격의 충돌을 최소화, 목소리가 큰 사람이 의사결
정과정을 지배하는 것을 방지)
- 실시에 시간이 오래 걸리고 응답자에 대한 통제가 어렵다.

라. 화폐적 접근법

- 미래의 어느 시점에 기업이 종업원을 고용할 수 있는 지불능력에 초점을 맞추어 필요인을
산정한다.
- 앞의 제 기법들은 '일'을 기준으로 인력수요를 예측하는 접근법인 데 반해 화폐적 접근법은
'인건비'의 관점의 접근법
- 해당기업이 미래(t_1)에 보유할 수 있는 인력

$$보유가능인력 = \frac{허용\ 인건비총액}{종업원\ 1인당\ 평균인건비}$$

- 다른 예측기법들에 비해 보다 현실적이다.
- 기술혁신과 환경변화가 빠른 업종에서는 예측의 정확성을 확보하기 어렵다.
(∵ 예측에 필요한 제 정보(부가가치율, 1인당 인건비)에 대한 예측이 매우 어렵기 때문에)

➲ 인력수요예측에 대한 질적·양적 기법들을 기업이 도입할 때에는 해당기법들이 갖고 있는
특성을 충분히 고려하여 우리 기업에 타당한 또한 직종별로 타당한 예측기법을 선택함이 바
람직하다.

참고 **수요예측의 과정과 방법에 초점을 두어 양적 접근과 질적 접근으로 분류하는 방법**

1. 양적 접근법
- 하나 또는 그 이상의 기준요소를 설정해서 이를 근거로 통계적 또는 수리적 방식으로 소요인원을
산정
- 생산성 비율 분석, 추세분석, 회귀분석, 노동과학적 기법, 화폐적 접근법

2. 질적 접근법
- 전문가의 경험이나 직관 또는 판단에 의거하여 인력수요를 예측하는 기법
- 자격요건분석법, 시나리오 기법, 명목집단법, 델파이법

3. 명목집단법
- 여러 사람들로부터 자유로운 아이디어를 받되, 서면으로 받음으로써 문제의 답에 대한 익명성을 보
장하고 반대논쟁을 극소화하는 방식으로 문제해결을 시도하는 기법
(명목집단 : 구성원들 간의 대화나 토론 등의 상호작용을 억제)

- 진행 절차

① 여러 부서의 관리자, 전문가들을 소집하여 미래 인력수요에 대한 질문을 던지고 답을 생각하게 함

▼

② 개인들은 문제에 대해 혼자 생각 후 서면으로 아이디어를 작성

▼

③ 개인들은 무기명으로 아이디어를 제출하고 이를 칠판에 기록

▼

④ 칠판의 아이디어에 대해 장점, 타당성 등 여러 측면에서 토론

▼

⑤ 집단은 아이디어들에 대해 투표를 실시하여 대안을 확정

- 장점
  - 구성원들이 타인의 영향력을 받지 않고 독립적으로 문제를 생각해 볼 수 있음
  - 의사결정을 하는 데 시간 소요가 많지 않음
- 단점
  - 의사결정의 질이 집단을 이끄는 리더의 자질에 좌우됨
  - 한 번에 한 문제밖에 처리할 수 없음

3 인력공급예측

(1) 개념

- 필요한 인적자원의 양과 질을 경영활동의 취지에 맞게 어떻게 확보할 수 있을지를 계획하는 과정
- 기업이 필요로 하는 인적자원에 대한 공급원천
  - 조직내부(내부공급원) : 현재 조직 내에 존재하면서 여러 직무들에 충원할 수 있는 인력들
    (승진, 배치전환 등을 통해 조직 내 공석을 충원하게 됨)
  - 조직외부(외부공급원) : 조직 내의 직무에 충원될 수 있는 외부 인력들
    (현재 다른 조직에 종사하고 있거나 고용되지 않은 상태의 인력들)

(2) 내부노동시장

- 내부노동시장에서의 인력공급예측 활동이란 내부노동시장에 대한 인력관리 패턴을 미래의 t_1
  시점에까지 유지했을 때 보유하게 될 인력을 예측하는 활동
- 인력공급에 대한 분석
  - 질적 측면 : t_1시점에서 해당기업이 보유하게 될 인력의 자격요건의 내용을 분석
  - 양적 측면 : t_1시점에서 해당기업의 보유인력의 수를 예측

1) 질적 인력공급예측

가. 대상

– 전제 : 미래의 t_1 시점에서 해당기업의 종업원들이 갖추게 될 자격수준이 현재(t_0)와 다를 것이라는 점

(∵ 퇴직인력의 보충 및 새로 생긴 직무를 위한 신규인력 채용, 기업의 인력개발활동을 통해 종업원들의 현재 직능은 변화)

– 구체적으로 검토되어야 할 자격(직능)의 변화내용 : 지식, 기능, 육체적·인지적·정신적·사회적 능력

나. 예측기법

– 추세분석

과거부터 현재에 이르기까지 종업원의 자격수준 변화를 가져다주었던 요인들을 찾아서 이러한 요인들의 시간에 따른 변화를 파악하고 이를 당시 종업원이 보유했던 자격수준과 연결시키는 것(전제는 해당기업이 도입하고 있는 생산기술이 불연속적이 아닌 연속적으로 변화·발전되고 있어야 한다는 것)

2) 양적 인력공급예측

가. 대상

– 해당기업이 미래의 t_1 시점에서 보유하게 될 종업원 수를 전체 종업원 수뿐만 아니라 직종별·직급별·직군별·직무별 그리고 종업원의 인구통계적 측면에서 파악하는 것

– 해당기업의 미래 t_1 시점에서 보유하게 될 인력공급 파악을 위해 종업원의 연령구조, 이직률, 입직률, 결근율, 생산성, 그리고 기업내부이동에 대한 예측활동이 이루어져야 한다.

나. 예측기법

– 예측을 위한 도구로서 해당기업은 현재 종업원이 보유한 기능목록(skill inventories)을 작성하고 인적자원정보시스템(HRIS)을 구축해야 한다.

– 기능목록

종업원의 직무적합성을 쉽게 파악할 수 있도록 핵심직무, 경력, 학력, 교육기록, 자격여부 등을 요약한 표(일반적으로 전산화되어 인적자원정보시스템 하에서 주기적으로 갱신되며 승진이나 배치전환 등에 활용된다.)

[예측과 관련되는 구체적인 기법]

① 빈도분석 : 특정 시점에서 발생하는 사건의 수를 가지고 어떤 변수의 경향을 찾아내는 방법 (해당기업 종업원의 연령구조와 이직·결근에 대한 경향 예측에 유용)

② 추세분석 : 이직률, 입직률, 결근율, 생산성의 변화에 대해 과거의 자료에 의한 변화추세를 찾아서 이것을 미래에 적용하는 것

③ 마코프 분석(Markov chain analysis)
- 개념 : 미래 어떤 시점에서의 해당 기업 내 종업원의 이동에 대한 예측을 하는 데 유용한 기법으로서 주어진 특정의 인사정책 하에서 종업원이 미래의 어떤 시점에 현 직위에 존재·이동·이직할 확률을 추정한 인력전이행렬을 통하여 인력 니즈를 파악하는 모델
- 핵심은 전이행렬(transition probability matrix)이다. 이는 예측기간(대개 1년) 동안 종업원들이 그의 직무에 계속 재직할 가능성, 조직 내의 다른 직무로 이동할 가능성, 조직을 이탈할 가능성 등을 표시해 준다.
  (전이행렬은 매년 초 각각의 직무에 종사하고 있는 사람들의 숫자를 이동예상률과 곱하여 나타내는 결과)
- 적용방법

> ① 인력이 이동하거나 조직을 떠날 가능성이 있는 모든 직무를 상호배타적인 일련의 상황에 따라 분류

▼

> ② 각각의 상황 하에서 발생한 이동률에 관한 지난 몇 년 동안의 자료를 수집
>
> | | 이동예상률 | | | |
> | | time 2(연말) | | | |
> | time 1(연초) | 직무 A | 직무 B | 직무 C | 퇴직 |
> |---|---|---|---|---|
> | 직무 A | ① | ② | ③ | ④ |
> | 직무 B | ⑤ | ⑥ | ⑦ | ⑧ |
> | 직무 C | ⑨ | ⑩ | ⑪ | ⑫ |

▼

> ③ 이동률에 대한 정보를 가지고 연초의 인력을 대입시켜 전이행렬을 작성하여 미래의 인력을 예측
>
> $$[가, 나, 다] \times \begin{bmatrix} ① & ② & ③ & ④ \\ ⑤ & ⑥ & ⑦ & ⑧ \\ ⑨ & ⑩ & ⑪ & ⑫ \end{bmatrix} = [a, b, c, d]$$

▼

> ④ 예측된 미래 이동률 측정치의 안정성과 신뢰도를 높이는 과정
>   (인력이동률을 계산할 때 직전 연도의 이동률을 활용하는 것보다 지난 몇 년간에 걸친 이동률의 평균치를 적용하는 것이 더 바람직)

- 장점 : 적용하기가 쉽다.
- 단점
  - 마코프 분석이 정확하기 위해서는 이동 확률이 비교적 안정적이고 측정 가능해야 한다.
  - 각각의 직무에 종사하는 인력이 극히 소수인 경우에 예측의 실효성이 떨어질 수 있다.
    (각 직무나 상황에 적어도 50명 정도가 있을 경우 유효)

- 마코프 분석은 이동확률이 단지 종업원의 초기 직무개시 상황에 의해서만 결정된 다고 가정하고 있다.

참고 **대체도(replacement chart)**

- 조직 내 특정직무가 공석이 될 때, 가능한 대체투입인력을 조직도 속에 명기한 표
(특히 구성원들의 장기근속을 전제로 하는 기업에 있어서 매우 중요, 관리직이나 주요 기술직 구성원들을 대상으로 작성되는 것이 보통임.)
- 일반적으로 대체도에는 계량적으로 기록 가능한 연령, 현 직급에서의 근속기간, 직무성과(인사평가 결과) 비계량적 등급으로 표현되는 교육훈련의 정도, 승진가능성 등의 정보가 기재됨
(승진가능성 : 해당 구성원이 앞으로 상위의 직무를 수행할 역량을 갖추고 있는지 여부를 직속 상사가 판단한 내용을 근거로 하여 인사부서에서 각종 검사나 면접, 다른 평가수단들을 동원하여 파악된 평가 결과가 참조되어 기재)

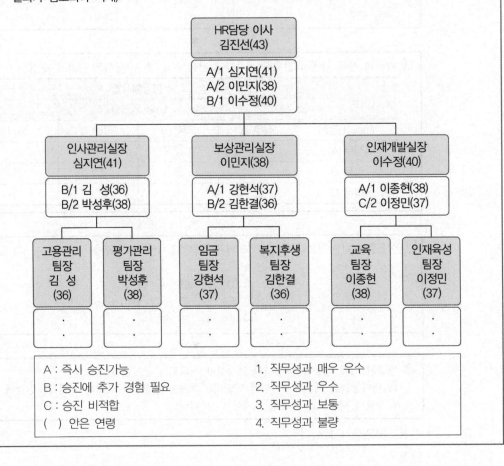

(3) 외부노동시장

외부노동시장으로부터의 노동 공급원

- **양적(인구통계학적 지표로 분석)** : 인구규모 및 인구구성(연령 및 성별 구성비율), 경제활동인구 및 실업률, 인구증가율 등과 같이 계량적인 측면에서 노동인구의 수효를 파악하는 것
- **질적** : 교육 및 훈련의 수준, 노동성취 동기수준, 사회·문화적 배경 등과 같이 비계량적인 측면에서 노동인구의 특징을 파악하는 것(노동인구가 가지고 있는 욕구구조에 대한 분석도 포함)

참고 **인력 수급 불균형 시 대응 방안**

Ⅰ. 과잉 수요 시 대응방안
1. 신규인력채용
2. 대체안
 (1) 초과근로 활용
 - 의의
 - 인력 부족 상황 시 기존 인력의 근로시간을 연장하는 방안
 - 제품, 서비스에 대한 수요가 미래에 지속되지 않을 우려가 있는 경우 활용
 - 장점
 - 기업 입장 : 신규인력 채용비용 절감
 - 종업원 입장 : 소득증가의 기회
 - 단점
 - 초과근무 시간 동안의 생산성 저하현상
 - 장기간이 될 경우 과로와 스트레스
 (2) 임시직 고용
 가. 기간계약고용
 - 의의
 - 상용직의 반대개념, 정해진 기간 동안 근무하는 고용형태
 - 장점
 - 고용의 유연성을 높여주면서, 계약사원을 동기부여시켜 생산성을 높일 수 있다.
 (상품의 리사이클이 짧아지고, 신기술도입이 증가하면서 전문기술을 가진 근로자의 한시적 고용이 필요해짐)
 나. 시간제고용
 - 의의
 - 기준근로시간보다 짧은 시간동안 규칙적이고 자발적인 방식에 의한 고용을 의미한다.
 - 장점
 - 기업은 인건비 절감
 - 단순, 정형적 업무에 있어 인력의 효율적 활용이 가능
 - 노동수요가 많은 계절에 활용가능
 - 경기 변동에 유연한 대응이 가능(경기가 좋을 때 활용)
 - 단점
 - 낮은 직무·조직몰입

(3) 파견근로

가. 의의

– 자기 기업에서 고용하고 있는 근로자를 다른 기업에 파견하여 그 지휘명령을 받아 근로하게
하는 형태

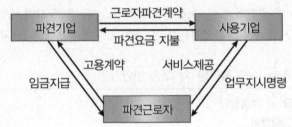

나. 장점

- 기업입장
  - 인건비 절감효과(임금 외의 각종수당, 복지후생비 등을 부담하지 않음)
  - 계절적 고용변화에 완충작용
  - 일시적 노동수요 부족을 메울 수 있다.
  - 장래의 불확실성에 대한 보장으로서 활용된다.
  - 파견근로자는 채용즉시 활용가능(∵ 대체로 업무경험이 많은 베테랑이므로)
- 파견근로자입장
  - 근무 시간의 유연성이 보장된다(주부, 학생 등의 근무시간·장소·형태 등을 스스로
    선택하고자 하는 욕구증대).
  - 일부 직종의 경우 상용근로자에 비하여 더 높은 수입을 올릴 수 있다.
  - 비교적 쉽게, 즉시 취업이 가능한 경우가 많다.

다. 단점

- 파견근로자는 신분이 불안정(이 과정에서 잦은 직장 이동으로 인한 불안감, 스트레스)
- 낮은 직무만족도

(4) 아웃소싱

- 의의
  - 급속한 시장변화와 치열한 경쟁에서 살아남기 위해 기업에서 부가가치가 높은 핵심사업만
    을 남겨두고 부수적 업무는 외주에 의존하는 것을 말한다.
- 기업의 기대효과
  - 인원 절감과 생산성 향상의 이중효과
- 고려사항
  - 아웃소싱 대상업무의 합리적 선정
    (조직내부에서 수행할 때 과다한 비용이 소요되고 부가가치가 낮은 업무를 대상으로 선정
    하고, 조직구성원들을 보다 부가가치가 높은 업무로 배치·활용하는 방안 수립)
  - 외주업체의 체계적인 선정과 계약
  - 조직내부 구성원의 공감대 형성
    (조직 구성원들로 하여금 아웃소싱이 단순한 비용절감의 수단이 아니라 조직내부의 업무
    가치 제고를 위한 전략적 수단이라는 것을 인식시켜야 함)

II. 과잉 공급 시 대응방안

(박경규 - 인력감축전략(p.548) 1) 초과근무시간 단축 2) 신규채용억제 3) 조기퇴직제도 4) 보상의
동결, 삭감 5) 해고)

1. 직무분할제(직무공유, job sharing)

(1) 의의
  - 하나의 풀타임 업무를 둘 이상의 파트타임 업무로 전환시키는 것
    (근로자가 직무에 대해 동등한 책임을 지는 수평적 분할을 의미하는 것으로 둘 이상의 근로자가
    하나의 직무를 공유하는 것을 의미)

(2) 특징
  - 직무분할제를 통하여 직무의 적용범위뿐 아니라 그 직무를 수행하는 근로자들의 근로시간을
    다양화할 수 있다.
  - 기업의 인건비 감축효과, 근로자의 개인시간 활용가능
  - 여성인력의 경제활동 증가, 맞벌이부부나 파트타임 선호 근로자의 증대로 최근 선진국에서
    활발하게 도입

(3) 경영측면의 효과
  - 인력활용의 유연성을 제고할 수 있다.
    (두 개의 파트타임 직무로 나누거나 시간을 줄일 수 없는 직위를 파트타임 근로가 가능하게
    해 줌으로써 우수한 종업원을 보유하고 인력활용의 유연성을 제고할 수 있다.)
  - 업무의 적용범위 및 영속성의 유지가 가능하다.
    (다양하고 효과적인 작업일정을 개발할 수 있고, 한 사람이 직무를 담당할 수 없을 경우에도
    업무의 보완이 가능, 업무의 영속성을 유지할 수 있다.)
  - 기능과 경험의 폭을 확대할 수 있다.
    (두 근로자의 기능과 경험을 활용하여 능력 범위를 증대시킬 수 있기 때문에 업무 효율성을
    제고시킬 수 있다.)
  - 인적자원관리의 여러 목적을 효율적으로 달성할 수 있다.
    (예 정년을 앞둔 두 근로자의 직무분할, 젊은 근로자가 정년퇴임을 앞둔 근로자와 직무분할로
    경험을 전수, 승진을 앞둔 근로자가 승진 후 맡게 될 직무를 분할 담당하여 미리 대비, 신규
    근로자가 수습기간 동안 직무를 분할담당하여 인력활용과 동시에 능력육성)

2. 다운사이징(downsizing)

(1) 의의
  조직의 경쟁력 제고를 위하여 다수의 인력을 계획적으로 감축하는 것

(2) 실시 이유
  - 인건비 감축
  - 진부화된 공장을 폐쇄하거나, 신기술을 도입하는 경우 인력수요가 줄어들기 때문
  - 기업 인수합병으로 인하여 간접부문 관리자와 전문 스태프의 인력수요가 줄어들기 때문
  - 많은 기업들이 경제적 이유(특히 인건비 절감)로 국내 다른 지역이나 외국으로 옮기기 때문

(3) 다운사이징의 성과에 대한 평가
- 대부분의 연구에서는 생산성 향상을 가져온 것으로 나타나고 있다.
- 포춘지 선정 100대 기업 중 52개 기업을 대상으로 한 연구는 대부분의 기업에서 다운사이징 실시 후 수년간 재무성과가 개선되지 않았고, 오히려 악화되었음을 나타내고 있다.

(4) 다운사이징의 실패이유
- 초기의 비용절감은 단기적으로 이익이 되기는 하지만 부적절하게 실시된 다운사이징은 장기적으로 부정적 결과를 초래한다. 즉, 조직에서 창의성과 유연성을 제고하는데 필요한 사회적 네트워크를 파괴한다.
- 많은 경우 대체 불가능한 자산으로 판명되는 사람들을 조직에서 나가게 한다.
- 다운사이징에서 살아남은 종업원들은 시야가 좁고, 자기중심적이고 위험회피적이 되는 경향이 높다. 조직 내에서의 성장에 대한 희망상실로 모티베이션이 저하된다.
- 다운사이징과 관련된 부정적 여론은 기업 이미지를 손상시켜 추후 인력채용에 어려움을 겪게 된다(이러한 이미지 손상을 방지하기 위해 해고의 필요성이 충분히 설명되고 해고 절차가 공정하게 이루어져야 함).

(5) 효과적 다운사이징 전략
- 톱다운 방식으로 지시가 내려지지만, 바텀업 방식으로도 주도, 관리 필요
- 단기적/전반적 또 장기적/선택적으로 실시
- 해고된 종업원 및 잔류 종업원에게 특별한 주의
- 기업 내부에 초점을 두며 외부 네트워크(예 계약업체, 협력업체)도 포함
- 강한 집중화된 부분뿐 아니라 대규모 조직 내 소규모의 준자율적 단위들에서도 실시
- 다운사이징을 목표 달성을 위한 수단으로도 강조하지만 그 자체를 목표로서도 강조

02 | 모집과 선발

1 모집

(1) 의의

- 인력선발을 전제로 하여 양질의 지원자를 확보하는 활동, 즉 조직 내·외부로부터 유능한 인재를 유인하여 그들이 조직 내 특정 직위에 응시하도록 자극을 주는 장려과정
- 모집과정에서 중요한 것은 지원자들에게 모집대상이 되는 직위나 직책에 대한 정확한 정보가 주어져야 한다는 것(일반적으로 직무명세서를 기준으로 직무수행요건 및 자격사항과 경력사항, 인사상 처우, 선발인원, 선발절차, 구비서류 등의 정보를 공개)
- 모집은 그 행동반경이 거의 제한이 없으며 유능한 지원자를 구하지 못하는 한 그 후에 나타나는 선발활동은 본질적으로 그 질이 떨어질 수밖에 없기 때문에 유능한 인적자원 확보의 출발점으로서, 그리고 조직효과성 실천에 필요한 직위들에 대한 충원과정의 핵심 메커니즘이라는 점에서 중요성을 가진다.

> **참고** **모집에 영향을 주는 요인**
>
> - 기업의 이미지 : 구직자들에게 긍정적인 이미지를 갖게 하는 기업의 복지정책, 사회적 공헌활동, 높은 시장점유율, 존경받는 최고경영자, 인기있는 스포츠팀 운영 등은 기업의 평판에 도움을 주고 직원 모집에도 도움을 줌
> - 직무의 매력도 : 업무의 흥미, 도전적 과제의 부여 여부, 사회적 인정 등과 관련이 있는 직무 자체의 매력
> - 기업의 정책 : 특히 신입사원의 경력욕구를 채워줄 수 있는 적절한 인사정책

(2) 모집원천

- 인력확보의 원천을 결정하기 위한 정보
  - 외부환경 분석(실업률, 외부노동시장의 제 조건, 고용관계 법률, 기업의 이미지)
  - 내부노동시장 분석
    (경제적 요소 : 현재 보유인력의 적정성, 현직 종업원의 능력, 직무수행 자격요건의 변화추세, 종업원 연령분포, 이직률, 결근율 등)
    (사회적 요소 : 현직 종업원의 경력욕구, 직무만족도, 조직몰입 등)
- 이상의 제 정보 외에도 개별 노동시장이 모집에 미치는 효과 및 문제점도 분석해야 한다.

| 참고 | 내부모집, 외부모집 |

	내부 모집을 통한 채용	외부 모집을 통한 채용
의의	내부로부터 인재양성(MAKE) (교육훈련, 경력관리 중시)	외부로부터 인재획득(BUY) (시장경제원리 입각)
장점	– 승진기회 확대로 종업원 모티베이션 향상 – 모집에 드는 비용 저렴 – 모집에 소요되는 시간 단축 – 내부인력의 조직 및 직무지식 활용가능 – 외부인력 채용에 따르는 리스크(조직적응 실패, 기술·지식의 차이 등) 제거 – 기존의 인건비 및 급여수준 유지가능(외부인력 채용 시 인건비 상승 가능) – 하급직 신규채용 수요발생	– 인재선택의 폭이 넓어짐 – 외부로부터 인력이 유입되어 조직분위기 쇄신 가능 – 인력수요에 대한 양적 충족 가능 – 인력유입으로 새로운 지식, 경험 축적 가능 – 업무능력 등 자격을 갖춘 자를 채용하게 되므로 교육훈련비 감소
단점	– 인재선택의 폭이 좁아짐 – 조직의 폐쇄성 강화 – 부족한 업무능력 보충을 위한 교육훈련비 증가 – 능력주의와 배치되는 패거리 문화 형성 – 인력수요를 양적으로 충족시키지 못함(내부 승진으로 인해 항상 일정수의 인력부족 현상)	– 모집에 많은 비용 요소 – 모집에 장시간 소요 – 내부인력의 승진기회 축소 – 외부인력 채용으로 실망한 종업원들의 이직 가능성 증가 – 조직분위기에 부정적 영향 – 외부인력의 채용에 따르는 리스크 발생(조직 적응실패, 기술·지식의 차이 등) – 경력자 채용 시 높은 급여지급으로 인건비 상승

(3) 모집방법

1) 내부노동시장

① 비공개형 : 기능목록 등을 활용하여 해당 직위에 적합한 인재를 찾는 방식

② 공개형

[사내공모제도(job posting and bidding)]

- 개념 : 공석이 생겼을 때, 사내 게시판(or 인트라넷)에 지원자를 찾는다는 모집공고를 내어 요구하는 자격을 갖추었다고 생각되는 종업원이면 누구라도 지원하게끔 유도하는 방법(인 사평가점수, 근속기간, 징계유무, 결근율 등을 통해 지원 자격을 제한하는 경우도 있음)
- 장점
  - 상위직급의 경우 종업원에게 승진기회 제공 및 사기진작
  - 지원자에 대한 평가의 정확성 확보(주변인들의 평판)
  - 저렴한 모집비용
  - 낮은 이직률

- 단점
  - 외부인력의 영입차단으로 조직의 정체 가능성
  - 성장기업의 경우 사내 공급의 불충분
  - 연고주의를 고집할 경우 조직 내 파벌조성 가능성
  - 지원자의 소속부서 상사와의 인간관계의 훼손 가능성
  - 선발과정에서 여러번 탈락 시 지원자의 심리적 위축
- 성공요건
  - 내부적으로 동기부여가 큰(기업의 중점전략부문, 선망의 대상인) 동시에 외부자가 맡는 것에 대한 리스크가 큰 직위를 선정할 것
  - 진행과정을 철저히 비밀로 할 것(∵ 소속부서 내 직원간 or 상사와의 불화의 원인이 될 수 있기 때문)

2) 외부노동시장

① 광고
  - 신문, 방송, 전문잡지, 인터넷 포털 등 다양한 기업 외부의 매체에 직원모집 공고를 하여 지원자를 모집하는 것
  - 매체의 대중성이 클수록 잠재적 모집인원의 수가 커짐
  - 일간지, TV, 라디오, 인터넷 배너를 통한 광고의 경우 무자격자가 지원을 남발할 가능성이 있음(∵ 제한된 정보제공)
  - 이를 막기 위해 보유기술, 교육수준, 사고방식 등에서 동질적인 모집원에 접근이 가능한 전문잡지를 이용할 수 있음

② 웹기반 모집 - [참고]

③ 리크루터 : 기업을 대표하여 각지로 다니면서 잠재적인 종업원과 기업, 제품, 정책, 직무 등에 대해 기업을 소개하고 가능한 지원자를 면접한다.

④ 인턴제도
  - 개념 : 지원자가 조직에 정식으로 입사하기 전 잠정적인 수습근무기간(대개 방학 등) 동안 보이는 근무태도 및 성과를 토대로 조직/직무와의 적합성이 큰 인력을 정식 신입사원으로 고용하는 모집방법
  - 특징
    - 기업은 사전에 지원자의 자격 여부를 판단 가능(선발과정 오류의 최소화)
    - 지원자는 기업에의 적합성 여부를 판단하며 진입충격을 완화, 교육기관의 교과내용과 실무와의 차이를 줄일 수 있음

> **참고** **한계와 주의사항**
>
> - 인턴을 교육훈련이나 채용비용의 대체 목적으로만 운영한다면 올바른 인적자원관리 방안이라 보기 어렵다.
> - 인턴기간 동안 열심히 일하다가 정식사원으로 채용된 이후 오히려 노력이 감소하는 경우도 있다.
> - 인턴기간 동안 정식채용을 위하여 과도한 정치적 행동이나 인상관리를 할 가능성이 있다.

⑤ 종업원 추천제 – [참고]

⑥ 교육기관의 추천

- 지원자를 직접 교육시킨 기관은 지원자의 기본·잠재능력, 적성 등에 대한 많은 정보를 갖고 있기 때문에 상당히 신뢰할 수 있음
- but 개인별 밀착교육이 어려운 실정에선 요식행위에 그칠 수 있고, 추천서만으로 지원자의 능력, 특성을 정확히 파악하는 데는 한계(∵ 추천서 내용이 표준화되어 있지 않기 때문에)

⑦ 자발적 지원

> **참고** **② 웹기반 모집**
>
> Ⅰ. 의의
> 온라인을 통해 인사관리와 관련한 각종 데이터베이스를 활용하여 기업이 원하는 인재를 모집하는 방법
>
> Ⅱ. 특징
> - 기업은 모집비용을 획기적으로 줄일 수 있다.
> - 잠재적 응모자에 대한 전 세계적인 풍부한 데이터베이스의 활용이 가능해진다.
> - e-HRM을 통하여 기존에 구축된 인사정보시스템과의 통합적 연계가 이루어진다.
>
> Ⅲ. 전통적 모집과 웹기반 모집 비교
>
> | | 전통적 모집 | 웹기반 모집 |
> |---|---|---|
> | 모집 시간 | 모집에 상당한 시일이 소요 | 실시간(real-time)모집 가능 |
> | 모집 비용 | 모집에 상당한 비용 소요 | 모집에 드는 비용 저렴 |
> | 개인 정보 보안 | 모집시 개인 신상자료의 노출 | 개인 신상자료 비밀 유지 |
> | 응모 횟수 | 한 사람이 한번 모집에 한 번 응모 가능 | 한 사람이 복수 모집에 복수 응모 가능 |
> | 모집 정보의 다양성 | 해당 기업의 과거 경험 데이터에 의존 | 외부 전문가집단의 자료와 타 기업의 성공적인 경험 등 외부의 전문적인 자료와 경험 이용 가능(benchmarking) |
> | 응모자 정보 획득 | 잠재적 응모자에 대한 정보획득 어려움 | 잠재적 응모자에 대한 정보를 데이터 베이스를 통해 획득 가능 |
> | 모집 도구 | 모집 tool을 해당 기업 자체에서 개발 | 모집전문회사의 솔루션(software) 제공 받음 |

Ⅳ. 웹기반 모집의 장점
- 다양하고 많은 수의 지원자를 확보할 수 있으므로 기업의 입장에서 인재선발의 폭을 넓힐 수 있다.
- 기업이 필요로 하는 특정한 지원자군을 타겟으로 삼아 모집할 수 있다.
- 인터넷 등 IT기술에 능통한 지원자들을 모집대상으로 삼을 수 있다.
- 지원자들과의 신속한 의사소통이 가능해진다.
- 모집업무가 쉽고 간편해진다.
- 모집에 드는 비용을 절감할 수 있다.

Ⅴ. 웹기반 모집의 단점
- 지원자가 동시에 여러 회사에 응모할 수 있으므로 실제 선발에 응하는 지원자의 비율은 종래의 off－line 모집시보다 현저히 낮아진다.
- 실제 선발에 적극적으로 응할 지원자를 가리기가 어렵다.
- off－line 모집보다 훨씬 많은 지원자들이 응모하므로 이들이 제출한 인사자료를 검토하는 데 많은 시간이 소요된다.
- 인터넷을 이용하지 못하는 지원자는 모집에서 원천적으로 배제된다.

참고 ⑤ **종업원 추천제**

Ⅰ. 의의
회사 내 공석이 생겼을 때 현직 종업원들이 적임자를 추천하도록 하여 신규직원을 채용하는 제도이다.

Ⅱ. 특징(현실적 직무소개(RJP)로 인한 효과)
연구조사에 의하면, 종업원 공모제도를 통해 입사한 직원들은 다른 모집방법으로 들어온 사람들보다 조직 내 체류연수가 더 길다고 한다.
(∵ 자신의 추천자로부터 회사에 대한 상세한 정보를 이미 접하고 의사결정을 하여 채용에 응한 사람들이므로 이른바 RJP가 이루어진 상태)
우리나라에서도 1999년 현대백화점이 사원추천제를 최초로 도입한 이후 대기업, 외국계 기업을 중심으로 급속히 확산되어 현재 신입사원 중 20~30퍼센트가 사원추천제로 채용되고 있는 것으로 알려져 있다.

Ⅲ. 장점
1. **경제적 이익**
   모집비용을 상당한 정도로 절감할 수 있다.
2. **직원들의 자질유지 용이**
   직원들이 자신의 이름을 걸고 추천을 하기 때문에 해당 직위에 부적합하거나 신뢰성이 떨어지는 사람을 추천하는 경우가 드물다. 따라서 자질이 우수한 사원을 채용하는 데 도움이 된다.
3. **선발에 걸리는 시간 단축**
   공채의 경우 일상적 선발과정에 상당한 시일이 소요되지만, 종업원 추천제의 경우 주로 추천과 면접을 통해 선발하기 때문에 시일이 단축된다.

4. 낮은 이직률과 높은 기업문화 적응도

종업원 추천제로 입사하는 사람들은 기존 직원들과 친밀한 관계를 가지고 있기 때문에 이직률도 낮고 기업문화에의 적응도도 높은 것으로 알려져 있다.

5. 기존 직원들의 동기부여와 사기 양양

종업원 추천제는 기존 사원들에게 추천 권한을 부여하고 채용될 경우 일정한 상금과 상품이 주어지기 때문에 기존 직원들의 동기부여와 사기 측면에 있어 긍정적인 것으로 조사되고 있다.

Ⅳ. 단점

1. 학맥, 인맥에 근거한 파벌조성

종업원 추천제를 통해서 채용되는 사람들은 기존 직원들과는 지역, 학력에 있어서 유사성이 높은 집단이기 때문에 회사내 학맥, 인맥에 근거한 파벌조성이라는 부작용을 야기할 가능성이 있다.

2. 공정성 확보의 어려움

추천제 자체가 객관적인 채용방법이라고 보기 어렵기 때문에 채용에 있어서 공정성을 확보하기가 어렵다.

3. 사회적 문제 야기

이 제도가 추천받지 못한 사람의 취업기회를 원천적으로 봉쇄하는 것이기 때문에 많은 기업들이 이 제도를 확대 실시할 경우 사회적 문제를 야기할 수 있다.

4. 피추천 후보자 탈락 시 추천자의 반발과 사기저하 예상

Ⅴ. 성공요건

1. 핵심인재의 확보가 어려운 업종, 종업원 참여제도가 확립되어 있는 직장, 강한 기업문화가 정착되어 있는 기업에서 활용빈도가 높은 것으로 알려져 있다.

2. 종업원 추천제를 도입할 경우 외부모집제도와 병행 실시하는 것이 좋다.

3. 이 제도의 공정성과 객관성을 높여 문제점을 최소화하여야 한다.

참고 **정시모집과 수시모집**

Ⅰ. 의의
1. 정시모집 : 일 년 중 특정 달에 모집활동을 하는 방식
   - 정시모집은 기업이 모든 부서의 필요한 인원을 특정시점에 한꺼번에 모집하는 것
   - 우리나라와 일본에서는 주로 정시모집이 일반적(예 대기업의 상·하반기 정기공채)
2. 수시모집 : 특정한 시기를 정하지 않고 필요할 때마다 모집활동을 하는 방식
   - 수시모집은 해당기업의 부서별 혹은 팀별 필요인력이 발생할 때마다 모집활동을 하는 것
   - 서양기업의 경우 예외 없이 수시모집
   ⇒ 그러나, 최근 우리나라에서도 수시모집제도를 도입하는 기업이 늘어나고 있다.
     (현대자동차, SK, LG 등 대기업 중심으로 채용방식이 수시모집 또는 수시채용으로 전환하는 중)

Ⅱ. 정시모집의 장점과 문제점
1. 장점
   - 적당한 수준의 인력의 양(量)적 채용이 가능
   - 다수의 지원자들에 대해 인성, 조직문화와의 적합성 및 일반적인 능력을 전문적인 측정도구를 사용하여 비교적 저비용으로 평가가 가능
2. 단점(문제점, 한계)
   - 현업부서에 공석이 발생한 경우 인원보충을 정시모집 시점까지 기다려야 하므로 업무공백 발생
   - 업무공백 발생을 피하기 위해 부서별 필요인력보다 더 많은 인력을 평소에 보유하게 되는 경우 인력의 과다보유로 추가 인건비 발생
   - 지원자를 선발할 때 공석이 된 개별 직무가 요구하는 직무수행능력을 평가하는 데 한계가 있음
     → 이로 인해 현업부서의 불만 발생 및 현업 투입 시 추가적인 직무교육이 필요

Ⅲ. 수시모집의 장점과 단점
1. 장점
   - 지원자의 직무수행능력을 바로 평가하여 직무와 직무수행자 간의 적합도를 고려한 선발 가능
   - 현업부서에 공석이 발생할 경우 신속한 인원보충이 가능하므로 업무공백 최소화
2. 단점
   - 지원자의 인성이나 조직문화와의 적합성 등은 개별부서(팀)에서 평가하는 데 한계가 있음
   - 잦은 채용으로 인한 현업 및 인사부서의 채용업무 부담 우려

Ⅳ. 수시모집의 성공조건
1. 적정 인력규모를 판단하고 조율하는 과정 필요
   조직의 현재 인원 및 인건비 데이터, 업무량, 구성원의 역량, 경영실적, 사업계획 및 중장기 전략을 종합적으로 고려하여 채용 예정 인원을 산정해야 하며 하위 조직별로 채용하더라도 전사 및 상위 조직관점에서 인력규모를 조율할 필요가 있다.
2. 채용 직무에 대한 구체적인 정보 제공
   직무에 대한 소개와 필요한 역량을 정리함으로써 구직자에게 정확한 요구역량을 안내할 수 있으며, 이를 통해 필요한 역량을 갖춘 인재를 확보할 수 있다.
3. 수시모집을 위해 인재 풀(Pool)을 확보
   각 직무별로 인재 풀을 확보하여 필요할 때 즉시 충원이 가능한 시스템을 갖추고 이를 현업 부서에서 활용할 수 있도록 지원해야 한다.

(4) 모집활동에 대한 평가

1) 평가내용

① 모집방법에 대한 평가

모집방법들 간 직무성과의 차이 분석, 공석을 채우는 데 걸리는 시간을 측정하거나, 모집행위의 관계규정·법령 위반여부를 확인

② 지원자의 수와 질

선발단계 통과율, 지원자 수, 입사제안자 수, 자격을 갖춘 지원자 수의 비교

- 기초율
  - 모집의 질적 성공을 측정하는 지표로서 지원자들 가운데 선발과정을 거치지 않고 무작위로 선택하여 채용했을 때 일정기간이 경과한 후 업무수행에 성공적인 사람이 얼마나 있는지를 보여주는 비율(기초율이 높다는 의미는 총 지원자 가운데 자격을 갖춘 지원자의 수가 많다는 의미)
  - 기초율은 모집하고자 하는 업무의 난이도와 성격에 따라 달라짐(예 단순반복 업무의 경우 지원자들의 기초율은 높을 것이지만, 첨단기술이나 고난도의 직무선발의 경우 기초율은 낮을 수밖에 없음)

③ 비용−편익 분석(cost−benefit analysis)
- 회사입장에서는 최소한의 비용으로 최대의 효과를 거두는 모집이 되어야 함
- 비용요소
  - 직접비용 : 광고비, 모집인 급여, 출장경비, 헤드헌터 수수료 등
  - 간접비용 : 모집에 투입된 직원들의 노력, 대외관계, 기업이미지 등
- 편익요소 : 채용된 지원자들의 우수성(업적), 근속기간 등
- 주로 모집비용을 측정한 뒤 이를 비교하여 모집활동의 효과성 파악(∵ 모집효과 측정의 어려움 때문에)

➲ 모집활동에 대한 평가는 평가 그 자체가 목적이 아니라 모집원천에 대한 의사결정이 올바르게 되었는지, 모집방법이 합리적으로 선택되었는지 등에 대한 분석 후, 잘못되었으면 원인을 찾아 수정하는 활동이 이어져야 한다.

> **참고** **2) 모집 효과성 증진방안**
>
> - 과거의 모집관련 자료를 잘 관리하고 분석
> - 선발 타깃이 되는 인력에 대한 데이터를 관리하여 이들이 모집에 응할 수 있도록 유인
> - 모집인에 대한 교육을 실시하여 모집능력을 키우는 방법
> - 우수인력 획득의 공을 세운 모집인에게 인센티브 지급
> - 타겟 리쿠르팅(채용 범위를 구체적으로 정한 후 집중적인 모집활동을 펼치는 것으로서 우수인재를 적극적으로 유치하기 위해 개별 접촉, 추가 인센티브를 약속함)
> - **현실적 직무소개**(realistic job preview : RJP)

PART
03

> **참고**　**현실적 직무소개(RJP)**
>
> - 개념 : 조직에서 요구하는 직무를 수행할 사람과 지원자에 대한 조직의 기대 등에 관한 정보를 매우 현실적이고 객관적으로 소개하는 방법으로서 지원자들에게 직무내용, 보상정책, 근무환경 등의 제반정보를 사실대로 제공하여 입사 시 기대되는 것이 무엇인지 알고 지원하게끔 하는 기법
> - 목적 : 직무지원자에게 직무에 대한 긍정적·부정적 정보를 모두 제공함으로써 입사 전 조직사회화 과정에서 미리 얻게 된 다양한 정보와 현실간의 괴리에서 오는 진입충격(entry shock)을 완화시켜 미래의 이직률을 감소
> - 효과
>   - 백신 효과(조직현실에 대한 면역성이 강해지고 조직적응이 용이하여 이직률 감소)
>   - 자기선택의 합리화(객관적 정보 하에서 자신이 선택한 결정이므로 그에 대해 후회하지 않고 스스로 적응하려 함)
> - 한계
>   - 지원자가 비현실적으로 높은 기대를 갖고 있는 경우에만 효과적임
>   - 둘 이상의 대안을 가지기 힘든 불경기 하에서는 지원자 입장에서 선택의 여지가 없으므로 효과가 극히 제한적임

2 선발

(1) 의의

- 모집활동을 통해 획득한 지원자를 대상으로 미래에 수행할 직무에 가장 적합한 지원자를 식별하는 것
- 지원자의 능력초과(overqualified) 현상을 고려할 때 무조건 고능력자를 찾을 것이 아니라, 직무-지원자 간 적합성(fit)을 그 기준으로 삼아야 한다.
- 선발의 중요성
  - '인사가 만사'라는 말에서 인사라는 말의 뜻에는 선발을 내포하는 경우가 많다. 그만큼 인재를 선발하는 일은 기업의 명운이 걸린 중요한 사건이다.
  - 미국의 경영자들이 흔히 쓰는 말에도 "hire easy, manage hard보다도 hire hard, manage easy가 훨씬 낫다"는 말이 있다.

(2) 선발방침(Plan)

1) 인재관의 결정

해당기업만이 가지는 인적자원에 대한 독특한 관점으로서, 최고경영자의 경영철학, 기업의 내외 환경, 과거 성장의 역사 등이 바탕이 되어 형성된다.

① 직무명세서 기준 인재관

인력선발 시 지원자의 배경이나 다른 측면은 보지 않고 공석이 된 직무의 자격요건을 지원자가 얼마나 충실히 갖추고 있느냐를 보는 것(지원자의 지능, 자질, 잠재능력보다 실제 갖고 있는 기술, 기능을 중시)

② 경력 중심적인 인재관

공석이 된 직무가 요구하는 자격요건뿐만 아니라 지원자가 갖춘 전체적인 현재 및 잠재능력을 아울러 중요시함

③ 기업문화 중심적인 인재관

기업문화와의 적합성을 기준으로 선발하는 관점

(S그룹 : 단기 업적주의, 완벽주의 / H그룹 : 막걸리식, 밀어붙이는 박력, 엉성하면서도 일이 추진되는 조직)

2) 선발방법에 대한 방침

① 종합적 평가법

- 지원자가 선발의 모든 단계를 거치게 하여, 각 단계에서 획득한 점수를 합계하여 선발하는 방침
- 선발비용이 많이 드는 반면 우수한 지원자를 놓칠 위험성이 낮다.
- 대개 중소기업에서 선호

② 단계적 제거법

- 선발의 각 단계마다 지원자의 자격수준이 미달할 경우 탈락시키는 방침
- 선발비용이 적게 드는 반면 우수한 지원자를 탈락시킬 위험성이 존재
- 대개 대기업에서 선호

참고 예측치와 준거치의 결합으로서의 선발

1. 선발기준

(1) 예측치(predictors) : 선발의 도구로 활용하는 각 단계(예 시험이나 면접)별 점수

(이를 측정하는 목적은 이 점수들이 선발 대상자들의 미래 근무성과를 예측하는 능력이 있다고 믿기 때문)

(2) 준거치(criterion) : 후보자가 선발되어 채용이 된 후 근무를 통해 달성하게 될 업무의 성과기준

(일반적·실무적으로 개인의 근무평정 점수, 기업 매출액과 생산성, 사고감소율, 기업성과에의 기여도 등)

- 인사선발이란 예측치와 준거치를 결합하는 의사결정을 의미. 기업마다 결합하는 방식에 있어서 독특한 비결을 가지고 있으며 그 결합에는 기업의 인재상과 경영철학이 녹아 있다.

2. 선발방식

(1) 임상적 접근법

의사결정자가 직무에 대한 나름대로의 이해와 경험, 그리고 해당 직무를 성공적으로 수행한 사람들의 자질과 특성을 근거로 주관적이고 직관적으로 적임자를 선발하는 방식(예측치가 질적인 변수가 됨)

- 장점 : 경영자의 오랜 세월 동안의 선발에 대한 경험, 지식을 활용하여 인재를 선발가능
- 단점 : 선발 의사결정에 개인의 편견, 고정관념이 작용할 수 있음

(2) 통계적 접근법

예측치를 통계적(계량적) 기법에 기반하여 도출한 다음 이를 토대로 지원자를 가려내는 방법
- 장점 : 개인적 편견, 고정관념이 원천적으로 배제
- 단점 : 경영자의 선발경험과 인재상이 선발과정에 반영되지 못함)

1) 프로파일 방식
  - 기업이 업무수행에 성공하는 종업원들의 평균적·표준적인 자질을 과거 데이터의 축적·분석을 통해 파악하여 이를 '이상적인 프로파일'이라 정의하고 개별 지원자의 자질을 측정하여 이 이상적 프로파일과 유사한 자질을 가진 자를 선발하는 방법
  - 이상적 프로파일과의 유사성은 〈수준(level) : 한 자질의 값과 이상적 자질 사이의 절대적 차이〉, 〈형태(shape) : 각 프로파일 값들의 분포가 가지는 모양〉에 따라 판별 가능

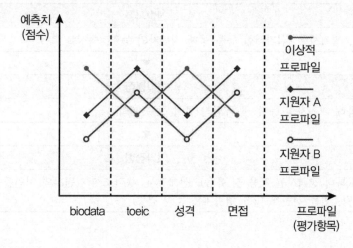

2) 회귀분석
  - 기존에 수집된 다양한 직무관련 예측치들에 가중치를 부여하여 실제 근무성적을 가장 잘 예측하는 회귀방정식을 도출한 후, 이에 기반하여 현재 지원자들의 예측치를 해당 회귀식에 대입하여 우수한 성과를 낼 것으로 예상되는 인력을 선발하는 방법

3) 컷오프 방법
  - 과락제도처럼 각 예측치별 기준선을 설정하고 이를 하나라도 충족시키지 못하면 탈락시키는 방법

(3) 선발과정

예비면접
선발과정을 본격적으로 시작하기 전에 결격사유가 있는 지원자를 탈락(예 연령 초과, 용모 및 언어표현에 결정적 하자 시 입사지원서 배부 ×)

▼

서류전형
지원자가 제출한 지원서(입사원서)의 내용을 평가(군경력, 학점, 자격증 소지 여부, 가족관계 등 미래 성과와 관련있는 항목 평가)

▼

선발시험
심리검사, 필기시험, 실기시험 등을 통해 지원자의 능력, 특성을 측정

▼

선발면접
면접을 통해 지원자의 능력 및 개인적 특성 등을 파악

▼

기타전형
경력조회(특히 경력사원 채용 시 유용), 신체검사, 평판조회(지원자의 지인들을 대상으로 지원자의 인성, 역량, 인물 전반에 대한 평가내용 등의 검증) 등

(4) 선발도구

선발도구를 가지고 지원자의 능력 및 개인적 특성을 측정하여 그 결과를 가지고 미래를 예측

1) 지원서 분석

가. 역량기반 지원서 평가

- 지원자 개인이 가지고 있는 역량을 스스로 기술하게 하는 것
  (역량의 종류는 기업에 따라 공석인 직무에 따라 다를 수 있음)
- 질문의 의도를 명확히 파악하고 질문과 관련된 스스로의 역량을 효과적으로 드러낼 수 있는 사례나 경험을 충실히 기술하는 것이 중요

[평가 단계]

① 제1단계 : 형식평가
- 지원서의 형식적 측면에서 기업이 사전에 설정한 기준에 부합되는 지원서인지의 여부를 가리는 과정
- 주로 질문에 대한 강력한 증거 제시, 답변의 구체성, 특정 지표들의 포함 여부 등을 확인

② 제2단계 : 내용평가
- 지원서에 기술된 역량의 내용과 제시된 활동의 질적인 측면에 대하여 평가

나. 바이오데이터(biodata, 傳記資料) 분석
　① 개념과 활용근거
　　－ 지원자의 이력서, 지원서, 면접 등을 통하여 획득된 개인의 신상에 관한 모든 것으로 검증 불가능한 것까지도 포함
　　－ 개인의 바이오 데이터와 직무성과(적합성 및 직무태도 포함) 간에 상관관계가 있음이 발견되어 선발의사결정에 활용하게 됨
　② 바이오데이터의 내용
　　연령, 성별, 출생지, 거주지, 가족배경, 형제 수, 교육 정도, 결혼관계, 자녀의 수, 신체적 특징, 군복무, 취미, 독서습관, 태도, 신념, 가치관, 여가활동 등
　③ 바이오데이터의 특징
　　－ 개인의 독특한 행동 및 생활정보가 담겨 있기 때문에 위조하기가 어렵고 정보의 정확도가 높은 편
　　－ 지원자가 실제로 수행한 행동에 관한 것이므로 과거 지향적
　　－ 팩트(사실) 중심의 구체적 기록임
　④ 바이오데이터의 개발
　　－ 바이오데이터를 인력 선발에 활용하기 위해서는 어떤 항목이 예측력이 있으며 개별 항목에 대해 어느 정도 가중치를 두어야 할 것인가를 분명히 밝혀내야 한다.
　　－ 개발 단계

1. 성과관련 변수의 설정
예 근속, 직무성과 등

▼

2. 조사대상 집단 선정
높은 성과집단 / 낮은 성과집단

▼

3. 분석할 지원서 항목 선택
예 거주도시의 인구, 군복무관계, 교육수준 등

▼

4. 개별 항목의 등급별 빈도수 부여
개별항목 등급(예 장교)에 대한 종업원 수를 조사 후, 장교출신 종업원 중 고성과자의 비율을 산정

▼

5. 개별 항목의 등급별 가중치 부여
예 앞 단계에서 파악된 비율을 기준으로 '장교' 항목의 가중치 부여

▼

6. 지원자 그룹에 적용
발견된 가중치 점수를 지원자의 바이오데이터에 부여하여 총점을 산정

▼

7. 합격자 선정

⑤ 한계와 전망
- 예측타당성의 문제가 있다.
  (∵ 수집된 전기정보는 과거의 것이기 때문에 이것이 지원자의 미래성과를 정확하게 예측한다고 보기에는 한계가 존재)
- 그럼에도 불구하고 기업은 지원자의 바이오데이터를 수집하는 다양한 툴을 개발하고 과거의 성향이 미래 업무환경에서 긍정적인 효과를 낼 수 있도록 하는 정책을 통하여 예측타당성(선발의 정확성)을 높일 수 있도록 노력해야 할 것이다.

참고 **학위와 자격증**

- 학위와 자격증을 선발에 활용시 이점
  • 그 취득과정에서 일정수준의 K · S · A를 지원자가 이미 획득하였음을 의미
  • 좋은 학위와 자격증을 소지한 사람들이 조직에 많다는 것은 이해관계자(예 소비자, 지역사회 등)들에게 좋은 신호(대외평판)
- But 학위와 업무성과 간에 직접적 상관이 발견되지 않는다는 연구도 있고, 중요한 것은 학위가 아니라 역량이므로 이를 키울 수 있는 육성시스템이 더 중요하다는 견해도 있다.

---

2) 선발시험

가. 능력검사
- 해당직무에 대해 적당한 훈련을 받을 경우, 그 직무를 배울 수 있는 능력 혹은 잠재적인 능력을 측정하는 것
- 검사결과를 가지고 종업원의 미래의 직무수행 정도를 예측할 수 있다는 가정에서 출발하며, 지원자가 해당 직무에 대해 경험이 없는 경우에 유용한 검사도구가 된다.

나. 성격 및 흥미도 검사
- 지원자의 동기부여 정도를 측정하기 위한 방법

다. 실무능력 검사
- 지원자로 하여금 직무의 대표적인 과업을 수행하도록 하고 그 성취도를 검사하는 방법
- 장점 : 예측력이 대단히 높고 테스트에 대한 종업원의 부정적인 영향을 줄여 수용력을 높여줌

3) 선발면접

가. 개념, 목적, 내용
- 면접자와 피면접자 사이에 정보를 교환하는 목적지향적인 대화이며 동시에 선발시험과 함께 지원자를 평가하는 유용한 수단
- 목적
  • 지원서에 나타난 항목이 불명확할 때 이를 명료화시킴
  • 지원서에 나와 있지 않은 정보를 수집

- 기업에 관한 정보를 지원자에게 전달
- 지원자에게 기업을 마케팅하여 우수 지원자가 타 기업으로 가지 않도록 유도
- 면접에 포함되어야 하는 내용

지원자의 전반적인 능력, 경력, 대인관계 능력, 경력욕구 등을 파악, 학업성적에 대한 정확한 해석

나. 선발면접의 종류(유형)

① 구조적 면접(structured interview)

❶ 개념 : 표준적인 질문을 미리 구성해 놓고 면접 시 모든 지원자에게 동일한 질문을 던져 그 반응을 표준적으로 측정하는 방법

❷ 장점

- 훈련을 받지 않았거나 경험이 없는 면접자도 어려움 없이 면접 수행이 가능
- 지원자간 상호비교가 가능하므로 면접을 통해 일정수의 적격자를 가리는 데 유용
- 선발의 신뢰성, 타당성을 높일 수 있음(∵ 면접관 개인의 고정관념을 어느정도 배제 가능)

❸ 단점

- 질문항목의 개발이 직무분석을 전제로 하고 있음
- 지원자의 본심 파악에 미흡(∵ 질문들이 대체로 보편적이고 상식적이므로 지원자들이 사전에 대비하고 면접에 임하기 때문)
- 보안에 유의해야 함(∵ 질문이 유출되는 경우, 나중에 정보를 접한 지원자가 유리)

② 비구조적 면접(unstructured interview)

❶ 개념 : 특정한 질문서 목록 없이 면접자가 중요하다고 생각하는 내용을 질문하는 방법

❷ 장점

- 지원자에 따라 자연스러운 질문을 던지고 지원자는 자신에게만 해당되는 질문에 자연스럽게 답변 가능 → 사전연습이 필요 × → 지원자의 본심을 잘 파악할 수 있음
- 질문 유출의 우려가 적음

❸ 단점

지원자의 대답을 평가하는 데 어려움이 존재 → 노련한 면접자가 요구된다.

> **참고** ③ 반구조화 면접(semi-structured interview)
>
> ❶ 개념 : 구조화 면접과 비구조화 면접의 특성을 절충하여 주요 사항에 관해서는 사전에 조직화된 질문지를 사용, 세부적인 특성이나 지원자에 따라 달리 확인해야 하는 사항에 대해서는 면접관의 재량에 따른 질문을 허용하는 방식
> ❷ 장점 : 선발의 신뢰성, 타당성을 훼손하지 않는 선에서 지원자 내면의 본심을 파악하기에 적합하다.
> ❸ 단점 : 구조화 면접과 비구조화 면접의 단점이 모두 나타날 수도 있다.

다. 선발면접의 방법(기법)

① 집단면접

❶ 개념 : 여러 명의 피면접자를 상대로 질문하는 방법

❷ 장점
- 시간이 절약
- 비교가 용이하며 우수 지원자를 쉽게 파악 가능(∵ 여러 명의 지원자를 동시에 관찰하기 때문에)

❸ 단점 : 개별지원자가 갖고 있는 특수한 면을 파악하기에는 제한적

② 위원회면접

❶ 개념 : 다수의 면접자가 한 명의 피면접자를 평가하는 방법

❷ 장점 : 평가에 있어 신뢰도가 높음

❸ 단점 : 피면접자가 심리적으로 위축될 수 있고, 시간이 많이 소요

③ 스트레스면접

❶ 개념 : 지원자가 예상하지 못한 상황을 꾸미거나 당황하게 하였을 때의 대응방식을 관찰하는 것으로 스트레스 처리능력을 테스트하는 데 주안점을 둠

❷ 장점 : 기업의 특수직무(예 공격적인 판매직)를 지원자에게 적용 가능

❸ 단점 : 지원자가 선발에 탈락 시 해당기업에 대한 반감을 강하게 가질 수 있음

참고 그 외 기법

④ 역량 면접 : 지원자의 미래 직무수행 역량을 예측하기 위해 분석력, 문제해결능력, 설득능력 등을 위주로 평가

⑤ 복수 면접 : 지원자를 여러 시기에 걸쳐 여러 사람이 면접

⑥ 무자료 면접 : 면접상 발생하기 쉬운 지각오류를 방지하기 위해 지원서류를 배제하고 지원자를 있는 그대로 두고 평가

⑦ 배경실적 질문 : 기존의 업적·실적 중심으로 면접. 구체적 지표를 통한 평가가 이루어지므로 공정성·타당성↑, 면접관의 부담이 적음

⑧ 개인발표(presentation) : 주제를 미리 주고 준비시간을 부여한 다음에 면접을 실시. 신입사원에게는 일반주제, 경력사원에게는 전문주제, 핵심인력후보에게는 기업전략 및 비전에 관한 주제 등을 질문

⑨ 임원진면접 : 일반적인 면접 프로세스의 최종 단계에서 진행되는 면접으로서 기업의 임원이 실시

⑩ 인바스켓 테스트 : 가상의 논제나 상황을 주고 이에 대한 해결방식과 사고과정을 평가함으로써 문제해결능력과 잠재적 역량을 측정

참고

1. **면접관의 역할**
   • 지원자가 소신을 가지고 솔직하게 응답할 수 있도록 동기부여자로서의 역할
   • 지원자의 자질과 능력을 파악하고 그 정도를 판별할 수 있는 측정평가자로서의 역할

2. **면접관의 주의사항**
   • 애매모호한 질문, 사적인 영역 등 직무와 무관한 질문, 판단오류, 유도심문을 피할 것
   • 경청의 자세, 사전에 철저히 계획

3. **면접의 절차와 핵심적 질문**
   ① 도입질문 : 이력서를 바탕으로 지원자의 일반적 측면에 대하여 묻는 것으로서 지원자가 많은 정보들을 어떻게 조직화하고 의견을 구성하는지를 살펴보기 위함. 주로 개방형 질문
   ② 자기평가질문 : 도입질문으로 시작된 내용에 대해 보다 구체적인 정보들을 요구하는 질문으로서 지원자의 시각과 아이디어를 알기 위한 질문
   ③ 상황기반질문 : 지원자가 구체적으로 어떻게 과업과 상황을 다루는지에 대해서 확인하는 질문으로서 특정한 문제의 해결방안을 묻는 질문, 긍정적 또는 부정적으로 나뉘어진 양 극단의 연속선 상에서의 평가·판단 질문, 서로 다른 두 상황을 비교·분석하는 질문, 향후 이룩가능한 성과목표치에 대한 질문 등

4. **면접선발의 한계**
   • 불과 몇 분이라는 주어진 짧은 시간 안에 채용의사결정을 해야 하므로 피면접자에 대한 사전정보, 복장, 외모 등 지엽적인 정보를 통한 인상으로 채용이 결정되는 수가 많음
   • 면접을 통해 피면접자에 대한 좋지 못한 정보가 수집될 때, 면접자는 이에 결정적인 영향을 받아 채용의사결정에 부정적으로 작용하는 수가 많음(추후 다른 항목에 좋은 면이 보인다고 해도 한번 각인된 부정적 인상을 뒤집기 어려운 경향)
   • 후광효과, 고정관념, 각종 편견 등이 작용하기 때문에 면접자가 이러한 평가오류로부터 벗어나기가 어렵다.

라. 면접의 신뢰도와 타당도를 높이는 방법
　　① 면접자에 대한 교육훈련
　　② 면접내용 개발 시 면접자 참여

4) 평가센터법(assessment center)

가. 개념

　　관리직 인력을 선발할 때 주로 도입하는 선발 도구로서 다수의 지원자를 특정 장소에 며칠 간 합숙시키면서 여러 종류의 선발도구를 동시에 적용하여 지원자를 평가하는 방법 (선발(S형, selection)뿐만이 아니라 인력개발(D형, development), 평가(I형, inventory)를 위해서도 활용)

참고

나. 평가센터법의 특징
- 복수(보통 6~12명)의 참가자의 행동을 다수의 평가자가 집단적으로 관찰, 평가
- 평가자는 사전에 철저한 훈련을 받는다.
- 참가자들에게 일련의 표준화된 테스트가 행해진다(예 적성검사, 인터뷰, 시뮬레이션, 역할연기 등).
- 참가자의 전반적인 인간성 파악이 목적이 아니라 특정한 관리자의 직위에 대한 적성을 파악하는 것
- 평가기준이 명확하기 때문에 주관적인 판단을 감소시킬 수 있음
- 평가 결과가 예측력이 높으며, 실무에 적용이 가능(∵ 실제로 담당하게 될 직무와 관련된 사항을 가지고 평가하기 때문에)
  - 이러한 특징으로 인해 관리자로서의 리더십 잠재능력 파악 가능

다. 평가센터법의 진행절차

> **1. 평가대상자를 선정하고 관찰 및 평가의 기준을 설정**
> 주요기준 : 협동심, 의사소통, 경쟁력, 조직 내 행동, 독립심, 감정통제력, 자신감 등

▼

> **2. 연습 및 테스트**
> 6~12명 정도가 한 그룹이 되어 적성검사, 인터뷰, 사례연습, 발표 및 연설, 인바스켓 기법 등과 같은 테스트를 적절히 결합하여 실시

▼

> **3. 사전에 합의된 기준에 따라 참가자들의 행동이 분석, 평가됨**

▼

> **4. 결과를 선발, 개발, 평가 시 사용**

라. 평가센터법의 장점
- 예비관리자에 대한 신상정보와 능력을 단기간에 파악 가능
- 피평가자의 깊은 속을 알 수 있는 기회가 됨
- 리더로서의 잠재능력에 대한 충분한 정보를 제공
- 예측타당성이 높다. 그 결과 의사결정의 실수로 인한 비용을 절약할 수 있게 함

마. 평가센터법의 단점
- 평가센터에서 제시된 상황이 관리자가 실제로 기업조직에서 맞닥뜨리는 상황과는 차이가 있다.
- 평가센터에서 시행되는 일련의 테스트는 주로 지원자의 언어능력과 관련된 것이 많다. 이로 인해 언어능력이 뛰어나다는 것이 다른 능력을 측정하는 데 현혹효과로 작용할 가능성이 있다.
- 여러 가지 기법들을 동원하고 그 결과를 종합적으로 평가하는 방법이기 때문에 방법의 표준화가 어렵다.
- 시간과 비용이 많이 드는 방법이기 때문에 기업에서 실제로 적용하기가 쉽지 않고, 탈락자들의 반발이 크다.

(5) 선발도구에 대한 평가

- 선발의 유효성은 선발이 얼마나 효과적인지의 정도로서 직무가 요구하는 조건과 지원자의 자격 요건 간의 적합성이 높을수록 선발 유효성이 증가하며 이는 곧 이 둘을 제대로 결합시킬 수 있는 좋은 선발도구를 사용한다는 의미
- 선발 유효성이 높은 경우라면 직무성공률(성공적 직무수행자의 수/선발된 사람의 수)이 높아야 한다.
- 선발도구에 대한 평가기준은 신뢰도, 타당도, 선발비율, 효용성(비용-편익분석), 산출률, 수용률 등

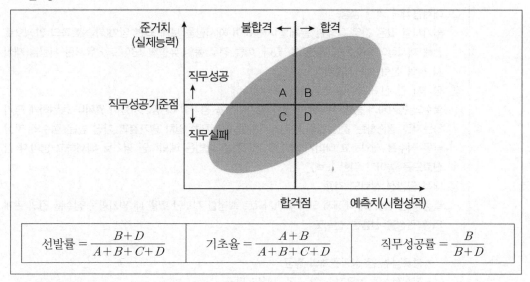

$$선발률 = \frac{B+D}{A+B+C+D}$$

$$기초율 = \frac{A+B}{A+B+C+D}$$

$$직무성공률 = \frac{B}{B+D}$$

1) 신뢰도 분석

가. 개념

- 지원자의 어떤 면을 측정할 때 동일한 환경에서 측정된 결과가 서로 일치하는 정도
- 선발도구의 일관성 내지는 안정성을 의미
  - 일관성 : 신뢰도의 횡적 측면으로서 동일시점에서 동질적인 둘 이상의 집단을 대상으로 같은 도구를 사용하여 얻은 측정결과가 유사한지의 여부
  - 안정성 : 신뢰도의 종적 측면으로서 서로 다른 시점에서의 측정결과가 유사한지의 여부

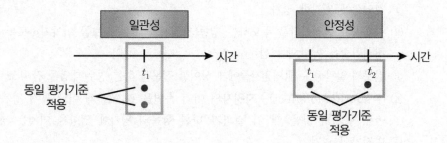

나. 검증방법

① 시험－재시험방법

  - 선발도구의 측정결과가 안정적인지를 알아보기 위해 동일한 시험을 동일한 집단을 대상으로 시간적 간격(t_1, t_2)을 두고 재실시하여 두 측정치가 일치하는지 정도를 검증

  - 이 시험결과들 간의 상관관계를 구하여 신뢰도를 판단. 일반적으로 상관계수가 0.8 이상일 경우 신뢰성이 있는 것으로 판정하는 경향이 있음

> **참고**
>
> ② 대체형식에 의한 검증
>
> 필기시험 같은 경우 동일한 문제를 사용하여 재시험을 보게 되면 암기(학습)효과의 발생으로 인해 재시험이 의미가 없게 될 수 있다. 이럴 경우 동일 유형의, 난이도가 유사한 시험을 재실시 하여 신뢰도를 검증한다.
>
> ③ 평가자 간 신뢰도(주로 면접에서 문제됨)
>
> 복수의 평가자가 동일 시점에 동일한 평가대상을 평가할 때 평가자들이 얼마나 동일하게 평가하는지를 검증하는 것(올림픽 피겨스케이팅 심사처럼 일차 평가결과 가장 높은 점수와 가장 낮은 점수를 제외하고 나머지 점수를 평균하는 방법은 예외적인 평가를 배제하고 평가자 간 신뢰도를 높이기 위한 노력)
>
> ④ 내적 일관성 신뢰도 검증
>
> 특정 피평가집단에 대해서 하나의 평가표로 측정한 결과만 있을 때 평가항목 점수들 간의 관계의 일관성을 산출한 신뢰도
>
>   - 측정 방법
>   - 항목점수 간 상관관계의 평균
>   - 전체점수와 항목점수 간 상관관계의 평균
>   - 반분신뢰도 : 하나의 평가표를 임의로(예 짝수·홀수 문항) 둘로 나누어 각각 측정한 다음, 두 평가표의 전체점수 간의 상관관계를 계산하여 측정
>   - 크론바하 알파 : 평가문항에 대하여 조합이 가능한 모든 반분신뢰도를 계산하여 신뢰도를 추정한 값으로서 SAS나 SPSS 통계패키지를 이용하여 산출하는데, 대체로 0.7 이상이면 신뢰도가 있는 것으로 간주

다. 선발면접 시 나타나는 신뢰도의 저하요인(신뢰도 문제가 가장 심각하게 제기되는 선발도구가 면접)

① 첫인상에 입각한 평가

② 면접자가 면접시간을 주도하는 행동(지원자가 많은 정보를 이야기하도록 면접자가 먼저 청취기술을 개발해야 함)

③ 질문의 일관성 문제(지원자들에게 상이한 질문을 하는 경우 대답들 간 비교 평가가 어려움)

④ 후광효과(halo effect) : 지원자의 여러 측면을 평가할 때 어느 특정 평가항목의 점수가 아주 높거나 낮을 때 이 결과가 다른 항목의 평가에 영향을 미치는 경우

⑤ 면접자의 편견

⑥ 대비효과(contrast effect) : 면접자가 여러 명의 지원자를 평가할 경우 우수한 지원자 다음에 평가되는 피평가자를 실제보다 낮게 평가하는 것 또는 그 반대의 경우

⑦ 비언어적 행동 : 지원자의 비언어적 행동 내지 의사소통이 면접 시 평가에 영향을 미치는 경우

2) 타당도 분석

가. 의의

- 선발도구의 타당도란 특정 선발도구가 얼마나 평가목적을 충족시키느냐에 관한 것(측정하고자 하는 것을 얼마나 제대로 측정하였는지의 문제)

- 예 선발의 경우 그 목적이 지원자들 중 실제 직무를 성공적으로 수행할 사람을 선별하는데 있으므로 직무수행을 성공적으로 행할 사람인지 여부를 선발도구가 잘 판별해 낼 때 타당성이 높아지는 것

- 피평가자의 미래 직무성과를 예측하기 위해서 평가도구 성적과 직무성과 측정치간의 상관관계를 구하는 방법이 일반적이며, 이때 구해진 상관관계 값을 '타당성 계수'라고 함

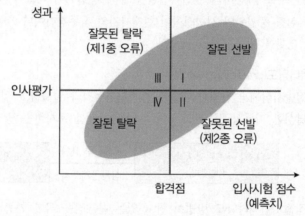

- 선발도구의 타당도를 높여야 바람직하다는 것은 잘못된 의사결정 집단인 Ⅱ, Ⅲ 집단의 수를 최소화하자는 것

참고　타당도의 검증방법

타당도는 측정의 정확도를 비교하는 기준이 무엇인지에 따라 준거타당도와 기술타당도로 나눌 수 있다.

1. 준거타당도(Criterion - related Validity)

선발도구의 측정치와 지원자의 근무성적간의 관계를 측정하여 타당도를 검증하는 것. 근무성적을 적용하는 시점에 따라 '현재타당도'와 '예측타당도'로 구분된다.

2. 기술타당도(Descriptive Validity)

선발도구가 측정하는 항목과 내용 자체를 검증하는 것으로서 항목과 선발도구를 기술하는 과정이 적정한지를 검증하는 것. '내용타당도'와 '구성타당도'가 있다.

나. 타당도의 유형(검증방법)

① 현재타당도(동시타당도, concurrent validity)

 - 신입사원의 선발에 적용하려는 선발도구를 현직 종업원에게 실시하여 현직 종업원이 획득한 시험점수와 그들의 인사평가 점수(성과) 간의 상관관계를 조사하는 방법

현직 종업원의 시험점수 (예측치)	상관관계 조사	현직 종업원의 인사고과 점수 (직무성과)

 - 장점 : 타당도 조사결과를 매우 편리하게 빨리 얻을 수 있음
   (∵ 현직 종업원을 대상으로 예측치와 준거치를 동시에 획득・비교 가능)
 - 단점
   • 시험점수의 신뢰도 문제(현직 종업원은 이미 채용된 후이기 때문에 과연 '시험'에서 최선을 다할 것인가)
   • 신규로 채용하려는 인력집단을 현직 종업원이 대표할 수 없는 경우 문제
   • 현직 종업원의 시험성적이 현재까지의 직무경험이나 그들의 개별적인 노력에 의해 영향을 받을 수 있다는 것

② 예측타당도(predictive validity)

 - 선발시험에서 합격한 지원자들의 시험성적과 입사하고 일정 기간이 지난 후 그들이 달성한 직무성과를 비교하여 그 상관관계를 조사하는 방법

현직 종업원의 시험점수 (예측치)	(채용 후 1년) 상관관계조사	현직 종업원의 인사고과 점수 (직무성과)

 - 장점 : 현재타당도 방법이 안고 있는 문제점을 극복 가능
 - 단점
   • 선발도구의 타당도가 낮은 것으로 판명되었을 때 당시의 채용집단을 대상으로는 개선할 수 없음(∵ 타당도 조사가 신입사원의 채용 후 실시되기 때문에)
   • 통계적으로 의미 있기 위해서는 표본수가 상당히 커야 함
   • 선발도구의 타당도 조사시기가 신입사원의 직무성과를 관찰할 수 있는 6개월~1년 후에야 비로소 가능

③ 내용타당도(content validity)

 - 측정대상의 취지(subject matter)를 어느 정도 선발도구에 담고 있는가를 해당 직무의 전문가들이 모여 판단하는 것
 - 성과기준치를 설정하기 어렵거나 통계적으로 판단하는 데 필요한 표본수를 확보할 수 없을 때 도입됨
 - 심리적 현상을 측정하는 지능, 적성 및 성격을 측정하는 시험도구에는 적합하지 않다.

> **참고** ④ **구성타당도(construct validity)**

– 선발도구의 측정항목들이 얼마나 이론적 속성에 부합되고 논리적인지를 표시하는 지표
  (구성타당도가 충분히 높아야 그 측정항목 구성이 외부적(때로는 국제적) 공인을 받을 수 있다.)
– 이는 계량적인 방식으로 검증된다.
– 검증방법
  • 수렴타당도(같은 개념을 측정하는 여러 도구의 점수상관을 측정)
  • 판별타당도(상이한 개념을 측정하는 여러 도구의 점수차이를 살핌)

> **참고** **타당도의 분류**

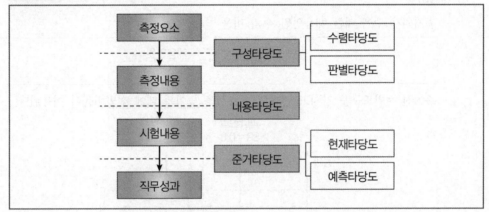

> **참고** **타당성계수**

▼ 타당성계수의 해석	
타당성 계수	해석
0.35 이상	매우 유용한 선발도구
0.21 ~ 0.35	비교적 유용한 선발도구
0.11 ~ 0.20	경우에 따라 유용할 수도 있음
0.11 이하	유용하지 않음

(미국 노동부)

▼ 일반적 선발도구의 타당성계수	
선발도구	타당성계수
워크샘플	0.54
일반적 심리검사	0.51
구조화 면접	0.51
비구조화 면접	0.38
평가센터	0.37
바이오데이터	0.35

(Schmidt & Hunter)

3) 효용성(비용·편익분석)

- 효용성 : 선발도구가 조직에 도움이 되는 정도
- 효용성을 파악하는 대표적인 도구가 비용·편익분석이다.
  이는 선발도구로 인한 비용 대비 선발로 인하여 조직이 얻게 되는 편익의 크기가 어느 정도인
  지를 파악하여 선발도구의 효용성을 판단하는 방법
- 비용 : 선발도구를 개발 내지 도입하는 데 투입된 제반 비용
- 효용 : 선발기법에 의해 절감할 수 있는 이직비용의 크기, 적격자를 파악·선발함으로써 그
  렇지 못한 인력을 채용했을 때보다 더 많은 성과를 얻을 수 있는 경우

4) 선발비율

- 총지원자 수에 대한 채용인원 수의 비율

$$\text{선발비율(SR)} = \frac{\text{채용인원 수}}{\text{총 지원자 수}}$$

- 주어진 선발도구를 가지고 선발의 유효성을 높이는 데에 선발비율이 이용된다.

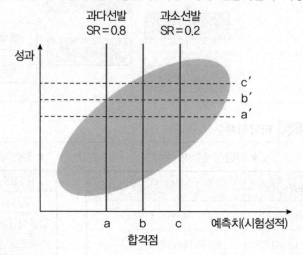

- 조직입장에서의 선발비율
  - 선발비율이 너무 높을 경우 선발의 의미가 상실
  - 선발비율이 너무 낮을 경우 지원자를 선택할 폭은 넓겠지만 선발비용이 상대적으로 많이
    발생

– 일반적으로 동일한 타당도를 가진 선발도구를 사용한다면 선발비율이 작을수록 최종 선발인
력들의 직무성공확률이 높은 것으로 알려져 있다(선발비율이 감소할수록 합격자들의 성과평
균이 상향).

참고   Taylor – Russell Graph

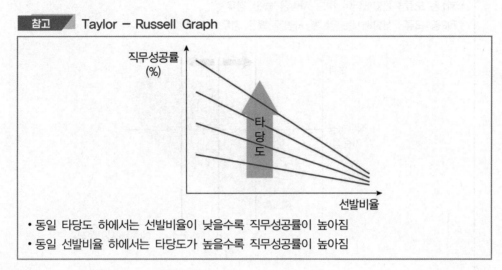

• 동일 타당도 하에서는 선발비율이 낮을수록 직무성공률이 높아짐
• 동일 선발비율 하에서는 타당도가 높을수록 직무성공률이 높아짐

참고

5) 산출률
   – 각 단계별로 지원자들이 어떻게 축소, 배치되는지를 보여주는 비율로서 각각의 채용단계에서 선발이
      효과적이기 위한 적정 풀(pool)이 주어져 있는지를 알기 위해 사용
   – 채용의 각 단계별로 해당 단계를 통과하는 인원을 대상이 되는 지원자 총수로 나누어 측정

6) 수용률
   선발에 최종 합격한 사람 중 회사의 입사제의를 받아들여 실제 입사하는 인원의 비율(해당 조직이 채용
   하기를 원하는 지원자를 성공적으로 유치할 수 있는 능력을 나타냄)

참고 선발오류의 극복

선발오류 : 성공적인 직무수행자를 선발하지 못하는 현상
• 제1종 오류 : 선발했어야 하는 사람을 놓친 경우
• 제2종 오류 : 선발해서는 안 될 사람을 뽑은 경우

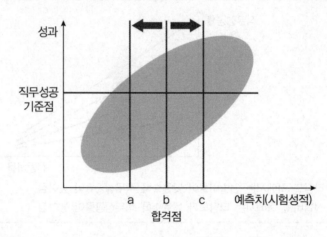

(1) 제1종 오류의 극복

합격기준을 낮추는 방법(b → a)이 있을 수 있으나, 무자격자가 대거 선발(제2종 오류의 증가)될 수 있으므로 처음부터 적격자가 지원에 응할 수 있도록 타겟 리쿠르팅 등을 통한 적극적 모집이 현실적인 방안

(2) 제2종 오류의 극복

합격기준선의 상향(b → c)이 필요한데, 이는 선발비율의 감소(→ 지원대상자 수의 확대)를 의미하므로 모집인원을 늘리는 방법이 있을 수 있다. 그러나 이는 제1종 오류의 발생가능성을 높일 수 있으므로 헤드헌터 등을 통한 적격자 모집에도 힘써야 함

(3) 두 오류의 동시 극복

① 선발도구의 추가
② 합리적이고 예측력이 높은 선발도구를 새로이 개발(가장 궁극적일 수 있으나 시간과 비용이 많이 들 수 있음을 고려해야 함)

(6) 경력직 선발

[경력직 선발 시 유의사항]

• 경력직원의 경우 인사부서가 가지고 있는 많은 역할을 해당 부서에 위양해야 한다.
• 경력직원은 업무에 대한 적응기간이 거의 필요 없겠지만 팀 내 다른 동료들과의 협동문제는 여전히 문제될 수 있다.
• 같이 일할 팀동료들도 입사면접에 참여하여 미래의 협동가능성을 평가하도록 하는 것이 바람직하다.

인력개발

01 | 인사평가

1 인사평가의 개념 및 목적

(1) 개념

인사평가(performance appraisal) : 조직 내 종업원 or 관리자의 근무성적이나 능력, 업적, 태도 등을 조직체에 대한 유효성의 관점에서 정기적으로 검토, 평가하여 이들의 상대적 가치를 조직적으로 결정하고자 시행하는 제도. 또한 이들의 근무성적과 잠재능력을 체계적으로 분석·파악하여 인적자원의 효과적인 활용과 능력의 개발·육성을 하기 위한 인사관리의 한 도구

(2) 목적

인사평가는 인사관리의 전 기능과 관련을 가지고 있다.

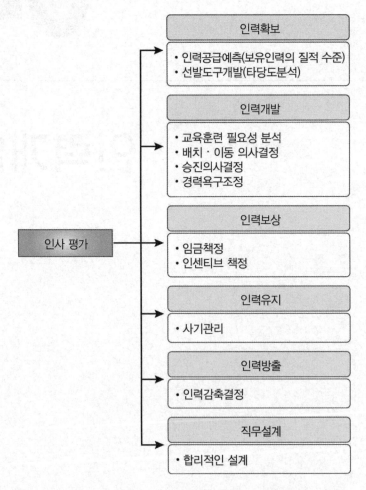

⮑ 인사평가의 목적은 인사관리의 제 기능에 대한 양질의 의사결정을 하는 것

PART
04

참고 | **인사평가시스템**

> 인사평가 시스템은 인사관리 시스템의 하위 시스템으로서 피드백 고리(feedback loop)에 해당한다.
> 인사관리라는 전체 시스템이 순기능을 하기 위해서는 항상 산출요소(output)와 투입요소(input)간의 비교·
> 분석을 통한 피드백 기능이 제대로 작동되어야 한다.
> - 인적자원관리의 순환도와 인사평가의 역할
>
>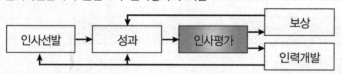
>
> - 인사평가는 성과지향적 인사관리의 사이클상에 보상과 인적자원 개발을 위한 문지기 역할
>   (인사평가를 통해야만 공정한 보상관리, 효과적인 인적자원개발이 가능)

(3) 내용

1) 종업원 개인이 가지고 있는 특성

① 역량(competency) : 우수한 성과를 내는 조직구성원이 가지고 있는 개인의 내적특성으로서
  다양한 상황에서 안정적으로 나타나며 비교적 장기간 지속되는 행동 및 사고방식을 의미
  (가시적 요소인 기술(skills), 지식(knowledge)과 내면적 요소인 자아개념(self-concepts),
  특질(traits), 동기(motives) 등으로 구성된다.)

② 적성(aptitude) : 직무와 수행자간의 적합성을 판단하는 데 중요한 역할

③ 태도(attitude) : 특정한 사람, 사물, 이슈, 사건 등에 대한 호의적이거나 비호의적인 느낌.
  기업경영에서 종업원이 가지고 있는 태도는 직무수행과 관련하여 성과와 관련되는 것이 평
  가대상이 됨(성과관련 태도요소 : 직무만족, 직무몰입, 열정, 애사심, 신뢰 등)

2) 종업원이 행동을 통해 만들어낸 결과물인 업적 혹은 성과

- 업적 : 개인 및 팀의 조직 목표달성에의 공헌도(평가내용 : 매출액, 생산량, 불량률, 사고율,
  고객만족도 등)
- 영업직이나 생산직의 경우 매출액 내지 생산량은 정확하게 측정할 수 있지만, 다른 부문의
  경우 어려움이 많으며, 성과의 측정범위를 조직 → 집단 → 개인 수준으로 좁힐수록 측정의
  정확성은 낮아진다(∵ 성과란 개인 혼자의 노력에 의해서 발생하기보다 여러 사람의 협동에
  의해서 일어나는 경우가 많기 때문. 즉 직무간 상호의존성(interdependence)이 존재하기 때문).
- 성과항목을 무엇으로 할 것인가는 해당기업의 업종, 고객 특성 등 처한 상황이 다르기 때문
  에 성과인식에 대한 보다 의미 있는 접근이 요구되며 이와 관련하여 BSC(Balanced Scorecard)
  방식이 있다.

2 인사평가의 구성요건

인사평가 측정결과를 검증하는 기준(criteria), 즉 평가기준

> **참고** **전략적 수렴성(strategic congruence)**
>
> – 평가 시스템이 조직의 전략과 목표, 그리고 조직문화에 수렴하는 직무성과와 관련된 정도.
> – 일반적으로 목표관리법(MBO)은 전략적 수렴성이 매우 높은 평가 방법으로 간주된다(∵ 조직의 목표에 수렴하도록 하는 부서와 개인의 목표달성도를 주요 평가기준으로 삼기 때문).

(1) 타당성(validity)

1) 개념 : 평가내용이 평가목적을 얼마나 잘 반영하고 있느냐에 관한 것

▼ **평가목적과 평가내용의 관계**

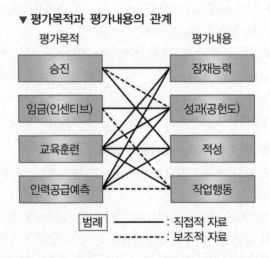

① 승진 의사결정을 하는 데에는 승진후보자의 잠재능력과 적성이 주요한 평가내용이 되어야 함.
성과는 과거 직무의 성과이지, 승진 후 직무를 수행하여 가져다줄 성과를 의미하는 것은 아님
② 임금(인센티브)의 결정기준은 당연히 피평가자의 성과가 되어야 한다.
다만 작업 행동은 임금에 어느 정도 반영함이 타당하다.
(∵ 일은 대개 여러 사람이 공동으로 행하고 그 과정에서 다른 사람의 잘못에 의해 성과가 미흡할 수도 있기 때문)
③ 교육훈련에 대한 의사결정을 위해서는 피평가자의 잠재능력, 성과, 적성, 작업행동 모두가 평가내용이 되어야 함

➲ 인사평가에서의 타당성 문제는 인사평가에서 추구하는 개별 목적에 맞는 평가내용을 얼마나 평가내용으로 삼느냐에 따라 결정되는 것

> **참고** 평가에서의 높은 타당성
>
> 평가에서 높은 타당성이란 수집된 정보 중에서 평가목적과 무관한 불필요한 정보(오염, contamination)와 평가목적과 관련성이 크지만 누락된 정보(결핍, deficiency)가 적어야 함을 의미함
>
>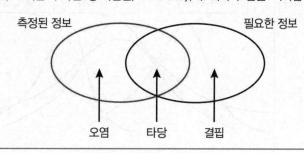

(2) 신뢰성(reliability)

1) 개념 : 측정하고자 하는 평가내용(항목)이 얼마나 정확하게 측정되었느냐에 관한 것

(동일한 평가대상에 대해 측정시점마다, 평가자마다 각기 다른 평가결과가 도출된다면 신뢰성은 낮아지게 된다.)

– 신뢰성을 저해하는 요인으로 아래의 다양한 오류가 있다.

2) 인사평가에 나타나는 오류

> **참고** 항상오류(constant error)(분배적 오류(distributional error))
>
> 평가자의 개인적 성향에 근거하여 항상 규칙적으로 발생하는 오류.
> (평가자가 다수의 피평가자들에게 점수를 부여할 때 점수의 분포가 특정방향으로 쏠리는 현상으로 분배적 오류라고도 함)
>
> ① 관대화 경향 : 피평가자의 능력이나 성과를 실제보다 더 높게 평가하는 것
> (원인 : 부하를 나쁘게 평가하여 대립할 필요가 없다는 것, 자기 부하를 타부문의 종업원에 비하여 승진에 유리하게 하기 위한 것. 나쁜 평가가 곧 평가자 자신의 책임으로 간주될 수 있다는 점)
> ② 중심화 경향 : 피평가자에 대한 평가점수가 보통 또는 척도상의 중심점에 집중하는 경향
> (원인 : 평가자가 평가방법을 이해하지 못했거나 평가능력 부족, 평가방법에 대해 회의적이거나 피평가자를 잘 알지 못하는 경우, 낮게 평가할 경우 피평가자와 감정적 대립을 우려, 소홀한 평가 등)

③ 가혹화 경향 : 평가자가 피평가자의 능력 및 성과를 실제보다 의도적으로 낮게 평가하는 경향
   (평가자의 가치관에 의해 성과에 대한 기대수준을 매우 높게 설정한 경우, 부하들과의 갈등관계에
   서 일종의 처벌적 성격으로 평가하는 경우)

- 항상오류를 줄이는 방법 : 강제할당법

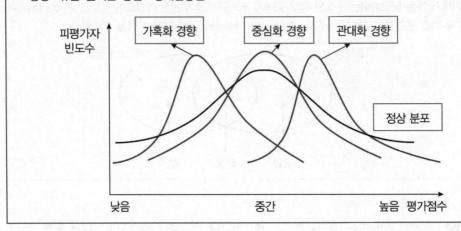

④ 상동적 오류(stereotyping)

   피평가자가 속한 사회적 집단에 대한 지각을 기초로 해서 이루어지는 것으로 일종의 '고정관
   념'이다. 이는 본인이 생각하고 있는 특정 집단 구성원의 자질이나 행동을 그 집단의 모든
   구성원에게 일반화시키는 경향에서 발생
   (민족, 출신지역, 특정집단, 나이, 성별 등과 관련하여 많이 발생)

   > **참고** 상동오류를 줄이는 방법
   >
   > • 평가자 스스로 객관적 시각을 갖추기 위해 노력
   > • 복수 평가자 시스템 도입

⑤ 연공오류(seniority error)

   피평가자가 가지고 있는 연공적 속성인 연령, 학력, 근속연수가 평가에 영향을 미치는 경우

⑥ 후광효과(halo effect, horn effect)

   피평가자의 어느 한면을 기준으로 다른 것까지 함께 평가해 버리는 경향

   > **참고** 후광효과를 줄이는 방법
   >
   > • 평가자에 대한 체계적인 훈련
   > • 새로운 평가방법(BARS, MBO 등)의 개발, 도입
   > • 평가표 상의 평가 항목의 순서 조정

PART
04

> **참고** **후광효과와 상동오류**
>
> • 후광효과 : 개인의 한 특징으로 나머지를 평가함
> • 상동오류 : 피평가자가 소속된 집단의 속성으로 나머지를 평가함

⑦ 시간적 오류(recency errors)

평가자가 피평가자를 평가함에 있어서 쉽게 기억할 수 있는 최근 업적이나 능력을 중심으로 평가하려는 데서 나타나는 오류

	2018년 상반기	2018년 하반기	평균
갑	60	80	70
을	80	60	70

> **참고** **최초효과(primary effect)**
>
> 평가에서 처음으로 인지한 정보나 행동이 이후의 평가에서 지속적으로 영향을 미치는 것
> 일종의 첫인상 효과로서 최초평가시에 형성되는 인식틀이 평가 기준으로 작용

⑧ 상관편견(correlational bias)

평가자가 평가항목의 의미를 정확하게 이해하지 못했을 때 발생

항목 \ 피평가자	갑	을	병	정
성실감	B	C	B	A
책임감	B	C	B	A
창의력	A	B	C	B
기획력	A	B	C	B
실천력	C	A	B	C

⑨ 대비오류(contrast errors)

특정 피평가자가 다음에 평가될 피평가자의 평가에 영향을 미치는 오류

⑩ 유사성 오류(similar-to-me error)

평가자와 피평가자 간의 가치관, 행동패턴, 태도면에서 유사한 정도에 따라 평가결과가 영향을 받는 경우

⑪ 귀속과정 오류(errors of attribution process)

타인의 행동을 보고 그 행동의 원인을 설명할 때
- 행동자의 내적 원인에 귀속(내적 귀속)
- 행동자를 둘러싸고 있는 환경인 외적 원인에 귀속(외적 귀속)

피평가자의 업적이 낮았을 때 그 원인이 외적 귀속에 있음에도 평가자가 내적 귀속에서 찾거나, 피평가자의 업적이 높았을 때 이를 내적 귀속임에도 불구하고 외적 귀속에서 찾는 경우

🔲 '잘되면 내 탓(내적귀속), 못되면 조상 탓(외적귀속)'

⑫ 2차 평가자의 오류

1차 평가자의 평가결과를 조정하기 위해 2차 평가제도를 도입한 경우 2차 평가자는 1차 평가자가 이미 평가한 내용을 가지고 '적당히'하는 경향이 많음

⑬ 평균화의 오류

평가결과를 4~5년 합산하여 분석해 보면 피평가자들이 받은 점수가 서로 거의 비슷하게 나오는 것(평가자가 부하들에 대한 평가에 부담을 느껴 다년간에 걸쳐 골고루 나누어 주는 평가를 하게 됨)

▼ 인사평가의 신뢰성 관련 오류의 원인

① 평가자의 의도적인 주관적 평가	② 평가자 자신이 인지하지 못 하는 오류	③ 정보부족으로 인한 오류
• 관대화 경향 • 중심화 경향 • 가혹화 경향 • 상동적 오류 • 연공오류 • 평균화의 오류	• 후광효과 • 시간적 오류 • 상관편견 • 대비오류 • 유사성오류	• 중심화 경향 • 귀속과정 오류 • 2차 평가자 오류

3) 인사평가 오류를 방지하기 위한 노력

① 평가자의 의도적인 주관적 평가로 인한 오류

평가방법을 보다 정교하게 함으로써 줄일 수 있음(100% 극복한다기보다는 오류를 '최소화'시키는 방향으로 노력)

② 평가자 자신이 인지 못하는 오류

제도(방법)의 개선과 아울러 평가자 교육(rater training)

③ 정보부족으로 인한 오류

필요 정보를 기업이 충분히 제공하든지, 평가자가 피평가자에 대하여 획득할 수 있는 정보만큼 평가내용의 범위를 축소해야 할 것

(3) 수용성(acceptability)

1) 개념 : 인사평가제도에 대해 피평가자들이 이를 적법하고, 필요한 것이라고 믿고, 평가의 공정성과 평가결과가 활용되는 평가목적에 대해 동의하는 정도

2) (평가제도 도입 시) 종업원이 저항하는 이유

① 평가제도의 목적에 대한 신뢰감 상실(성과가 낮은 종업원을 해고하거나 인센티브 불이익 등 부정적인 방향으로 사용될 것이라고 판단되면 저항)

② 평가제도에 대한 정보의 부족

③ 평가제도 도입으로 종업원과 관리자의 종속적 관계가 더욱 강화될 것이라는 점(노동조합의 주장)

3) 수용성을 높이기 위한 대안

① 평가제도를 개발할 때 그 목적과 필요성을 투명하게 종업원에게 알리고 필요한 경우 교육 실시

② 평가제도를 개발할 때 종업원(혹은 노조) 대표를 참여

③ 인사평가에 있어 평가 신뢰성이 최대한 보장될 수 있도록 제도를 구비하고 평가자 교육에 대한 투자 확대

(4) 실용성(practicability) – 비용 < 효과

1) 개념 : 기업의 이러한 평가제도 도입이 의미가 있으며 또한 현실적으로 비용보다 효과가 더 큰지를 검토해야 하는 것

2) 실용성 관점에서 갖추어야 하는 조건

① 종업원의 성과 차이가 의미 있게 나타나는 경우에 도입

② 종업원의 능력 차이, 성과 차이를 식별 가능해야 함

③ 평가자가 쉽게 이해 가능해야 함, 평가 소요 시간이 적절해야 함

④ 비용 – 편익
   - 비용 : 개발비와 운영비 등으로 구성
   - 편익 : 인사평가제도의 목표 달성 정도를 화폐적으로 환산
   (예 교육훈련 및 승진의사결정의 질을 높임으로써 가져다주는 효과)

참고

> (5) 구체성(specificity)
>
> 피평가자가 평가측정이 기대하는 행동이나 업적, 그리고 그 기대를 충족시키기 위해서 구체적으로 어떻게 해야 할지에 대해 알려주는 정도(일반적으로 행위지향 접근법(BARS, BOS 등)이 구체성↑)
>
> (6) 민감도(sensitivity)(변별력)
>
> 평가도구가 해당 성과에 대해 고성과자와 저성과자 간에 측정치간 차이를 충분히 차별적으로(민감하게) 측정 가능해야 한다는 것

3 인사평가의 방법

(1) 평가자

▼ 평가자의 종류

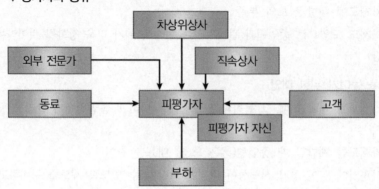

어느 평가자라도 평가내용 전부에 대한 완벽한 정보를 보유하지 못함

① **직속상사** : 가장 일반적인 형태의 평가
- 피평가자의 현재능력, 작업행동 및 성과에 대해서는 관찰 및 업무지시를 통해 많은 양의 정보 보유
- 피평가자의 잠재능력, 적성에 대해서는 해당 직무에 관련된 것 이외에는 알기 어려움. 또한 직무태도에 대해 진실된 정보를 획득하기 어려움

② **차상위상사(평가자의 직속상사의 상사)**
- 피평가자의 현재능력, 작업행동, 성과에 대해서는 어느정도 알 수 있음
- 피평가자의 잠재능력, 적성, 태도 등을 관찰하기에는 시간적·공간적 측면에서 역부족

③ **피평가자 본인**
- 평가내용 대부분에 대해 충분한 정보를 갖고 있지만, 대개 과장되게 평가하는 경향이 있음

④ **동료** : 평가자 선정이 어려움
- 피평가자의 잠재능력, 적성, 작업행동에 대해서는 대화 및 관찰을 통해 어느 정도 정보 획득 가능
- 피평가자의 직무태도에 대해 비교적 충분한 정보를 관찰을 통해 갖게 됨
  (상사 앞에서보다 진실된 것일 가능성이 높음)
- 피평가자의 현재능력 및 성과에 대해서는 거의 판단하기 어려움(∵직접 업무지시를 하지 않기 때문에)

⑤ 부하

• 상사의 현재능력 및 잠재능력 특히 리더십에 대해 상사의 업무지시 및 업무결과에 대한 평가
활동을 통해 어느 정도의 정보 획득 가능

• 평가자 신원이 보호되어야 함

⑥ 외부전문가

• 피평가자의 현재능력, 잠재능력, 적성에 대해서는 관련 서류, 몇 가지 테스트, 인터뷰를 통해
많은 정보 획득 가능

• 피평가자의 직무태도, 작업행동, 성과에 대해서는 알 수가 없음(∵관찰 기회가 없기 때문에)

⑦ 고객

• 고객에 대한 태도 및 작업행동(서비스, 친절성) 정도에 대한 어느 정도 정보를 획득할 뿐, 획득
가능 정보는 극히 제한적

> **참고** **360도 다면평가(360° feedback)**

1. **개념**
상급자가 하급자를 평가하는 하향식 평가의 단점을 보완하여 상급자에 의한 평가 이외에도 평가자 자
신, 부하, 동료, 고객, 외부전문가 등 다양한 시각을 가진 평가자들에 의해 평가하는 것

2. **목적**
평가를 해서 배치나 선발 의사결정에 사용하기보다는 본질적으로 피평가자에게 피드백을 줌으로써 사
람을 개발시키는 데 목적이 있음

3. **평가자의 구성 및 선정**
일반적으로 피평가자의 직급, 조직체계, 직무특성, 피평가자와의 인간관계 등 여러 상황요인에 따라
평가자의 구성을 달리하여 운영하게 됨(예를 들어 임원급의 평가에서는 동료평가의 비중을 크게, 중간
관리자의 평가에서는 부하직원의 비중을 크게, 일반 사원급의 평가에서는 상사의 비중을 크게 하는
방법)

4. **장점**
• 조직 내 커뮤니케이션의 활성화
• 평가자가 다양해짐으로써 피평가자의 장단점 파악에 효과적
• 평가의 신뢰성 향상(∵다수의 평가의견을 종합하며 외부 전문가 집단의 활용가능으로)
• 조직구성원의 평가능력 향상에 도움을 줌

5. **단점**
• 평가가 인기투표 방식으로 전락할 위험성이 있음(특히, 부하에 의한 상향식 평가)
• 동료에 의한 평가 시 주고받기식으로 전락할 가능성이 있음
• 평가자 신원에 대한 기밀이 지켜지기 어려움
• 평가에 많은 노력, 시간, 비용이 소요됨
• 경영진에 대한 평가결과가 우호적으로 나오지 않을 경우 폐지될 가능성이 높음

6. **다면평가의 타당성**

다면평가가 당초 평가 목적(피평가자의 역량, 기술, 행동이 조직의 목표달성을 위해 배열되어 있는 것을 평가를 통해 확인하려는 것)달성에 성공하는 정도

[타당성의 구성요소]

① 공정성(평가자들이 충분히 대표성이 있고 선발과정이 공정했는지)

② 정확성(평가자에게 충분한 정보가 주어져 있는지, 평가기준이 명확한지)

③ 협조성(참가자들의 자발적 동기와 협조가 필요)

④ 신뢰성(다양한 복수의 평가측정치간의 상관관계가 높아야 함. 이를 위해 측정치의 내적 일관성과 평가자들 간 일치도가 높아야 함)

⑤ 익명성(조직내 갈등과 평가결과에 대한 문제 제기를 방지하기 위해 특히 부하·동료에 의한 평가 시 중요)

⑥ 수용성(피평가자가 평가 결과에 납득을 하고 받아들일 수 있도록 다면평가가 사전에 어떤 의도나 예단에 의해 요식행위로 진행되어선 안 됨)

7. **다면평가의 성공을 위한 세 당사자의 책무성**

• **평가자의 책무성**

성실하게 평가하여 결과를 피평가자에게 피드백할 수 있도록 평가자는 피평가자를 잘 알고 있는 사람으로서 신뢰할 만하고 정확한 평가를 할 수 있는 위치에 있어야 함. 그리고 익명성이 보장되는 범위 내에서 훈련을 받을 필요가 있음

• **피평가자의 책무성**

다면평가를 통해 자신의 리더십과 업무수행능력을 한 단계 향상시킬 수 있는 기회라는 인식을 가지고 성실하고 적극적으로 평가에 임할 필요가 있음

• **조직의 책무성**

다면평가를 실시하는 목적이 구성원의 개발목적인지, 아니면 구체적 인사의사결정(선발, 배치전환, 보상, 다운사이징)을 위한 목적인지를 분명히 해야 하며 가급적 다면평가의 본래 의도대로 인적자원개발 목적으로 시행하는 것이 바람직

(2) 평가시기

– 타당성 측면 : 해당 목적인 승진, 인센티브, 배치이동 등에 대한 의사결정 시 실시하는 것이 이상적

– 신뢰성 측면 : 자주 실시함이 시간적 오류를 줄이는 데 효과적

– 실용성 측면 : 지나치게 자주 실시하면 그만큼 비용과 평가자들의 저항 발생

➲ 인사평가는 수습기간이 끝날 때, 상사가 이동할 때, 정기적으로 일년에 1~2회 실시함이 바람직

참고 | **인사평가의 3대차원**

1. **평가대상(평가의 관할권)**
   – 누가 누구를 대상으로 평가를 하는가
   – 과거 : 상급자(관리자)가 하급자를 평가
     최근 : 평가의 대상과 평가자가 다양(다면평가 참조)

2. **평가의 내용**
   • 산출요소에 해당하는 업적(performance)
   • 투입요소에 해당하는 행동(behavior)
   • 피평가자의 인성적 특질(traits)

3. **평가의 시향지향성**
   • 결점 지적, 평가(evaluation) 위주의 과거지향적 평가
   • 인적자원개발(development) 위주의 미래지향적 평가

PART 04

▼ **전통적 인사평가 vs 잠재력 평가**

	전통적 인사평가	잠재력 평가
평가 목표	구성원의 현재 담당업무와 관련된 목표달성 정도, 업적, 사회적 행동 등을 측정함	조직의 미래 근무상황에 대비하여 개인과 집단의 잠재력을 확인하고 예측함
시간지향성	과거 지향적 평가로서 평가기간이 단기간 (1년에 1회 이상)	미래지향적 평가로서 평가기간이 중·장기 (2~5년마다 한번씩)
평가 요소	업적, 능력, 인성적 특질	지식, 적성, 소질에 중점을 두고 경향, 특기, 기질, 끼 등을 평가요소에 포함시킴
표준화 정도	평가방법에 있어서 유연성이 있음(표준적, 비표준적 평가방식이 모두 가능)	평가의 비교가능성을 높이기 위해 주로 표준화된 평가방법을 채택
평가결과 분석단위	주로 부서별, 집단별 분석	주로 기능별, 직위별, 집단별, 팀별 세분화된 분석
평가자	직속상급자 또는 차상급자	상급자, 인사전문가, 조직 내 특정구성원
평가결과의 활용	MBO, 관리자를 위한 피드백, 행동의 개선, 보상 및 교육훈련관리를 위한 자료로 활용	능력과 소질에 맞는 적정 인사 배치, 인적자원개발, 경력개발, 인사정보 시스템 구축, 인력계획, 조직분석을 위한 자료로 활용

(3) 평가기법

참고 **인사평가의 기초**

- 인사평가를 실시하기 위해서 평가 기초자료를 수집하는 과정이 필요
  - 관찰(피평가자의 행동과 그 결과에 대한 정보를 수집)
  - 판단(수집된 정보와 자료를 분류·분석·통합하여 평가)

- 인사평가의 정확성을 높이기 위해서는 평가자의 정확한 관찰과 판단에 앞서 필요한 것
  - 직무분석이 정확하게 실시되어 직무기술서와 직무명세서가 마련되어 있어야 함
  - 직무성공도를 가름할 수 있는 성과표준이 미리 준비되어 있는 것이 중요

참고 **상대평가 vs 절대평가**

기업에서 택할 수 있는 평가방법
- 종업원을 상호 비교하여 평가하는 상대평가법
- 종업원을 일정한 기준에서 그 수준을 평가하는 절대평가법
  (이 중 어떤 방법이 적당한가 하는 것은 기업이 처한 상황을 고려해서 결정해야 하지만 가장 중요한 것은 평가의 목적을 어디에 두느냐 하는 것)

상대적 평가방법	절대적 평가방법	
• 서열법 • 강제할당법	• 평정척도법 • 강제선택서술법 • 에세이 방법	• 체크리스트법 • 중요사건기술법

1) 서열법(ranking method)

① 개념 : 피평가자에 대해 능력·업적 등을 통틀어 그 가치에 따라 서열을 매기는 방법

② 기법
- **직접적 서열법** : 최고 성과자부터 순서대로 1위, 2위, 3위 등의 순서를 정해 나가는 방법
- **교대서열법** : 피평가자 중 먼저 가장 우수한 사람과 가장 못한 사람을 뽑고 또 남은 사람에 대해 같은 방법을 계속 적용하여 전체 서열을 매기는 방법
- **쌍대비교법** : 피평가자를 임의로 한쌍씩 짝을 지어 비교하는 것을 되풀이하여 서열을 매기는 방법
- **대인비교법** : 피평가자에 대해 평가요소별 서열을 매기는 것

③ 인사평가의 구성요건적 측면
- **타당성** : 문제가 많다.
  - 평가의 목적(승진, 임금, 교육훈련 등)에 구체적 정보제공 ×
  - 승진 의사결정 시 대상자 결정은 가능하나, 후보자의 잠재능력, 적성 등을 알 수 ×

- 임금 책정시 해당 서열이 어느 정도 업적인지 판단 ×

(∵ 서열 간 격차가 일정하지 않을 수 있기 때문에)

- **신뢰성** : 어느 정도의 의미를 갖고 있음

(∵ 전형적인 평가오류인 항상오류가 나타날 수 ×, but 능력, 개인적 특성, 작업행동, 업적을 구체적으로 측정 ×)

- **수용성** : 피평가자의 저항이 예상

(∵ 서열을 매기는 데 대한 구체적인 기준이 제시되지 ×)

- **실용성** : 평가가 용이하고 비용이 저렴

참고 **강제할당법**

- 사전에 범위와 수를 결정해 놓고 피평가자를 일정한 비율에 맞추어 강제로 할당하는 평가방법
- 장점 : 항상오류를 사전에 방지
- 단점
  - 피평가자의 능력과 업적이 정규분포곡선이나 강제분포비율과 일치할 수 있느냐의 문제
  - 평정 단위간 피평가자의 수가 상이함에 따라 피평가자의 평가결과가 유리 또는 불리하게 나타남

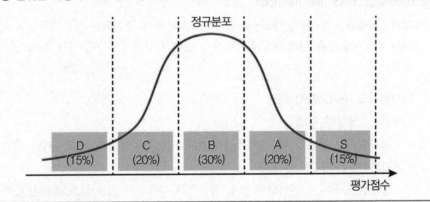

---

2) 평정척도법(rating scale method)

① **개념** : 피평가자의 능력, 특성, 성과를 평가하기 위하여 '평가요소'들을 제시하고 이에 대해 '단계별 차등'을 두어 평가하게 하는 기법

참고 **평정척도법의 예**

평가요소	매우 미흡	미흡	보통	우수	매우 우수
신뢰성			✔		
창의성				✔	
근면성					✔
협조성				✔	

② 인사평가의 구성요건적 측면
- 타당성 : 상당히 양호
  - 평가목적에 따른 평가요소를 개발하여 평가하게 하면 특정 평가요소에 대한 피평가자의 수준을 판단 가능
  - 평가결과에 대한 의미 있는 계량화가 가능하여 임금 책정 등에 유용한 정보를 제공할 수 있음
- 신뢰성 : 심각한 문제를 야기할 수 있음
  - 평가자의 편견과 오류가 많이 작용할 수 있음
- 수용성 : 기본적으로 큰 문제는 없음
  - 피평가자측에서 평가자의 주관적 평가(신뢰성)에 문제 제기 가능
- 실용성 : 개발에 노력과 비용이 어느 정도 예상
  - 의미 있는 평가요소를 찾는 작업, 평가 결과를 개선하고 분석하는 데 어느 정도의 비용 발생

3) 체크리스트법(check list method)
① 개념 : 피평가자의 능력, 태도, 작업행동, 성과 등에 관련되는 표준행동들을 제시하고 평가자가 해당서술문을 체크하여 평가하는 기법(평가항목별로 가중치를 부여하여 평가할 수도 있음)

② 인사평가의 구성요건적 측면
- 타당도 : 상당히 양호
  - 평가요소를 개발할 때 평가목적에 해당되는 표준행동을 포함시키면 되기 때문
- 신뢰성 : 매우 우수
  - 항목별 가중치가 부여되어 있을 경우 평가자가 가중치를 모르기 때문에 항상오류가 최소화될 수 있음
- 수용성 : 별로 문제될 것이 없음
  - 이 기법은 단지 피평가자의 표준행동 여부를 평가하므로 피평가자의 입장에서 볼 때 평가자의 평가에 있어서의 자유재량권이 많이 줄어들 수 있기 때문
- 실용성 : 평가하기는 용이, but 많은 비용
  - 평가항목이 되는 표준행동에 대한 개발비, 항목들에 대한 가중치 부여에 대한 과학적인 검토과정에 많은 비용

4) 강제선택서술법(forced choice description)
① 개념 : 쌍으로 된 평가항목의 서술문을 평가자에게 제시하고 두 개의 서술문 중 반드시 한 곳에만 체크하게 하는 기법

② 인사평가의 구성요건적 측면
- 타당성 : 별 다른 문제가 없음
  - 인사평가의 개별목적을 반영할 수 있는 서술문을 제시 가능
- 신뢰성 : 우수함
  - 주관적 평가, 항상오류 등으로부터 탈피 가능
- 수용성 : 평가자로부터 어느정도 저항 예상
  - 평가 시 심리적 갈등이 야기될 수 있기 때문
- 실용성 : 상당한 비용, 평가상의 어려움 존재
  - 복잡하고 정교한 과정을 거쳐야만 식별력 있는 쌍의 서술문을 획득할 수 있기 때문

5) 중요사건기술법(critical incident description)
① 개념 : 평가자가 일상 작업생활에서 관찰 등을 통해 피평가자가 보여준 특별히 효과적인 혹은 비효과적인 행동 내지 업적을 기록하여 이를 평가시점에서 정리하여 평가

② 인사평가의 구성요건적 측면
- 타당성 : 평가하기 곤란
  - 교육훈련 목적 시 피평가자가 특별한 행동을 하지 않았을 때 관련 정보를 획득하기 어려움
  - 임금 목적 시 특별히 큰 공헌을 했을 경우 이를 활용 가능
- 신뢰성 : 기록된 중요사건 그 자체에 대한 신뢰도는 높음
  (중요사건은 대개 조직에 이미 잘 알려져 있어서 평가자의 주관·편견이 개입될 소지가 적기 때문)
  but 피평가자들을 비교하여 우열을 가려야 하는 경우 어려움
  (∵ 중요사건들이 서로 유사성이 낮을 경우 비교에 문제점 야기)
- 수용성 : 중요사건 기술 그 자체에 대해서는 수용성이 높음. but 평가를 승진, 임금 등에 반영할 때 수용성은 낮아짐
- 실용성 : 실시가 비교적 용이, 비용이 많이 발생하지 ×

참고 에세이 방법(narrative essays)

- 개념 : 일정한 형식이 없이 에세이 방식으로 피평가자의 활동에 대한 평가를 서술식으로 기록하는 평가방법
- 장점 : 고위직(임원급)에 대한 질적인 평가에 효과적
- 단점 : 평가자의 주관적 편견이 개입될 소지가 있으며, 평가결과를 점수화하기 어려워 타 피평가자와의 비교가 어려움

참고 **절대평가 VS 상대평가**

	절대평가	상대평가
평가기준	평가 기준이 명확(업무·직능 기준)	기준이 일정치 않음(사람과 사람을 비교하는 것이므로)
정규분포	정규분포를 생각할 필요가 없음	정규분포를 사용하여 A, B, C, D 등급의 %를 정할 필요가 있음
팀워크	팀이 협력하여 기준을 충족할 수 있게 됨 화합을 깨뜨리지 않음	동료는 적대관계가 되고 팀워크를 깨뜨리기 쉬움
개발·교육 목적	자기개발, 교육에 사용가능 (∵ 평가 기준이 명확하므로 장점, 단점이 뚜렷)	자기개발, 교육에 사용하기 어려움(∵ 사람과 사람을 비교하기 때문에 장점, 단점이 뚜렷하지 ×)
수용성	평가자는 평가하기 쉽고 피평가자도 납득성이 있음	절대적 기준이 없으므로 평가하기 어렵고 납득성도 희박
평가항목의 구체성	평가항목 구체성이 요구됨(따라서 직무분석에 의해 업무 or 직능 기준의 설정이 필요)	평가항목의 구체성이 꼭 요구되는 것은 × (따라서 비교적 용이하게 만들 수 있음)
평가결과의 조정	기준에 의하여 행해지므로 비교적 용이	대인비교가 되므로 기준이 없고 하기 힘듦
업적향상	업적향상에 도움이 됨(도전목표가 뚜렷해지므로 해야 한다는 의욕을 창출 가능)	업적향상에 도움이 되기 힘듦(도전목표가 명확치 않으므로 의욕과 연결시키기 어려움)
평가논리	개발, 육성의 논리	선별의 논리

참고 **인사평가의 접근법**

접근법	평가기준 및 방법
행위자 지향 접근법 (Performer-oriented approach)	• 인성적 특질(Traits) • 능력(Ability), 역량(Competency) • 태도(Attitudes)
행위지향 접근법 (Behavior-oriented approach)	• 중요사건 서술법(Critical Incidents) • 행위기준 평가법(BARS) • 행위관찰 평가법(BOS)
결과지향 접근법 (Result-oriented approach)	• 목표관리법(MBO)
비교지향 접근법 (Comparison-oriented approach)	• 서열법(Rank Order) • 강제할당법(Forced distribution)

6-1) 행동기준평가법(Behaviorally Anchored Rating Scales : BARS)

① 개념 : 평정척도법과 중요사건 기술법을 혼용하여 보다 정교하게 계량적으로 수정한 기법.
평가범주마다 제시된 대표적 행동 패턴 가운데 하나를 선택해서 등급을 매기는 방식으로 평가

참고

> 행동기준평가법은 인성적 특질을 중시하는 전통적 인사평가 방법의 비판에 기초하여 피평가자의 실제
> 행동을 관찰하여 평가하는 방법(도식적인 평정척도법은 평가자마다 다른 기준에 의해 평가점수가 부여
> 될 수 있다는 점에서 평가자 간 신뢰성에 심각한 문제를 초래 → 이를 극복하기 위해 평정척도법과 주요
> 사건 기술법을 혼용하여 평가범주마다 행동묘사문을 포함시켜 구성)

참고 | BARS 개발단계

① BARS 개발 위원회 구성
– 조직 내에서 현업 경험이 풍부하고 지식·기술·능력을 충분히 갖춘 대표직원들을 선발하여 개발
위원회를 구성

▼

② 중요사건의 열거
– 개발위원회에서 직무 수행 과정에서 일어날 수 있는 중요사건을 열거하되, 바람직한 행동과 바람
직하지 못한 행동을 충분히 나열

▼

③ 중요사건의 범주화
– 중요사건들이 충분한 숫자로 확보되면 위원회에서 토론을 통해 대표성이나 중요성이 떨어지는
행동을 솎아내고 남은 행동들에 대해 범주를 분류하고 동일 범주에 속하는 행동들을 묶음
　예 백화점 매장에서 근무하는 종업원의 업무행동 – 범주분류
　• 지식과 판단력　　　• 정직한 업무수행　　• 대인 관계
　• 상품포장의 능숙도　• 협동 및 조직능력　• 관찰력

▼

④ 중요사건의 재분류
– BARS 개발 작업의 정확성과 공정성을 기하기 위해 2차 개발위원회를 노조와 사측에서 공히 선발
·구성하여 앞서 분류한 행동들을 재검토하고 중요도나 대표성에 문제가 있다고 판단되는 행동들
을 제거하고 범주를 재분류하는 작업을 실시하여 최종 범주와 해당 행동들을 확정

▼

⑤ 중요사건의 등급화(점수화)
– 확정된 범주와 개별 행동들에 대해서 토론을 통해 조직성과를 올리는 데 바람직한 행동과 바람
직하지 않은 행동으로 구분하고 7점척도 또는 9점척도를 사용하여 행동을 등급화

▼

⑥ 확정 및 시행
– 평가자는 각 범주에 등급으로 제시된 각 행동에 대해서 피평가자의 평소 행동에 대한 행동등급을
부여하는 방식으로 실시

참고 **BARS의 특징**

- 다양하고 구체적인 직무에 적용이 가능
- 업무개선 효과(직무성과를 정의, 평가방법, 가중치를 공개하여 피평가자가 이를 인식하고 업무를 수행할 수 있도록 함으로써)
- 목표관리(MBO)의 일환으로 사용 가능(어떤 행동이 목표달성과 관련이 있는지를 인식하게 하므로 피평가자는 주어진 목표를 달성하기 위해 노력하게 됨)

참고 **BARS의 예**

백화점 의류매장에 근무하는 직원의 지식과 판단력	
등급(체크)	중요사건(예시)
7 탁월한 성과 ( )	항상 정시에 출근하며 복장상태가 단정하고 매장 내 모든 제품에 대한 정확한 정보를 갖고 친절하게 근무하고 있어 고객들로부터 반응이 매우 좋다.
6 양호한 성과 ( )	항상 정시에 출근하며 매장 내 제품에 대한 비교적 정확한 정보를 갖고 있으며 제품의 가격변동에 대해 잘 알고 있으며 대고객 관계도 원만하다.
5 약간 양호한 성과 ( )	업무처리에 있어서 동료들과 정보를 잘 교환하고 있으며 고객의 반품, 환불요구에 싫은 내색 없이 잘 응대하는 편이다.
4 보통 정도의 성과 ( )	동료의 결근시 대리근무를 능숙히 잘 처리하는 편이며 업무수행에 필요한 지식을 숙지하고 있는 편이고 큰 무리 없이 근무하고 있다.
3 약간 나쁜 성과 ( )	동료와 잡담하는 일이 많으며 지불 계산시 입금과 영수증 발급 업무의 처리가 지연되어 고객을 오래 기다리게 하는 일이 종종 있다.
2 나쁜 성과 ( )	매장 내 제품에 대한 정확한 정보를 가지고 있지 않아 고객이 원하는 제품을 신속히 골라서 권하지 못하고 있다. 고객들로부터 불친절하고 불편하다는 항의를 종종 듣는다.
1 매우 나쁜 성과 ( )	업무수행과 관련된 지식이 결여되어 고객들로부터 항의와 불편을 접수하는 일이 잦이. 동료와의 협조도 잘 이루어지지 않는다.

6-2) 행동관찰평가법(Behavioral Observation Scales : BOS)

① 개념 : 개별 행동패턴마다 피평가자에게 발견되는 빈도를 체크하는 평가방법

참고 BOS의 예

평가항목 : 기획부서에서 근무하는 팀장의 업무환경 변화에 대한 팀원들의 저항에 대처하는 능력

1. 업무환경 변화에 대해서 부하직원들에게 상세히 이야기한다.

   그런 일은 거의 없다　　①　　　②　　　③　　　④　　　⑤　　항상 그렇게 한다

2. 왜 변화가 필요한지에 대해 설명한다.

   그런 일은 거의 없다　　①　　　②　　　③　　　④　　　⑤　　항상 그렇게 한다

3. 변화가 도입되면 팀원들에게 어떤 영향을 미치게 될지에 대해 논의한다.

   그런 일은 거의 없다　　①　　　②　　　③　　　④　　　⑤　　항상 그렇게 한다

4. 팀원들의 우려하는 목소리에 귀를 기울인다.

   그런 일은 거의 없다　　①　　　②　　　③　　　④　　　⑤　　항상 그렇게 한다

5. 변화가 성공적으로 추진되게 하기 위해서 팀원들에게 도움을 청한다.

   그런 일은 거의 없다　　①　　　②　　　③　　　④　　　⑤　　항상 그렇게 한다

6. 변화추진 시 팀원들의 적응을 위해 모임을 갖는다.

   그런 일은 거의 없다　　①　　　②　　　③　　　④　　　⑤　　항상 그렇게 한다

총점 평가 (✔ 표)	탁월 26-30	우수 21-25	보통 16-20	적절 11-15	미흡 6-10

② 인사평가의 구성요건적 측면

- 타당성 : 임금 의사결정 목적으로 활용될 때 높은 타당도

  (∵ 기법이 직무성과에 초점을 맞추기 때문에)

- 신뢰성 : 매우 양호

  (∵ 구체적인 행동패턴을 평가척도로 제시하기 때문에 항상오류, 후광효과를 줄일 수 있음)

- 수용성 : 높음

  (∵ 평가자 및 피평가자에게 성공적인/비효과적인 행동패턴을 알려주며 따라서 성과향상을 위한 간접적인 교육효과도 존재)

- 실용성 : 실시는 간편 but 개발에 막대한 비용

5-2) 종합평정척도(Behaviorally Observation Scales, BOS)

참고 **BARS와 BOS**

① 공통점
- 성과와 직무수행행동 간의 연관성
- 조직상황을 잘 반영하는 평가지문
 (평가지문에 조직에서 구성원들이 실제로 접할 가능성이 높은 문장과 용어를 사용)
- 평가요소의 적절성
 (직무상황과 관련된 행동을 바탕으로 평가를 수행하므로 누구나 평가문항이 인사평가를 위한 제 요소를 잘 포함하고 있다고 판단)

② BOS가 BARS에 비해서 가지는 차이점
- 빈도측정을 통한 평가문항간 상호배타성의 극복
 (피평가자의 가장 대표적인 행동 하나만을 선택해야 하는 BARS의 단점에서 벗어나 구성원이 복 수의 행동을 보여주는 경우 어떤 행동을 상대적으로 더 많이 수행하였는지까지 확인 가능)
- 아직 수행하지 않은 행동에 대해서도 평가 가능
 (BARS는 이미 발생한 사건이나 행동만을 대상으로 하지만 BOS에서는 구성원의 직무행동과 성 과를 제대로 반영하는 기준이 아직까지 없다 하더라도 현재까지 그들이 보여준 직무행동에 비추 어 볼 때 어느 정도의 행동을 기대할 수 있는가를 추론하여 빈도의 형태로 평가에 반영 가능)
- 평가실무 적용상의 용이함 – 개발시간과 비용을 일부 줄일 수 있음
 (BOS에서는 BARS와 같이 각 점수마다 직무수행 정도(or 그 차이)에 대한 정의를 내려야 할 필요 가 없음)

7) 목표관리법(Management by Objectives, MBO)

① 개념 : 6개월 또는 1년의 기간 내에 달성할 특정목표를 평가자와 피평가자의 협의에 의해 설정하고, 그 기간이 종료된 후에 목표를 양적·질적으로 달성하였는지를 평가하는 결과 지 향적 평가방법

 - 1950년대 드러커(Drucker)가 전반적인 경영활동을 보다 효과적으로 하기 위해 하나의 경영관리기법으로 도입
 - 이러한 관리기법을 맥그리거(McGregor)가 인사평가에 평가기법으로서의 가능성을 인식 하여 1960년대부터 목표관리법이 하나의 인사평가기법으로 정착

참고 **MBO절차**

① 직무기술서 검토

– 피평가자의 직무기술서를 상급자와 하급자가 함께 검토하여 직무의 범위와 핵심 활동을 파악

▼

② 성과 표준의 개발

– 상·하급자가 성과의 표준을 공동으로 개발

　예 매월 다섯 대의 승용차를 판매하는 것이 자동차회사 세일즈맨의 표준적 성과인지의 여부를 검증하여 표준을 정하는 것)

▼

③ 목표의 합의

– 평가자와 피평가자가 협의를 거쳐 목표를 합의하는 과정
– 효과적인 MBO 평가를 위해서는 목표설정에 있어 S. M. A. R. T. 원칙이 적용되어야 함

▼

④ 목표달성의 중간점검 및 지속적 논의

– 평가시점 이전에 수시로 중간목표 달성여부 및 근무여건 변화를 점검하여 상·하급자 간에 지속적으로 논의

참고 **목표설정의 'SMART 원칙'**

S	Specific	목표가 구체적이어야 하고
M	Measurable	측정이 가능해야 하고
A	Achievable	달성 가능하면서도 도전적이야 하고
R	Results – oriented	결과 지향적이고
T	Time – bound	시간제약적이어야 한다. 평가기간 이내에 처리할 수 있어야 한다.

② MBO의 특징

- 평가내용을 성과(업적)에 국한시키고 있다.
- 평가과정에 피평가자인 부하가 참여한다.
- 목표설정과정과 평가과정에 상사와 부하 간의 커뮤니케이션이 활성화된다.

③ 인사평가의 구성요건적 측면

- 타당성
  - 임금 의사결정에의 타당성은 매우 높음
    (∵ 평가내용이 성과(업적)에만 국한되기 때문에)
  - 교육훈련 목표에 대한 어느 정도의 타당성
    (∵ 목표달성이 낮은 종업원에 대한 교육훈련 필요성 파악 가능)

- 신뢰성 : 상당히 양호

  (∵ 평가과정에 부하가 참여하기 때문에 평가자인 상사의 주관적 편견을 최소화할 수 있으므로)

  - 목표관리법은 평가자와 피평가자 간에 달성하기 쉬운 목표에 가중치를 높게 매기려는 담합행동이 종종 발생
  - 담합행위를 최소화하기 위해서는 개별목표들에 대한 가중치를 조직의 상층에서부터 차례로 미리 정하는 것

- 수용성 : 매우 양호

  (∵ 피평가자의 평가에 참여, 그리고 협의 과정에서 나타나는 상사-부하 간의 개방적 커뮤니케이션은 평가제도의 수용성에 큰 기여)

- 실용성 : 비용이 많이 든다.

  (∵ 목표달성 과정과 달성에 대한 평가과정에 시간이 오래 걸림, 평가 관련 행정적인 업무의 증가, 사무직종과 같이 성과개념이 명확하지 않은 곳에서의 목표설정에 많은 어려움 존재, 자칫 목표관리법이 형식에 치우칠 가능성도 있음)

참고 **MBO평가의 장·단점**

① 장점
  - 전사적 목표 or 조직의 목표와 개인의 목표를 연계 가능
  - 관리자와 부하직원의 노력을 목표달성에 집중 가능
  - 과정관리를 통한 성과향상을 기할 수 있음
  - 목표설정에 참여시킴으로써 종업원이 동기부여됨
  - 개인과 팀이 평가기간 동안 해야 할 일이 명확해짐
  - 권한위임이 빈번하게 이루어짐

② 단점
  - 평가와 관련하여 행정적인 업무가 증가
  - 전략적 목표보다는 당장 시급한 업무적 목표가 우선시되는 경향(질적 목표는 우선순위에서 밀리는 경향)
  - 종업원들이 쉬운 목표를 세우려고 하는 경향
  - 직무성격에 따라 목표관리가 적합하지 않은 직무와 직군 존재(비정형적인 업무가 많아 업무계획을 세우기 어려운 조직에서는 적용하기 어려움)
  - 평가자 교육에 많은 시간과 비용을 투입해야 함

참고 MBO평가의 성공조건

- 피평가자가 자신의 목표를 계획·설정할 수 있기 위해 성과를 측정할 수 있는 방법을 결정할 수 있어야 하고 목표달성을 위해 피평가자의 높은 수준의 몰입과 능력이 필요
- 목표설정에 있어서 평가자와 피평가자가 충분히 대화를 하고 민주적인 분위기 하에서 상호간 충분히 협의할 수 있어야 함
- 목표는 명시적, 객관적이며 측정 가능한 것이어야 함(가령 '협조적', '창의적'과 같은 추상적인 단어로 구성되어서는 안 되고 측정 가능한 지표로 구성되어야 함)

참고 MBO평가의 예시

▼ MBO 평가대상 : 마케팅 팀장

MBO 목표	달성방안	KPI	목표 수준	평가 가중치	달성 수준	달성도 (%)
경상이익 향상	• 판매촉진방안 확대 • 판매비용 절감	• 경상 이익률	20%	0.4	18%	90%
신규 브랜드 매출 신장	• 차별화 집중 • Target 고객 확대	• 신규브랜드 매출액	10억	0.3	12억	120%
리더십 강화	• 리더십 교육 참여 • 팀원들과의 지속적인 면담	• 팀원의 리더십 평가	정성적 평가	0.1	정성적 평가	–
우수인재 확보	• 적극적인 행동 • 현 우수인재의 이직 예방	• 신규채용 인원수	4명	0.1	4명	100%
		• 연평균 팀인원수	10명	0.1	11명	110%

참고 CSF와 KPI

- 핵심성공요인(Critical Success Factor : CSF)
  - 개념 : 기업 또는 단위 사업영역의 존재 목적을 달성하고 목표시장에서 만족할 만한 성과를 거둘 수 있도록 하는 요소 및 요구조건
  - 주로 개념이나 추상명사 형태로 존재하는 경우가 많으며 MBO평가와 관련하여 주로 비계량적 목표를 세울 때 도움이 되는 전략적 개념
  - 예 고객만족, 핵심인재 확보 등
- 핵심성과지표(Key Performance Indicator : KPI)
  - 개념 : CSF를 구체적으로 측정하기 위한 기준
  - 금액, 시간, 빈도 등 객관적인 측정 수치로 제시되는 경우가 많음
  - 기업/부서의 전략적 의사결정에 핵심적 역할을 하는 단위가 되며 조직/개인을 위한 책임경영과 목표관리를 가능하게 하는 역할을 함
  - 예 인건비 10% 절감, 이직률 5% 미만 유지 등

8) 평가센터법(Assessment Center)

① 개념 : 관리직 인력을 선발할 때 주로 도입하는 선발 도구로서 다수의 지원자를 특정 장소에 며칠간 합숙시키면서 여러 종류의 선발도구를 동시에 적용하여 지원자를 평가하는 방법 (선발(S형, selection)뿐만이 아니라 인력개발(D형, development), 평가(I형, inventory)를 위해서도 활용)

   – 선발 기법으로서는 피평가자가 입사 지원자인데 비해 평가 기법으로서는 현직 종업원이 그 대상

② 인사평가의 구성요건적 측면

- 타당성 : 평가의 목적에 따라 다름
  - 승진의사결정을 위해 아주 유용한 기법
  - 임금결정을 위한 타당도는 보통 이하
  - (∵ 업적보다 잠재능력, 적성 등에 평가의 초점을 맞추기 때문)
- 신뢰성 : 매우 양호
  - (∵ 측정하고자 하는 평가내용을 여러 가지 평가기법과 여러 명의 평가자가 동원되어 평가하기 때문에 그 측정의 정확도가 매우 높음)
- 수용성 : 평가센터에 초대받지 못한 종업원의 심리적 저항 예상
- 실용성 : 여타 다른 평가기법에 비해 가장 비용이 많이 들며 평가시간도 가장 많이 소요

참고 역량평가

종래의 평가관리는 역량보다 주로 성과측면에 집중. 이는 역량 개념의 측정 어려움과 기업의 관심사가 주로 단기간의 업적에 치중했기 때문 but 성과를 내기 위해서, 그리고 인력의 효과적 활용을 위해 기업의 인적자원에 대한 질적 평가가 반드시 이루어져야 함

1. 역량의 개념과 역량평가

① 역량(competency) : 우수한 성과를 내는 조직구성원이 가지고 있는 개인의 내적 특성으로서 다양한 상황에서 안정적으로 나타나며 비교적 장기간 지속되는 행동 및 사고방식을 의미 (가시적 요소인 기술(skills), 지식(knowledge)과 내면적 요소인 자아개념(self-concepts), 특질(traits), 동기(motives) 등으로 구성된다.)

② 역량평가 : 역량요소를 고과의 중심으로 삼는 잠재력 중심의 미래지향적인 평가로서, 종업원의 개발관리 및 유지관리에 주로 활용

2. 역량의 특징

① 관찰 가능한 행동 또는 활동으로 나타나는 개인의 행동 특성
   → 미리 정의된 행동지표에 의해 객관적으로 측정 가능

② 조직 내에서 개인들 간의 성과 차이를 유발하는 결정적 요소
   → 역량은 고성과자가 지니고 있는 행동특성임

③ 조직 내에서 특정한 목표 및 상황과 연관되어 있는 개념
(일반적이 아닌 특정한 성과목표가 제시되어 있는 특정 상황에서 효과적으로 일을 처리하는 개인의 특성을 의미)

④ 조직 내에서 교육훈련 및 개발을 통해서 향상이 가능

3. 역량중심 인사평가시스템의 구축단계

① 사전준비 - CSF와 KPI의 도출

– 이 과정에서는 미리 선발된 고성과자의 행동특성을 모아서 분류하고 정리

② 역량의 파악 및 정리

– 조직차원, 직무차원, 개인차원에서 필요로 하는 역량의 구체적 내용을 파악·정리하여 역량사전(competency dictionary)을 만든다.
– 이 과정에서 면접법, 전문가 자문법, 질문지법 등 다양한 방법이 사용 가능

▼

③ 평가의 실시

– 역량사전을 바탕으로 자기고과와 상사고과를 거친 다음, 보유역량과 필요역량 간의 차이를 발견한다.
– 이 과정에서 역량을 측정할 수 있는 실행과제(1:1 역할연기, 1:2 역할연기, 인바스켓 훈련, 집단토론)를 역량평가의 보조적 도구로 활용 가능

▼

④ 역량개발계획의 작성

– 발견된 역량격차를 줄여나가기 위한 구체적인 교육훈련 및 학습의 계획을 본인주도로, 그리고 조직적 차원에서 접근할 필요가 있음

4. 역량과 조직성과의 향상

역량은 고성과자의 행동특성이므로 구성원들에게는 학습의 대상
↳역량평가의 제도적 강화를 통해 구성원들의 행동변화를 유도하여 궁극적으로 조직효과성을 실현 가능

5. 핵심성공요인

구성원의 적극적 참여, 최고경영진의 지원, 그리고 교육훈련·승진·경력관리시스템 등과의 체계적 연계가 요청됨

4 팀 평가

(1) 서

최근 빠르게 확산되고 있는 성과주의 임금제도(연봉제)에서 가장 부각되는 이슈는 업적평가이다. 연봉은 대개 개인의 업적을 기준으로 책정되는데, 개인의 직무가 상호의존성이 높을 경우 개인별 업적평가에 어려움이 존재한다. 한 기업이 개인의 업적에 추가적으로 팀/부문의 활성화를 통한 조직업적을 높이려고 할 때 팀 단위로 업적을 평가해야 한다.

▼ 팀 업적 평가단계

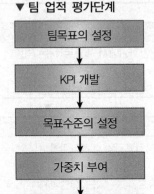

(2) 팀 목표의 설정

팀의 목표는 상위조직(예 부문, 조직 전체수준)의 경영전략으로부터 도출되어야 하며 목표달성을 위한 세부계획 및 일정을 포함

(3) KPI 개발

– 해당 팀이 추구해야 하는 업무목표, 고객가치, CSF의 파악 후, KPI를 개발

[KPI 선정 시 고려사항]

- 해당조직 및 팀의 전략과 시장상황에 적절히 변화될 수 있는 유연성(flexibility)을 갖추어야 함
- 단순(simple)하고 방향이 분명하여 평가에 어려움을 최소화시켜야 함
- 투명성(transparency)과 측정가능한 내용을 갖추어야 함
- 조직의 중·장기적 비전(vision)을 내포하여야 함

(4) 목표수준설정

– 해당 팀의 역량, 주어진 업무여건 등을 고려하여 조직 전체에 대한 가능한 기여도를 밝히는 것

– 핵심이슈는 난이도

– 대개 과거 2~3년치 달성했던 업적을 기준으로 어느 정도 도전적인 목표수준이 설정됨

(5) 가중치 부여

- 목표별 가중치를 부여하여 팀의 활동결과 전체를 보다 상위조직의 목표와 관련하여 평가
- 가중치 부여 기준 : 상위부서의 경영목표, 팀의 존재목적과의 관련성 등

(6) 평가실시 및 결과의 활용

- 팀에 대한 평가는 대개 정기적으로 실시하며, 신뢰성을 높일 수 있는 평가방식으로서 MBO식 평가를 들 수 있음
- 팀 업적평가의 결과는 기업에서 주로 보상에 활용(팀에 대한 보상을 팀원 개인별로 어떻게 배분하느냐는 또 다른 문제)

5 효과적인 인사평가제도의 구축

(1) 타당성 증대방안

1) 목적별 평가

우리나라 대부분의 기업에서는 평가내용(현재·잠재능력, 개인적 특성, 작업행동, 성과)을 평가한 후, 그 총점을 가지고 승진/임금/교육훈련에 대한 의사결정 등에 두루 활용하고 있어 평가제도의 타당성에 많은 문제가 제기됨
↳'목적별 평가'의 도입이 요청됨

2) 피평가자 집단의 세분화

종업원 직종별·직급별 차별화된 평가요소(항목)가 개발되어 개별 직종 및 직급의 특성을 잘 반영할 수 있어야 함

(2) 신뢰성 증대방안

1) 절대평가 대 상대평가

- 절대평가는 평가기법 자체가 완벽하지 않을 경우 평가자의 주관적 평가로 인한 오류가 발생할 가능성이 많음
- 상대평가는 평가자의 편견, 항상오류는 막을 수 있겠지만 피평가자의 능력(잠재능력)에 대한 평가에서 문제점을 야기

2) 평가결과의 공개

공개를 위해서는 새로운 평가기법의 개발, 평가자의 평가에 대한 근거자료 유지, 평가자 교육이 필요

3) 다면평가

4) 평가자 교육

- 오류발생의 원인(주관적 편견, 자신도 모르고 범하는 오류, 정보의 부족 등)을 최소화하는 방향으로 설계되어야 함
- 예 • 평가항목에 대한 정확한 개념이해 → '상관편견' 오류 최소화
  - 평가수첩제도를 통해 평가자가 일상 작업생활에서 수시로 피평가자에 대한 사항을 기록 → '시간적 오류' 줄일 수 있음

(3) 수용성 증대방안

1) 피평가자의 평가참여

- 예 MBO
- 피평가자 스스로 자신을 평가할 수 있는 기회(예 자기평가서)가 있으면 수용도↑

2) 능력개발형 평가

평가목적을 능력개발목적으로 확대시킨다면 피평가자는 평가에 대해 과거 '통제적인 것'이라는 인식에서 종업원의 능력을 개발시켜 주는 '지원적인 것'으로 인식전환

3) 평가제도 개발 시 종업원대표 참여

평가제도의 개발단계부터 종업원대표를 참가시켜 보다 원활한 커뮤니케이션이 가능하게 하는 것이 바람직

(4) 실용성 증대방안

- 실용성은 제도의 단순성, 이해가능성, 비용/편익 측면으로 구분
- 제도의 도입에 따르는 비용과 편익을 철저히 분석하여 평가제도의 개발에 적절한 투자를 해야 함

참고 　균형성과표(Balanced Scorecard : BSC)

Ⅰ. BSC의 기원과 의의
- BSC는 1992년 하버드대학의 교수인 로버트 카플란(Robert Kaplan)과 컨설턴트인 데이비드 노튼 (David Norton)에 의해서 처음 개발
- 1990년에 카플란과 노튼은 재무성과지표들이 현대 경영환경에 효과적이지 못하다는 믿음하에 새로운 성과측정 대안에 대해 연구하는 과정에서 고객, 내부프로세스, 직원활동, 주주 관련 이슈 등 조직 전반에 걸친 경영활동과 관련한 성과지표들을 개발해 냈다.
- 카플란과 노튼은 이 대안적 평가도구를 BSC라 명명했고, 나중에 '하버드 비즈니스 리뷰'에 게재하여 주목을 받게 됨
- BSC는 과거 재무제표에 의한 경영성과 평가와는 달리 기업경영의 비재무적 관점을 널리 포함하고 있어서 오늘날 인사평가에 있어서 BSC관점에서 피평가자의 재무적, 비재무적 역량을 전략적이고 전체적으로 평가하려는 새로운 시도가 보이고 있다.

II. BSC의 정의
- BSC는 조직의 전략으로부터 도출되어 신중하게 선택된 평가지표들의 합
- BSC로 선택된 지표들은 경영진이 조직의 미션과 전략적 목표의 달성을 위한 성과요인들과 그 결과를 종업원과 외부 이해관계자들에게 제공하는 정보

III. 성과측정 시스템으로서 BSC
- 재무적 성과지표는 과거에 발생한 사실을 잘 반영할지는 모르지만 지식과 관계 네트워크 등의 무형자산이 중요시되는 오늘날 조직의 가치창출 메커니즘에 대해서는 설명해 주지 못한다.
- BSC는 재무성과지표(후행지표)를 미래의 경제성과동인(선행지표)들을 통해 보완하는 역할을 한다.
- BSC는 장기적 관점에서 직원들의 의사결정에 제대로 방향성을 제시해 주지 못하는 재무통제 시스템에 초점을 맞추기보다는, 전략의 수행과 관련된 주된 요인들을 묘사하는 측정지표를 선택하고 있다.

IV. BSC의 네 가지 관점
1. 재무관점
   - 재무관점에서의 성과지표들은 다른 관점과 관련된 성과지표들을 이용해서 실행한 전략이 향상된 결과를 낳는지 알려준다.
   - 재무적 관점의 성과측정지표에는 이익이나 매출액, 투자수익률(ROI), EVA(Economic Value Added) 등의 회계학적 측정치들을 사용하여 평가하게 된다.
2. 고객관점
   - 시장과 목표 고객관점에서 기업의 경영성과를 평가하는 것
   - 고객관점과 관련된 성과지표로는 보통 시장점유율, 고객수, 고객확보(신규고객수), 고객만족, 고객유지(고객유지율, 상실 고객수) 등을 들 수 있다.
   - 트리시와 위어즈마는 i) 운영의 우수성, ii) 제품 선도력, iii) 고객 친밀성을 고객관점에서 평가할 것을 제안하였다.
3. 내부 프로세스 관점
   - 고객과 궁극적으로 주주에게 가치를 지속적으로 제공하기 위해서 기업이 어떤 프로세스에서 남보다 탁월해야 하는가에 대해 살펴봄
   - 이 관점에서의 성과는 주로 내부 공정이나 생산과정 및 업무의 흐름 등과 관련하여 주문 이행률이나 주문당 비용, 리드 타임 등으로 평가하게 됨
4. 학습 및 성장 관점
   - 자원 및 인적자본이 그 회사의 미래를 위해 얼마나 잘 관리되고 있는가에 초점을 맞추는 것
   - 학습과 성장 관점의 성과지표들은 나머지 다른 세 가지 관점들을 가능하게 하는 요소이다. 궁극적으로 그것들은 BSC의 초석이 된다.
   (고객, 내부 프로세스 관점과 관련한 성과지표와 더불어 관련 이니셔티브를 인식했다면, 직원의 숙련도나 정보 시스템 등과 관련된 현재의 조직 인프라가 목표달성에 요구되는 수준과 차이가 있다는 것을 발견할 수 있다. 이 관점에서 설정한 성과지표들은 이러한 차이를 줄여서 미래의 지속적인 성과달성을 도모한다.)
   - 성과 지표로는 직원숙련도, 직원만족, 정보획득 가능성, 연구개발(R&D) 등

▼ 균형성과표(BSC)

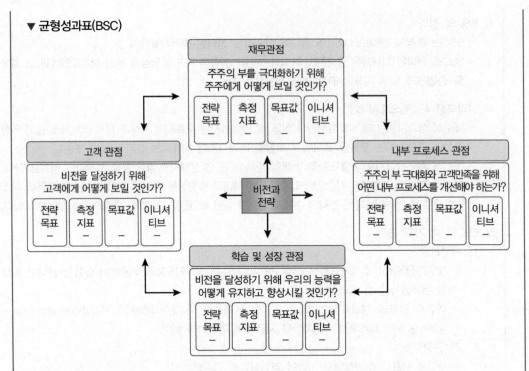

Ⅴ. BSC 평가의 기대효과

- 우리나라에 BSC가 도입되기 시작한 2003년을 기점으로 많은 기업들이 BSC 구축을 완료하였다.
- 기획재정부에서 매년 시행하고 있는 '정부 산하기관 평가'에 좋은 평가를 받기 위해 BSC가 2005년 이후 정부기관에 급속도로 도입되었다.
- 오늘날 BSC는 평가도구를 넘어서 기업의 전략경영 시스템을 확립하고 개선하는 데 기여하고 있다.

1. 전략실행 모니터링
   - BSC는 조직의 비전과 전략수립의 기본 방향을 제시함과 동시에 전략의 실질적인 달성촉진 도구로서 활용된다.
   - BSC를 통해 네 가지 관점에서 수행된 전략이 성공을 거두고 있는지 검증할 수 있고 이를 토대로 차기의 전략적 액션을 취할 수 있도록 지침을 제시한다.
2. 사업 포트폴리오 최적화
   - 회사 내에서 추진되는 여러 가지 사업들의 상대적인 중요성을 고려하여 전사적 관점에서 시너지를 극대화할 수 있도록 사업을 구성하는 전략적 의사결정이다.
   - BSC평가는 경영자들이 다양한 사업의 성과를 전사적 전략관점에서 조망하여 이에 따르는 신속한 의사결정을 하게 해준다.
3. 조직운영체계 혁신
   - BSC는 전략수립에서부터 세부 실행에 이르기까지 조직의 전반적인 활동을 모두 다루기 때문에 업무의 중복을 방지하고 일관성 있게 추진하여 조직 운영체계를 통합할 수 있다.

4. 균형된 평가를 통한 목표달성 지원
   - BSC평가의 요체는 각 사업부에 성과에 대한 책임을 지게 하는 것이다. 또한 BSC는 과거지향적 평가와 재무중심적 평가에서 벗어나, 미래지향적이고 재무·비재무 측면의 균형된 성과평가를 위한 기준을 제시한다.
5. 전사적 자원관리
   - BSC는 조직의 가장 상위 의사결정인 전략에서 성과지표 및 목표에 이르는 실행 의사결정까지를 모두 포함하고 있기 때문에 조직 내의 한정된 자원을 어떻게 전략적으로 활용하고 할당할 것인가를 결정하는 데 도움을 준다.
6. 협력적 조직문화 활성화
   - 전략이 성공적으로 실행되려면 회사의 모든 부분이 전략을 이해하고 그것에 입각해 행동해야 한다.

BSC는 이른바 '캐스케이딩'(cascading, 전사적 목표→부서의 목표→개인의 목표로 이어지는 전략과 목표의 연계)을 통해 전사적 전략목표가 조직의 하부단위까지 일관된 관점하에서 잘 연계될 수 있도록 도와준다. 이 캐스케이딩을 통해 자연스럽게 성과지향적인 조직문화가 형성될 수 있을 것이다.

VI. BSC에 의한 성과평가의 문제점

BSC가 성공적으로 활용되기 위해서는 피평가자들이 회사와 부서의 전략을 잘 이해하고 있고, 이에 대해 충분한 정보를 가지고 있어야 하는데, 그렇지 않은 경우 평가의 공정성과 정확성을 담보하기 어렵다. 따라서 사실상 임원 이하의 직급에서 적용하기 어려우며, 조직 규모가 큰 경우에도 모든 임원들에게 적용하는 것도 실무적으로 쉽지 않다.

VII. 성공적인 BSC 구축 및 운영방안

① 전략실행을 위한 지표 도출

BSC는 조직의 비전, 미션 및 전략적 목표로부터 도출되어야 함. 전략적 목표의 달성 정도를 파악할 수 있는 핵심성과지표(KPI)를 인과관계에 의거하여 설정함으로써 지표관리의 목표를 분명히 하는 것이 중요하다.

② 전략과 연계

우선 전사적 측면에서 전략이 수립되어야 한다. 이를 토대로 부서 단위 나아가 종업원 개개인의 업무가 전략과 연계하여 수행되도록 캐스케이딩 방식에 따라 BSC를 개발해내야 한다.

③ 실제적인 실행 지원

전략에 따라 도출된 핵심성공요인(CSF)을 실행하기 위한 필요 자원을 인식하고 이의 확보를 위한 예산이 지원되어야 함. BSC 실행에 대한 전체 종업원의 이해와 참여가 필수적이며 종업원들이 실제 행동에 옮길 수 있는 분명한 전략 목표를 제시해야 함

④ 피드백의 명확화

전략적 이슈에 대한 점검 및 학습 등에 중점을 둔 정기적 미팅을 통해 전략 실행과 관련된 모든 측정 지표를 점검하고 나타난 문제가 무엇인지를 토론하며 이의 해결 방안 및 성과 제고 방안을 지속적으로 모색해야 할 것이다.

⑤ BSC특정 결과와 개인보상의 적절한 연계

종업원들에 대한 동기부여를 위해 BSC의 측정 결과와 개인 보상 프로그램의 연계를 고려해야 함. 보상과 연계되어야만 종업원들은 보다 명확한 주인의식을 갖고 목표 달성을 위해 창의력과 열정을 발휘하게 될 것이다.

02 | 교육훈련

1 인력개발활동

(1) 의의

- 확보된 인력에 대해 역량(competency)를 최대한 개발하는 과정
- 역량이란 특별히 업무수행을 잘하는 사람들이 보여주는 독특한 행동특성을 말하며, 종업원이 보유하고 있는 기술, 기능, 능력을 해당 조직의 경쟁력과 관련시켜 경쟁력의 원천이 되는 것
- 종업원의 역량은 직접적으로 교육·훈련을 통해, 간접적으로 배치·이동 및 승진을 통해 새로운 직무를 수행하게 함으로써 향상시킬 수 있다.

(2) 기업에게 주는 효율성

1) 경제적 효율성

① 기술축적을 통한 경쟁력 제고

교육훈련을 통해 기업은 현재 보유하고 있는 기술을 수직적·수평적으로 축적 가능

② 생산성 향상

인력개발을 통해 종업원의 능력이 신장되기 때문

③ 인력배치의 유연성

교육훈련 및 직무순환

→ 종업원의 보유 기능·기술이 다양해짐

→ 기업에게 인력배치의 폭을 넓혀 경기변동으로 인한 제품 생산라인의 변경, 특정 직무의 생성 등 조직구조의 변화에 따른 충격을 최소화

2) 사회적 효율성

① 능력 신장을 통한 노동시장에서의 경쟁력 제고

종업원의 능력 신장 → 직무선택의 폭을 넓힘, 노동시장에서 직무를 구하는 데 유리, 기업 내에서 신분안정을 통한 해고 가능성↓

② 성장욕구 충족

인력개발활동 → 본질적으로 종업원의 성장욕구를 충족 → 종업원은 보다 만족하며 자기개발을 통한 직업생활의 의미를 발견

③ 보상의 증가

인력개발을 통한 능력신장 → 종업원은 보다 높은 성과 창출, 높은 수준의 직무수행 가능 → 보상의 증가

▼ 인력개발의 관리과정적 접근

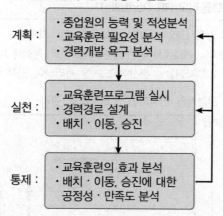

계획 :
- 종업원의 능력 및 적성분석
- 교육훈련 필요성 분석
- 경력개발 욕구 분석

실천 :
- 교육훈련프로그램 실시
- 경력경로 설계
- 배치 · 이동, 승진

통제 :
- 교육훈련의 효과 분석
- 배치 · 이동, 승진에 대한 공정성 · 만족도 분석

PART 04

참고   인적자원개발(Human Resource Development : HRD)

[인적자원개발]

- 미국 훈련개발협회(ASTD)의 지원을 받고 연구를 수행한 팻 맥레간(Pat McLagan)은 인적자원개발의 정체성을 확립하고 인적자원개발의 영역을 확대.
- 그는 인적자원개발의 핵심 영역을 다음의 세 가지로 설정
  ① 교육훈련(Training and Development : T&D)
  ② 조직개발(Organization Development : OD)
  ③ 경력개발(Career Development : CD)
- 이는 개발의 초점을 개인에서부터 조직으로 확대시키는 것
  (이 연구 결과에 따라 오늘날 학계와 실무계에서는 인적자원개발에 개인의 지식 · 기술 · 능력의 향상뿐만 아니라 부서, 팀, 조직 전체의 성능을 향상시키고 건전한 방향으로 유지, 변화시키는 역할과 기능까지도 포함하는 경향이 강함)

[조직개발]

- 조직개발(OD) : 조직구성원들의 복지를 증진시키고 조직의 효과성을 높이기 위해 행동과학의 기법을 통한 계획적인 개입을 수행하는 과정
- 조직개발의 목표
  - 거시적 변화(조직효과성을 궁극적으로 향상)
  - 미시적 변화(개인과 팀, 부서의 인식변화)

참고 **인적자원 포트폴리오(HR Portfolio)**

- 인적자원 포트폴리오 : 인적자원의 다양한 스펙과 특성을 의미
- 인적자원 포트폴리오 관리 : 기업에서 내부/외부 노동시장의 동향을 파악하여 인적자원관리의 경쟁력을 확보하기 위해 다양한 인적자원들을 분산적으로 잘 관리하여 인적자원개발을 하는 것

▼ 전형적인 인적자원 포트폴리오 관리

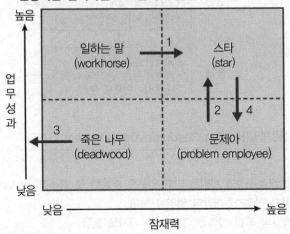

〈범례〉
1. '일하는 말'을 교육훈련시켜 자질을 향상시킴으로써 '스타'가 될 수 있도록 관리
2. '문제아'들을 경영자가 리더십을 발휘하여 모티베이트 시킴으로써 '스타'가 될 수 있도록 관리
3. '죽은 나무'에 대한 투자를 중단하고 조속한 시일 내에 퇴출될 수 있도록 관리
4. '스타' 같은 핵심인력에 대한 관리가 부실하면 '문제아'로 전락할 수 있으므로 모티베이션과 보상관리에 만전

참고 **개발관리의 관련이론**

① **거래비용이론(Transaction Cost Theory)**
- 윌리암슨(Williamson)에 의해 체계화된 이 이론은 본래 조직의 등장과 확장의 원리를 설명하는 이론
- 인간은 이기적이고, 정보의 제약으로 거래 상대방을 마음대로 고를 수 없기에 '보이지 않는 손'으로 대표되는 이상적인 시장가격보다 더 많은 비용을 지불하고 거래를 하게 된다. 이를 시장실패라 하며 그 결과 거래비용이 발생하게 되고 이 거래비용을 획기적으로 줄이기 위해 '보이는 손', 즉 위계에 의한 조직화가 발생한다.
- 거래비용 이론을 인사관리에 접목시켜보면 조직이 개발을 통해 향상시키려 하는 역량을 가진 인재가 외부노동시장에 이미 존재하고, 내부구성원을 교육훈련하는 데 드는 비용보다 저렴한 인건비로 외부의 인재를 채용하는 것이 가능하다면 교육훈련 대신 확보를, 반면에 외부인재 채용이 내부인력 양성보다 더 큰 비용을 야기한다면 기업은 교육훈련투자를 증가
- 따라서 거래비용 이론은 소위 '내부조달(make)과 외부조달(buy)'에 관한 의사결정이 인적자원관리에서도 이루어지는 이론적 배경이 됨

② 자원기반관점(Resource-Based View, RBV)
- VRIO
- 지속적인 경쟁우위의 원천이 되는 핵심인재는 내부적으로 개발되어야 하며 그 외의 인력은 아웃소 싱할 수 있다는 것

③ 인적자본이론(Human Capital Theory)
- 베커(Becker)는 인적자본을 미래에 보다 큰 수익을 얻기 위해 인간에 투자한 결과 인체 내에 축적되어 있는 생산적 자원의 양으로 정의한다.
- 이론의 본질은 교육과 훈련에 대한 투자(investment)를 통해 개인의 기술과 생산성 및 소득을 높이는 것이 가능하다는 것

2 문제제기 및 목적

(1) 개념
- 기업의 교육훈련[적극적인 활동]은 종업원의 능력을 직접적으로 향상시키는 활동
  (교육 : 이해력과 지적 활동을 활성화시킴으로써 지식·기능을 습득하는 과정
  훈련 : 반복적인 연습을 통해 지식·기능을 습득하는 과정
  but 많은 경우에 있어서는 지식·기능 습득과정이 훈련인지 교육인지 엄격히 구분되지 ×)
- 전환배치와 승진[소극적인 활동]은 종업원에게 새로운 직무를 부여하여 이를 수행하도록 함으로써 점차적으로 능력의 향상을 기대하는 간접적인 능력향상 활동

(2) 교육훈련의 필요성
- 기업은 변화 속에 존재하는 조직체
- 교육훈련 활동과 관련한 변화요소

① 기술변화
  기술변화는 직무구조를 변화시키고 이것은 작업자의 직무수행 자격요건의 변화를 요구
  ↳ 변화하는 직무에 상응하는 능력을 갖추기 위해 교육훈련 필요

② 노동시장의 구조적 변화
  우리 기업에 적합한 인력을 구하지 못하는 경우 필요한 인력을 내부에서 양성하지 않을 수 없음

③ 종업원의 욕구변화
  종업원은 한번 배운 기술/기능을 가능한 한 장기적으로 직무에 적용할 수 있기를 원함
  (즉 교육훈련을 통해 습득한 기술/기능이 짧은 기간 내에 노후화되어 자신의 직장안전이 위협받는 것을 원하지 않음)
  또한 자신의 성장욕구를 충족시켜 줄 수 있는 교육훈련을 원함

④ 종업원의 현재 보유능력은 기간이 경과함에 따라 자연적 감소현상이 나타날 수 있음
   - 지식의 반감기(초중고 지식 : 대개 20년, 대학 지식 : 10년, 기업 교육훈련으로 인한 지식 : 5년, 컴퓨터 지식 : 1년)

➡ 교육훈련의 필요성은 바로 기업이 '변화'라는 물결을 극복하여야 생존할 수 있다는 논리에서 찾을 수 있다.

(3) 교육훈련의 목적

기업 - 경제적 효율성	종업원 - 사회적 효율성
• 필요 인력을 사내에서 확보 • 현직 종업원의 자격수준 유지·향상 • 생산성 향상 • 인력배치의 유연성 제고 • 후계자 양성 • 외부노동시장에 대한 의존도 축소 • 사내 협동 및 커뮤니케이션 제고 • 경영문제에 대한 통찰력 제고·극복 • 조직·개인 목표 일치에의 지원 • 기업이미지 개선 • 비용절감 • 근무의욕 제고	• 승진기회의 증가 • 노동시장에서의 경쟁력 강화 • 사내 배치의 폭을 넓혀 직장안전 제고 • 기술변화에 대한 적응력 제고 • 보다 수준 높은 직무수행 기회를 통해 성장욕구 충족 • 개성의 개발 • 책임의 증가 • 보상의 증가 • 인간관계 및 커뮤니케이션 활성화를 통한 직무소외 감소 • 직무만족도 증가

3 교육훈련 시스템의 구조

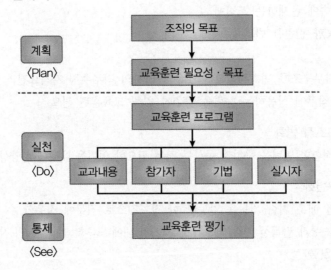

(1) 교육훈련 계획

- 교육훈련의 목적(경제적·사회적 효율성의 달성)을 위한 근거는 바로 조직의 목표에서 출발한다.
- 교육훈련 활동은 본질적으로 기업의 목표달성에 기여하는 방향으로 설계되어야 한다.

– 설정된 기업 목표가 현재 어느 정도 달성되었느냐에 따라 현재 시점에서의 교육훈련이 필요한
  정도가 파악되며, 또한 미래의 t_1 시점에 설정된 조직목표를 기준으로 교육훈련의 필요성이 추정됨

– 교육훈련의 필요성이 밝혀지면, 그것을 구체화시킨 것이 바로 교육훈련의 목표가 됨

(2) 교육훈련 실천

교육훈련의 내용(교과내용), 참가자(trainee), 교육훈련 기법(techniques), 실시자(trainer)가 투입
되어 교육훈련 활동이 이루어짐

(3) 교육훈련 통제

– 교육훈련을 실시한 결과를 평가하는 활동

– 교육훈련에 있어서 통제활동(controlling)에 해당되는 것으로서 교육훈련 활동 결과를 평가하고
  교육훈련 목표와 비교하여 차이가 발견되면 이를 수정하는 활동을 모두 포함하게 됨

4 교육훈련계획(필요성 분석)

(1) 필요성 분석수준 – 필요성 도출 근거 : 문제점, 목표, 성과

1) 조직수준

① 매출액 내지 생산성, 시장점유율, 수익성 등 조직 전체와 관련되는 제 현상에 대해 문제가
   생겼을 때

② 미래에 기대되는 조직목표와 이를 뒷받침할 수 있는 인적자원 간의 차이(gap)가 발견되었을 때

③ 종업원의 의식 측면(현존하는 조직문화를 변화시키거나 새로운 조직문화를 도입하여 조직에
   활력을 불어넣을 필요가 있을 때, 조직이 환경에 적응하기 위해 유연성을 높이려고 할 때)

2) 직무수준

① 기술변화로 직무에 요구되는 작업자의 자격요건이 변화했을 때

② 새로운 직무가 생겼을 때 이를 수행할 사람을 기업이 보유하지 못하고 있거나 외부노동시장
   에서 확보할 상황이 아닌 경우

3) 개인수준

– 조직과 직무수준에서 밝혀진 교육훈련 필요성이 개인별로 측정되는 것

– 교육훈련에 대한 종업원 개인이 추구하는 교육훈련 욕구를 파악하며 기업이 추구하는 '경제적
  효율성'과 종업원이 추구하는 '사회적 효율성'이 조정·통합될 수 있는 근거를 찾을 수 있음

– 교육훈련 프로그램을 도입하는 데 있어서 종업원 개인별로 보유하고 있는 능력과 기능, 욕구
  의 개인차 문제를 극복하는 데 중요한 정보를 제공해 줌

(2) 필요성 분석방법

1) 자료조사법(records and reports)

① 개념 : 해당기업이 보유하고 있는 제 기록들을 검토하여 교육훈련의 필요성을 밝혀내는 기법

② 장점 : 객관적인 자료 획득이 가능

③ 단점
  • 자료가 현재 상황을 정확하게 말하지 못함(∵ 대부분의 자료는 과거의 어느 시점을 기준으로 작성)
  • 교육훈련의 체계적인 연결에 어려움이 있음(∵ 자료의 내용이 일반적이기 때문에)

2) 작업표본법(work samples)
① 개념 : 종업원이 수행한 작업결과의 일부를 검토하여 해당 작업자 혹은 작업집단에 대한 교육훈련의 필요성 여부를 판단하는 기법
② 장점
  • 작업의 실제상황이 조사됨
  • 작업진행을 방해하지 않음
③ 단점
  • 표본이 잘못 선택되었을 때 필요성 판단에 오류 발생 가능
  • 표본의 올바른 선택을 위해 전문가 내지 이에 대한 교육 필요

3) 질문지법(questionnaires)
① 개념 : 종업원을 대상으로 질문지를 통해 태도조사, 문제점 조사 등을 실시하여 교육훈련의 필요성을 파악(가장 널리 도입되고 있는 기법)
② 장점
  • 실제로 유용한 정보를 획득할 가능성이 높음
  • 실시가 용이, 정보획득에 시간이 많이 들지 않음
  • 수집된 정보를 계량적으로 분석하기가 용이함
  • 응답에 비밀이 보장되므로 종업원의 솔직한 의견 수렴 가능
③ 단점
  • 왜곡된 응답을 방지하기 어렵다.
  • 질문지 개발에 어려움(비용이 많이 듦)(잘못된 질문지의 경우 유용한 정보를 획득할 수 없다)

4) 전문가 자문법(key consultations)
① 개념 : 기업의 내부 및 외부에서 교육훈련 전문가에게 해당기업의 교육훈련의 필요성을 파악하도록 의뢰
② 장점
  • 교육훈련분야에 대한 전문적인 접근이 가능하여 획득된 정보의 타당성이 매우 높음
  • 전문가집단이 기업 내부에 소속되어 있는 경우 교육훈련을 실시하는 데 지원을 비교적 용이하게 받을 수 있음
③ 단점
  • 전문가집단을 선택하는 데 많은 주의가 요청됨(∵ 전문가가 아닌 사람을 선택했을 때 정보의 유용성에 문제가 제기됨)
  • 정보획득이 신속하지 못할 가능성이 높음

5) 면접법(interviews)

① 개념 : 교육훈련 담당자가 필요하다고 판단되는 종업원을 개인 혹은 집단으로 면접함으로써 교육훈련의 필요성에 관한 정보를 획득하는 기법

② 장점

- 대면하여 대화를 통해 정보를 획득하기 때문에 유용성이↑
- 보다 활성화된 커뮤니케이션을 통해 조직 활성화에 기여

③ 단점

- 시간이 많이 요구됨
- 면접자의 교육이 요청됨
- 비구조화 면접의 경우, 면접결과의 계량화가 어려움

6) 델파이기법(Delphi technique)

① 개념 : 교육훈련에 대한 풍부한 경험을 가진 기업 내부전문가 12~16명으로 구성된 집단이 일련의 과정을 거치면서 교육훈련의 필요성을 파악하는 기법

② 장점

- 창의적이고 유용한 아이디어의 창출을 유도하기가 용이
- 집단 내 갈등이 생기지 않음(∵ 전문가 간의 간섭과 영향력 행사를 배제할 수 있기 때문)

③ 단점

- 신속하게 정보를 획득할 수 없음(대개 6~8주 정도의 장기간이 소요)
- 기법을 주관하는 자에 대한 교육이 추가로 요청됨(기법 진행에 대한 전문적 지식을 갖추게 하기 위해)

참고 | **교육훈련의 설계에 있어서 고려사항**

1. **학습자의 준비정도**
   (1) 학습능력
      – 교육대상자의 학습능력이란 교육을 충분히 소화해낼 수 있는 기초지식, 기술, 기초적인 지각능력을 의미
   (2) 학습 모티베이션
      – 학습자의 자발성을 무시하고 회사가 일방적으로 차출하거나 교육훈련의 결과가 경력발전과 상관이 없는 경우 모티베이션은 결여 → 교육의 성과를 기대하기 어렵다.
      ↳ 교육대상의 기초능력, 관심사, 경력관리에 대한 정보를 사전에 수집해야 함

2. **학습자의 학습유형**
   – 예 오디오형 학습자, 촉각형 학습자, 비디오형 학습자
      (특히 신세대들은 영상매체를 사용하여 실시하는 교육훈련에서 가장 학습의 효과가 있다고 함)

3. **교육훈련의 전이**(transfer of training)
 - 피훈련자가 교육훈련을 통해 획득한 지식, 기술, 능력을 자신의 업무에 효과적이고 지속적으로 적용
 하는 것
 - 교육훈련의 전이가 일어나면 교육훈련 참가자는 자신의 담당업무에 교육훈련 받은 내용을 적용하고
 업무의 성과를 향상시킬 수 있다. [긍정적 효과]
 (오히려 업무의 성과를 저해할 경우는 [부정적 효과])
 - 업무의 개선을 수반하는 긍정적인 교육훈련의 전이를 극대화시키기 위한 고려사항
 • 교육훈련 상황과 업무상황간의 유사성을 최대화
 • 피훈련자들에게 최대한 학습받는 과업, 개념, 기술에 대한 경험을 쌓게 함으로써 교과서 사례와
 같지 않은 상황도 실무적으로 잘 처리할 수 있게 함
 • 교육훈련의 내용과 직무 내용간에 연관성을 높일 수 있도록 함
 • 피훈련자의 상급자와 동료들이 피훈련자가 배운 것을 현업에 적용할 경우 보상을 해주어야 함

5 교육훈련 프로그램

(1) 교육훈련 교과내용 – 기업의 경쟁력의 원천이 되는 '역량'에 초점

 1) 공통역량(기초역량)
 - 조직 내 모든 구성원이 공통적으로 가져야 할 역량(자기개발능력, 변화적응력, 오픈마인드 등)

 2) 기능역량(관리역량)
 - 기업조직 내 각 기능별(인사, 마케팅, 재무, 생산, 회계)로 요구되는 역량(마케팅 : 판매능력,
 인사 : 협상력)

 3) 직무역량(개인역량)
 - 기업의 각 기능부문이 완료되기 위해 개인별 갖추어야 할 여러 가지 구체적인 능력(판매직 :
 대인관계능력, 설득력, 시간정보관리력, 커뮤니케이션 능력 등)

> **참고** 교육훈련의 내용 : 태도
>
> - 태도 : 대상에 대한 평가적 판단
> (이를 조직상황에 적용해 보면 자신이 속한 조직에 대한 심리적 자세를 뜻한다고 해석 가능)
> - 근로의욕 증진을 위해 기업은 구성원들이 긍정적인 직무태도를 가질 수 있도록 교육
> - 태도의 핵심
> • 직무만족 : 개인의 직무에 대한 호의적인 태도로서 직무의 제반 특성에 대한 종합적 평가로부터 도출
> (일반적으로 일 자체의 흥미와 난이도, 작업상황이나 근무환경, 주변 동료 및 상사와의 관계 등에 의
> 해 영향을 받음)
> • 조직몰입 : 개인이 조직 그 자체나 조직의 목표와 자신을 동일시하는 수준으로서, 조직에 구성원으로
> 남고자 하는 의사를 의미(조직사회화의 과정, 직무수행과정에서 얻는 각종 경험, 개인과 조직간의 적
> 합성 인식 등의 영향을 받음)

(2) 교육훈련기법(참가자별로 구분)

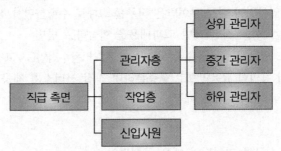

(기능적 측면 : 인사부문, 마케팅부문, 재무부문, 생산부문 등에 종사하는 종업원으로 구분 가능)

1) 신입사원 교육훈련

- 신입사원에 대한 교육훈련의 목표는 <u>성공적인 조직사회화(organizational socialization)</u>
- 조직사회화 : 신입사원이 낯선 조직에 들어와 기존의 조직구성원과 유사하게 조직을 이해하게 하고 새로운 경험에 의한 충격을 완화시키고 조직에 점차적으로 적응시키는 것
- 성공적인 조직사회화를 위해 교과과정에 포함되어야 하는 내용
  - 조직의 기본목표와 목표달성을 위한 수단
  - 조직이 부과하는 역할과 주어진 역할을 효과적으로 수행하는 데 필요한 구체적 행동
    (역할(role) : 해당 기업조직으로부터 기대되는 개인의 행동패턴)
  - 조직생활에 필요한 협동의지 고양(팀워크 능력)
  - 조직에 존재하는 일련의 규칙과 원칙
  - 커뮤니케이션 능력
  - 공동체 의식 등

> **참고** **조직사회화의 기능**
>
> - 새로운 세계로 들어서는 신입사원의 진입충격(entry shock)을 완화시켜 줌
> - 조직정체성(organizational identity)을 유도하여 적극적인 업무활동을 촉진시킴
>   (조직정체성 : 개인이 조직의 목표나 가치 등을 자신의 것처럼 여기고 조직에 대해 애착을 갖는 것)
> - 개인과 조직의 심리적 계약(psychological contract)의 공고화를 통하여 조직효과성을 향상시킴
>   (심리적 계약 : 교환관계 속의 누군가가 자신의 공헌에 상응하여 상대방으로부터 무엇을 대가로 받을 수 있을 것인지를 예상하는 일종의 믿음)
> - 조기이직의 감소로 인력충원비용을 절감할 수 있음

① 직장 내 교육훈련(on the job training : OJT)

❶ 개념 : 신입사원이 현재 부여받은 직무를 그대로 수행하면서 직장의 상사 내지 선배동료로부터 앞에서 제시한 제반 교과내용을 학습하는 방법

   – 서비스 업종(호텔, 식음료 등)에는 OJT가 필수적임(∵ 고객에게 제공하는 서비스의 내용이 강의식 교육만으로 불충분하며 직접 서비스가 제공되는 현장을 통해 학습되는 것이 효과적이기 때문)

❷ 장점

   • 훈련이 실무와 연결되어 매우 구체적임

   • 교육훈련 대상자과 상사/동료 간의 이해 및 협동정신을 제고

   • 교육훈련 대상자의 개인별 능력에 따라 훈련진도 조정이 용이

❸ 단점

   • 교육훈련 실시자의 교습능력이 부족한 경우 학습효과가 제한적('아는 것'과 '가르치는 것' 간의 차이가 존재하는 경우)

   • 한 번에 다수의 종업원을 교육훈련시킬 수 없음

   • 교육훈련의 범위에 한계가 있음(∵ 기술변화가 빠른 기업에서는 새로운 기술을 상사/선배·동료 자신들도 모르기 때문에)

> **참고**
>
> ② 직장 외 교육훈련(off the job training : OFF–JT)
>
>   ❶ 개념 : 직무가 수행되는 장소를 벗어나 시간적·공간적으로 격리된 상태에서 교육훈련을 받는 것
>
>   예 기업 연수원 교육이나 외부 위탁교육(세미나, 학회, 컴퓨터 기반교육, 시뮬레이션, 평가센터 등)
>
>   ❷ 장점
>
>   • 전문강사에 의한 지도로 교육훈련의 성과가 좋음
>
>   • 직장을 벗어나 이루어지는 교육이므로 집중도가 높음
>
>   • 다수의 종업원을 대상으로 하여 동시교육이 가능
>
>   • 고도의 지식과 기능을 전수할 수 있음
>
>   ❸ 단점
>
>   • 교육내용이 직무와 직접관련성이 떨어질 수 있음
>
>   • 교육성과에 대한 피드백을 받기까지 상대적으로 오랜 시간 소요
>
>   • 별도의 교육장소가 필요하여 비용이 많이 든다.
>
>   • 종업원 개인별 니즈를 반영하기 어려움(∵ 대규모로 교육이 이루어지기 때문에)

② 멘토시스템

❶ 개념

기업조직에서 멘토(mentor)는 후진들(mentee)에게 역할모델을 제공할 뿐만 아니라 도전적 직무부여, 상담 및 조직에 대한 지식제공 등을 통해 그의 대인관계 개발 및 경력관리에 도움을 주는 자

❷ 멘토의 조직사회화관련 기능

신입사원에게만 국한되는 것은 아니고, 신입사원의 조직 및 직무에의 적응단계를 넘어 조직에서의 성장(경력개발/승진)까지 포괄하고 있음

• 지도활동(teaching)

멘토가 신입사원에게 조직(구성원 인적사항, 조직 내 권력구조, 조직의 일반적 풍토, 조직에서 갖춰야할 기본자세, 태도 등)과 직무(직무에 대한 지식, 수행요령, 구성원과의 직무관련 협동양식 등)에 관한 정보를 제공하는 기능

• 심리적 상담 및 개인적 지원활동

멘토는 신입사원이 조직에서 겪는 어려운 일들에 대해, 그리고 신입사원의 개인생활 내지 가정생활에 대해서도 조직과 관련하여 조언 내지 지원을 함

• 조직적 개입활동

멘토는 신입사원을 조직의 타 구성원이 인정할 수 있도록 여건을 조성하고 실행한다.

이러한 멘토의 활동은 신입사원의 능력에 대한 자신감에서 출발하며, 신입사원의 조직에 대한 수동적인 '적응'자세에서 조직에서의 경력개발이라는 적극적인 자세로 전환시키는 것을 말함

❸ 멘토의 유형

• 1차적 멘토(이슈 발생 시 가장 먼저 도움을 요청하는 사람으로 거의 모든 영역에서 일반적인 도움을 줄 수 있는 자로서 선배, 가족 등)
2차적 멘토(특정 관심영역에 대해 도움을 제공하는 자로서 전문적 지식을 가진 사람)

• 공식적인 멘토(신입사원에게 특정 기존 구성원을 기업이 공개적으로 정해 주는 것)
비공식적인 멘토(조직과 상관없이 신입사원과 비공개된 관계를 맺는 것)

• 단기적 멘토(신입사원의 경우 대개 6개월 ~ 1년)
장기적 멘토(경력직의 경우 장기적이 될 수 있음)

참고 **멘토의 장점**

- 회사의 비전과 가치관 및 문화가 강화·유지될 수 있음
- 핵심인재의 육성과 우수인재의 유치가 가능해짐
- 암묵지의 형식지화를 통한 지식경영에서의 경쟁력 강화
- 멘토 : 상담역량 신장, 다양한 인간관계 형성, 리더십 역량 강화, 임원 및 경영자 후보군으로의 발돋움 등의 효과
- 멘티 : 지식과 기술의 신속한 학습, 경력개발 및 시장가치↑, 직무수행 의욕과 만족도 제고, 인맥 확대를 통한 자신감↑

참고 **멘토의 단점**

- 상사와 별도의 멘토가 존재함으로써 명령일원화 원칙이 영향을 받게 됨
- 멘토에 대한 상사의 부정적 시각(관할권한의 문제 등)
- 멘토와 멘티간, 특정 멘토를 두고 종업원간 갈등 발생 가능

2) 작업층 교육훈련

- 작업층은 상사로부터 지시를 받아 주어진 직무를 수행하는 종업원
- 이들을 위한 교육훈련의 내용은 주로 해당 직무를 성공적으로 수행하는데 필요한 구체적 기능(skill)에 초점이 맞춰짐
- 교육훈련 기법으로는 일반적으로 직장 내 훈련(OJT)이 많이 도입되고 있으며 그 외에도 실습장 훈련, 도제훈련, 직업학교훈련 등

① 실습장훈련

❶ 개념 : 기업 내 작업장과 별도의 공간에 설비를 갖추어 교육대상자에게 주로 기능(skill)을 전수시키는 훈련기법

❷ 장점
- 많은 사람을 일시에 훈련 가능
- 학습효과가 높음(∵ 작업장에서 벗어나 훈련에만 몰두할 수 있어서)

❸ 단점
- 훈련내용과 실무와의 연결에 종종 문제 발생
- 학습효과가 예상보다 낮게 나타나게 될 경우 훈련실시자와 일선 작업자의 상사(line manager)간 갈등이 야기

② 도제제도

❶ 개념 : 직장 내 훈련과 직장 외 훈련을 혼용한 방법(특히 정교한 수작업이 요구되는 공예, 용접, 배관, 목수직 등에 주로 적용)

❷ 장점 : OJT와 Off-JT의 장점을 모두 흡수할 수 있음

❸ 단점 : 동시에 많은 사람을 교육시킬 수 ×

③ 직업학교훈련
  ❶ 개념 : 교육대상자를 직업학교에 수학케 하는 것
  ❷ 장점
    • 학습효과가 높음(∵ 우수한 교육실시자가 있고 교육내용이 매우 정형화되어 있기 때문)
    • 다수의 교육훈련 대상자를 동시에 가르칠 수 있음
  ❸ 단점
    • 교육훈련 내용과 실무와의 연결에 문제 발생 가능
    • 개인별 학습진도의 조정이 어려움

3) 관리층 교육훈련
  – 관리층의 직무는 관리활동인 계획, 조직화, 지휘, 조정, 통제활동을 수행하는 것
  – 기업의 관리층은 대개 최고경영층, 중간관리층, 하위관리층으로 구분되며 이러한 개별 관리
    층에 따라 요구되는 능력 또한 구분된다.

▼ 관리층 구분에 따라 요구되는 능력

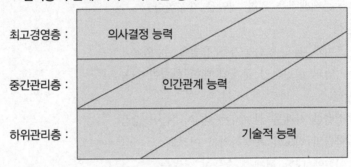

  – 관리층을 대상으로 하는 교육훈련의 내용
    • 의사결정능력(전략수립 등) • 인간관계능력(리더십, 동기부여 등) • 직무지식 • 조직지식 등

① 인 바스켓 훈련(in – basket training)
  ❶ 개념 : 관리자의 의사결정능력을 제고시키기 위해 개발
    – 훈련실시자는 훈련참가자에게 가상의 기업에 대한 정보, 즉 생산제품, 조직구조, 종업
      원에 대한 정보 등을 제공한 후 이들에게 특정 경영상황에서 문제해결을 위한 의사결
      정을 하게 함
  ❷ 장점 : 모의상황이 다양하고 실제와 같기 때문에 훈련 참가자에게 흥미를 불러일으킴
  ❸ 단점 : 훈련의 효과를 측정하는 데 어려움이 있음

② 비즈니스 게임(business game)
  ❶ 개념 : 기업의 경쟁상황에서 올바른 의사결정능력을 제고시키기 위해 개발
    – 우선 교육참가자들은 팀을 구성하여 참가하게 된다. 교육실시자는 교육참가팀들에게

각 해당기업의 경영에 대한 제 정보(생산능력, 최근 매출, 인력/조직 구조 등)를 제공하고 동종의 경쟁상황에 있는 서로 다른 모의기업의 책임자들로서 상대방 기업에 이길 수 있는 <u>경영의사결정</u>을 하도록 함 → 이후 <u>결과를 분석한 후</u> → 교육참가팀에게 <u>피드백</u>

❷ 장점 : 교육참가팀이 실시한 경영의사결정의 결과가 즉각 피드백되어 의사결정이 얼마나 정확했는지를 알 수 있음

❸ 단점 : 참가팀이 경영원리에 입각한 의사결정을 내리기보다 게임에 이기는 열쇠를 찾는 데 더 관심을 기울임으로써 실제 기업의 경쟁상황에 대한 교육의 현실성 있는 적용에 한계

③ 사례연구(case studies)

❶ 개념 : 관리자의 의사결정능력을 향상시키기 위해 도입

 - 기업에서 일어난 일련의 사건, 기업의 현황들을 교육 참가자에게 제시하고, 참가자들은 이 사례에서
 - 중요한 문제점/중요하지 않은 문제점을 구분하여 밝혀내고
 - 문제점을 분석하여 그 원인을 추론하고
 - 문제해결을 위한 대안을 제시한다.

❷ 장점
 - 흥미가 있고 학습동기를 유발할 수 있음
 - 기업의 현실적인 문제에 대한 학습이 가능

❸ 단점
 - 적절한 사례를 확보하는 데 어려움이 많음
 - 학습의 진도를 측정하기가 어려움
 - 이론에 대한 체계적 습득이 어려움

④ 역할연기법(role playing)

❶ 개념 : 관리자뿐만 아니라 일반 종업원을 대상으로 인간관계에 대한 태도개선 및 인간관계기술을 제고시키기 위함

 - 역할이란 '기대되는 행동패턴'으로서 교육참가자는 어떤 상황을 교육실시자로부터 부여받고 가장 효과적이라고 판단되는 행동을 하게 된다.
 → 다른 교육참가자는 그 행동을 관찰하고
 → 이후 공동으로 이에 대한 평가와 이상적인 행동패턴을 찾기 위한 토의를 한다.

❷ 장점
 - 교육참가자에게 흥미와 체험감을 줌
 - 연기에 나타난 문제점을 파악함으로써 교육참가자 개인이 갖고 있는 약점을 인식할 수 있음
 - 교육참가자에게 '아는 것'과 '행동하는 것' 사이의 갭(gap)을 인식시킬 수 있음

❸ 단점
- 교육의 범위가 제한적임(기업의 활동에는 수없이 많은 역할이 요구되는데 이 기법에서는 시간적 제약으로 몇 개 정도의 역할연기밖에 할 수 없다.)

⑤ 행동모델법(behavior modeling)
❶ 개념 : 인간관계능력 향상을 위한 기법
- 관리자 및 일반 종업원에게 어떤 상황에 대한 가장 이상적인 행동을 제시하고 교육참가자가 이 행동을 이해하고 그대로 모방하게 하는 것

❷ 장점
- 교육참가자에게 기업의 인간관계와 관련되는 구체적 상황에 대한 이상적인 행동을 제시해 주기 때문에 이에 대한 학습이 신속하게 이루어짐
- 기업실무에서의 시행착오를 줄여 준다.

❸ 단점
- 기법을 개발하는 데 비용이 많이 든다.
- 행동모델법으로 배울 수 있는 인간관계관련 행동의 수가 제한적임

⑥ 교류분석법(transactional analysis)
❶ 두 사람 간에 나타나는 대화의 내용을 분석함으로써 인간관계능력을 향상시키는 데 활용
- 대화의 내용을 분석하는 기준은 인간이 보통 갖고 있는 3종류의 퍼스낼리티(어버이형(P), 성인형(A), 어린이형(C))가 주어진 대화에서 '자신'과 '상대방'에게서 어떻게 나타나고 있는가를 알아내는 것
  - P형 소유자 : 대화에서 자신이 '도덕적, 보수적, 규범적'임을 암시
  - A형 소유자 : '현실을 이성에 입각하여 합리적으로 사고하는 사람'임을 암시
  - C형 소유자 : '의존적이고 창의력이 풍부한' 모습을 보여줌

▼ 교류분석의 예

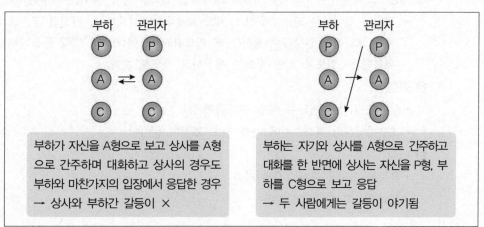

- 이러한 분석을 통해 교육참가자는 원활한 인간관계를 유지하기 위해 어떤 대화를 해야 되는지를 학습하게 됨

❷ 장점

- 실질적으로 인간관계에 대한 통찰력을 제고시킴
- 추가적으로 갈등에 대한 이론을 학습하여 이를 실무에 적용할 수 있게 해줌

❸ 단점

- 학습진도를 파악하기가 어려움
- 적절하고 기업실무에 맞는 교류분석의 사례 개발이 어려움

⑦ 대역법(understudy)

❶ 개념 : 관리자를 대상으로 직무지식을 획득하기 위한 교육기법

- 어떤 부서의 직속상사 밑에 미래에 그 자리를 계승할 예정에 있는 자가 같이 일을 하면서 그 상사로부터 업무에 관한 자세한 내용을 교육받는 제도

❷ 장점

- 교육이 개인별로 이루어져 학습효과가 매우 높음
- 학습한 내용을 실무에 적용시키는 데 아무런 문제가 없음(∵ 실무의 내용을 그대로 교육받기 때문에)
- 교육참가자의 학습의욕이 매우 높음(∵ 교육참가자가 미래에 상사가 수행하는 직무를 맡을 예정이므로)

❸ 단점

- 우수한 상사가 반드시 우수한 '교사'가 되지 않는 경우도 있음
- 교육이 의례적으로 흐를 가능성이 있음

⑧ 코칭(coaching)

❶ 개념 : 교육실시자가 교육참가자를 개인적인 접촉을 통해 새로운 역량을 전수하는 것

- 코칭이 일어나는 과정 : 우선 코치가 교육대상자의 행동을 관찰한 후, 교육대상자가 보다 효과적인 업무를 수행하는 데 필요한 제반 행동방식, 역량 등을 알려주고 이를 획득할 수 있도록 제반 정보를 제공하고 지도해 준다.

❷ 장점

- 실무와 직접 관련되어 매우 구체적임
- 교육대상자의 역량수준에 따라 진도 조정이 용이함

❸ 단점

- 유능한 코치를 구하기가 어려움
- 효과측정이 용이하지 않음

> **참고** **코칭과 멘토링의 비교**
>
> - 멘토링 : 업무적 측면뿐만 아니라 인생의 제 분야에 관해서 지식과 경험이 풍부한 연장자나 선배의 인도를 받는 것
> - 코칭
>   - 주로 업무적 측면에서 지도를 받는 것을 가리키는 경우가 많음
>   - 코치는 코치를 받는 사람의 공식적 역할에 대한 직접적 경험을 반드시 필요로 하지는 않음
>   - 상호 수평적 관계에서 교육대상자의 잠재력 발견에 초점을 둠

⑨ 청년중역회법(junior board of directors)

❶ 개념 : 관리자 내지 관리자의 길을 걸을 예정인 종업원을 대상으로 조직 전반에 대한 지식을 축적하는 데 도입되는 기법

- 기업 내 여러 부서에서 대상자를 선발하여 모의이사회를 구성
  - → 정기적으로 모임을 갖고 기업의 이사로서 조직 내 문제점을 제시하고 분석하며 해결방안을 강구
  - → 문제점과 해결방안을 실제 기업조직의 해당부서에 피드백시켜 문제해결에 도움을 준다.

❷ 장점

- 조직 전반에 대한 지식을 획득할 수 있고 전체 기업경영에 대한 이해와 통찰력을 제고시킬 수 있음
- 조직 내 커뮤니케이션이 활성화됨

❸ 단점

- 모의이사회에 선발되지 못한 관리자에게 갈등을 유발할 수 있음
- 모의이사회에서 제시된 문제점 때문에 실제 해당 부서가 곤경에 빠질 수가 있어 이들 부서에서 모의이사회에 대한 방어적인 자세가 나타날 수 있음

> **참고** **액션러닝(Action Learning)**
>
> **Ⅰ. 개념**
>
> 버크(Burke)의 정의 : "조직 내 시시각각 발생하는 실무적 문제를 해결하는데 있어서 개인학습의 원리를 동원하여 문제해결을 보다 효과적으로, 그리고 협동작업을 통해 추진함으로써 조직의 학습과정을 획기적으로 개선하는 것. 즉, 이것은 학습을 학습하는 것을 말한다."
>
> **Ⅱ. 등장 배경**
>
> 기업 교육훈련에 있어서 세 번의 패러다임 변화(세 차례의 물결)
> 1. 제1의 물결 – 감수성 훈련(Group훈련)
>   - 조직구성원들 간 대면접촉을 통한 마음의 벽 허물기
> 2. 제2의 물결 – 구조적 피드백(structured feedback)
>   - 교육훈련의 전이 중시, 이해관계자들로부터의 피드백에 의한 교육훈련 평가

3. 제3의 물결 – 액션러닝(Action Learning)
   – 직무상황에서의 행동과 실제 경험을 통한 학습

III. 액션러닝의 특징

1. 현장경험 중시
미국의 세계적인 관리자 교육훈련 기관인 CCL의 관련 연구결과를 요약하면 "관리자는 핵심사건을 통해 배운다."는 것이다.

AL이 현장경험을 강조하는 이유는 현장경험이라는 '살아있는 사례'를 통해 관리자로서 리더십, 부하육성 능력, 문제해결 능력, 기회포착 능력 등 관리자교육의 필수과목을 스스로 마스터할 수 있기 때문이다.

2. 경험교환 토론회의 활용
유사한 문제 상황에 처한 다른 사람(예 동일 직종의 타 조직 관리자)의 경험을 전해 들음으로써 질적으로 우수한 대리경험이 쌓이게 되고, 경험자들과의 토론을 통해 더 바람직한 문제해결 방법에 접근할 수 있게 된다.

3. 일을 통한 학습(learning by working)
(AL의 전형적인 예인) 미국 미시간대학이 운영하는 경영자개발과정은 대학교수의 지도하에 일주일간 발표회 등의 교육을 실시한 후, 참가자들은 소속회사로 복귀하여 배운 것을 현장에서 적용할 수 있는자 테스트해 본다.

현장복귀 4~5주 후에 다시 대학으로 돌아와 현장에서 변화담당자로서 조직에서 행동한 활약상, 성공 및 실패사례, 느낌 및 경험들을 서로 교환하면서 학습을 공유하게 된다.

IV. 장점과 단점

1. 장점
1) 학습과 결과 활용간 소요시간을 획기적으로 단축시킨다.
2) 개인과 집단의 실제 경험을 통한 지식에 토대를 두고 있다.
3) 교육훈련의 결과와 과정을 모두 강조
4) 현재와 미래에 초점을 둔다.
5) 교육훈련 비용을 감축시킨다.
6) 조직구성원의 행동과 성과에 대해 유용한 피드백을 준다.
7) 과거에는 해결할 수 없었던 문제에 대한 혁신적 해법을 제시
8) 구성원들의 조직몰입을 증가시킨다.
9) 조직학습(organizational learning)을 향상시킨다.

2. 단점
1) 학습에 소요되는 시간이 길다.
2) 단순한 문제 해결을 위해 실시하기에는 비용이 많이 든다.
3) 학습과 성장 수준에 개인차가 크다.
   (∵ 개인이 실제 작업과 행동을 통해 경험을 축적하고 성장하는 기법이기 때문에)
4) 교육훈련 효과에 대한 실증적 분석이나 연구가 어렵다.
   (∵ 개개인이 행동을 통해 배우는 것을 표준화하고 이를 계량적 방법으로 분석하기가 쉽지 않기 때문)

V. 성공적 활용방안

1. 적절한 문제선택

기업이 당면한 실질적이면서도 도전적 과업을 해결하는 과정에서 비로소 AL의 효과가 극대화된다.

2. 조직차원의 지원

교육훈련의 성과 극대화를 위해서는 최고경영층과 관리자급의 적극적인 지원이 필수

3. 효과적인 팀 구성

학습자들이 함께 모여 집합적인 의사결정을 내리는 AL의 특성상 효과적인 의사소통과 창의적인 문제해결이 가능할 수 있도록 제대로 된 팀 구성을 할 필요가 있다.

4. 정기적이고 체계적인 평가

조직차원과 집단(팀)차원에서의 평가가 체계적인 평가시스템 하에 지속적·정기적으로 이루어져야 한다.

참고 **액션러닝(Action Learning)의 구성요소**

① 문제, 이슈 또는 과제

문제는 중요하고 긴급해야 하며, 명확한 해결안이 쉽게 나오지 않는 조직의 문제를 의미

② 그룹 또는 팀

문제해결과정에 대한 지식을 갖춘 4~8명으로 구성하는 것이 가장 이상적이다.

③ 질의와 성찰의 과정

이미 알고 있는 사실에 관한 진술과 의견제시보다는 해결해야 하는 문제에 관한 질문과 그에 대한 깊이 있는 성찰이 강조된다.

④ 실행의지

액션러닝에서 그룹은 문제에 대해서 행동을 취해야 한다.

문제를 재구성하고 목표를 세운 다음, 전략을 세우고 행동을 취하는 프로세스 과정에서 실행을 후원하는 스폰서가 있어야 한다.

⑤ 학습의지

액션러닝에서는 개인과 팀의 개발과 학습이 매우 중요하다.

학습으로 인한 개인과 조직의 성장은 또 다른 문제해결에 있어 선순환으로 작용한다.

⑥ 러닝코치

러닝코치는 구성원들이 무엇을 배우며 어떻게 문제를 해결하는지 성찰하는데 도움을 주는 촉진자이다.

참고 **기존 교육훈련기법 VS 액션러닝**

	기존 교육훈련기법	액션러닝
패러다임과 철학	강의식 교육방법에서는 강사나 소수의 전문가가 교육훈련의 전 과정(P-D-S)을 주도	학습대상자가 교육훈련의 주도자로서 문제해석, 대책수립 과정 전반에 개입
목표와 교육생의 역할	지식의 습득 그 자체를 목표로 삼고, 교육생은 수동적 지식의 흡수자	지식습득뿐만 아니라 경영의사결정 능력자체의 배양을 목표로 삼고, 교육생은 스스로 교육을 주도하는 적극적 참여자
방법론	주입식 강의, 시청각 교육을 통한 지식전달 방법에 집중	인바스켓 훈련, 사례연구, 명목집단법, 집단토론, 프레젠테이션 등의 다양한 방법을 활용한 교육이 이루어짐
활용영역	단기간에 특정 전문분야에 관한 지식을 습득하게 하는데 유리 → 구성원 능력부족, 교육훈련의 시간 및 자원 부족시 활용	전반적인 경영관리능력의 배양에 유리 → 장기적 관점의 내부인력 육성, 이론-실제의 연계가 중요한 경우에 활용
교육과 경영성과 간의 관계	현장과 관련성이 적은 이론적 주제들이 주로 교육됨 → 교육과 경영이 직접적으로 연계되지 않을 수 있음	현장중심의 비구조적 문제, 사업기회의 발견 등이 교육과정에서 다뤄짐 → 교육이 경영성과에 기여하는 정도가 비교적 크며, 전략-교육간 연계정도도 큰 편임

참고 **이러닝(E-learning)**

① 개념 : 인터넷이나 사내 인트라넷을 사용하여 실시하는 온라인 교육을 의미
 • 오늘날 정보기술의 발전과 이러닝 컨텐츠의 개발로 이러닝을 실시하는 기업이 크게 증가하고 있다.
 • 이러닝을 도입하기 위해서는 직원들의 컴퓨터 사용능력이 어느 정도 갖춰져 있어야 함은 물론, 최초 도입기에 많은 비용이 예상되므로 최고경영자의 이해와 후원이 필수적이다.

② 장점
 • 시간과 공간을 제약을 초월하여 동시에 많은 직원을 대상으로 교육을 실시할 수 있다.
 • 피훈련자는 스스로 학습시간을 조절할 수 있다.
 • 양방향·상호작용적 교육이므로 오류를 즉시 수정할 수 있다.
 • 교육내용의 전수가 동일하고 표준화되어 있어 훈련의 일관성이 유지된다.
 • 교육내용을 언제든지 업데이트 할 수 있다.
 • 훈련자 주도의 교육훈련이 이루어진다.

③ 단점
 • 피훈련자를 불안하게 할 수 있다.
 • 모든 훈련자가 이러닝을 잘 받아들이지는 않는다.
 • 실무나 실기가 많이 요구되는 교육훈련에는 부적합하다.
 • 도입실시를 위해 비용이 많이 들 수 있고, 컴퓨터(인터넷) 접속이 용이하지 않을 수 있다.
 • 학습의 효과가 그리 높지 않은 것으로 조사되고 있다.
 • 최고경영자의 적극적 후원이 없으면 성공하기 어렵다.

6 교육훈련 활동의 평가

– 교육훈련의 활동에 대한 평가목적

① 인력개발 프로그램이 추구했던 목적이 달성되었는지를 의사결정자에게 그 효과 면에서 정보를 제공

② 인력개발 프로그램 참가자 및 실시자에게 프로그램의 실시결과를 피드백

③ 인력개발 시스템의 취약분야를 밝혀 그 개선을 위한 자료를 제공

④ 인력개발 프로그램이 가져다준 경제적 효과를 밝힘

⑤ 미래의 인력개발 활동을 계획하는 데 보다 유용한 자료 제공

– 교육훈련 활동에 대한 평가는 크게 [거시적 평가접근법], [미시적 평가접근법] 두 수준으로 구분

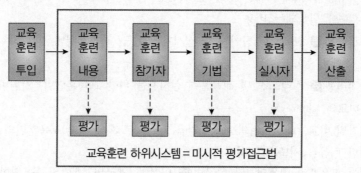

(1) 거시적 접근법(macro approach)

1) 개념

① 교육훈련 활동 전체를 하나의 평가단위로 간주하고 평가하는 것

② 거시적 접근법의 목적 : 아래의 질문과 관련되는 정보 획득

• 기업의 자원배분 측면에서 다른 부문보다 교육훈련 부문에 할당하는 것이 경제적 효율성이 높은가?

• 교육훈련 활동이 기업의 목표달성에 어느 정도 기여하는가?

• 교육훈련을 통한 기업내부에서의 인력확보가 기업외부에서의 인력영입보다 효과적인가?

• 교육훈련 활동이 투입(input)과 산출(output) 면에서 어느 정도 효과가 있는가?

③ 거시적 접근법의 <u>기본논리</u>는 교육훈련 활동의 전 과정을 하나의 black box로 간주하고 여기에 투입된 것과 산출된 것이 평가대상이 된다.

④ 장점

• 교육훈련 활동의 평가에 대한 전체적 조망을 용이하게 해줌

• 기업의 자원배분 측면에서 교육훈련 부문에 할당한 자원과 다른 부문에 할당한 자원에 대한 그 경제적 효율성과 합리성을 비교 평가하는 데 효과적임

- 인력확보 측면에서 기업이 교육훈련을 통해 기업내부에서 확보하는 것과 기업외부에서 영입하는 것을 비용 면에서 분석할 수 있는 도구를 제공해 줌

⑤ 단점
- 원인요소(input)가 어떤 변형과정을 거쳐 결과요소(output)가 되는지 그 구체적 발전과정에 대한 정보를 제공하지 못함

2) 투입에 대한 화폐적 평가

① 교육훈련 활동을 통해 투자되는 모든 투입요소 중 화폐적으로 환산할 수 있는 지출비용을 중심으로 평가하는 것

② **비용비교분석법**(cost comparison analysis)
- 목적 : 비용의 구조적 배분 정도 및 기간별 변화추세의 파악
- 교육훈련에 발생되는 비용
  - 직접비용(예 교육훈련 참가자 및 실시자의 임금, 복리후생비, 재료비, 프로그램 개발비 및 진행비 등)
  - 간접비용(예 스태프진 및 교육훈련 실시자를 위한 교육훈련비, 지원비 및 일반관리비)
- 비용비교의 내용
  - 기간별 비교 : 해당기업의 예산기간을 기준으로 혹은 개별 교육훈련의 소요기간별로 발생한 비용을 기준으로 비교
    이는 교육훈련 비용의 세부항목별(예 인건비, 재료비, 개발비 등) 변화추세를 용이하게 파악할 수 있게 함
  - 구조적 비교 : 비용항목 간 그리고 개별 교육훈련별 프로그램(신입사원·관리자·판매직 프로그램 등) 간의 비용을 비교
    이를 통해 교육훈련비가 얼마나 합리적으로 배분되고 있느냐를 밝히는 데 평가의 목적이 있음
- 비용비교분석법의 효과
  - 교육훈련 예산수립에 유용한 정보 제공
  - 비용에 관심의 초점을 맞춤으로써 비용통제에 기여
- 비용비교분석법의 문제점
  - 비용 자체만 가지고 교육훈련 활동의 경제적 가치(결과)를 파악할 수 없음
  - 비용의 변화추세에 관심의 초점을 맞추기 때문에 평가자들은 비용의 감소에 역점을 두게 되고, 이렇게 되면 기업의 장기적 인력개발 측면을 등한시할 우려가 있음

3) 투입과 산출에 대한 화폐적 평가

① 비용편익분석법(cost – benefit analysis)

- 개념 : 교육활동에 배분된 제 자원 중 화폐적으로 환산할 수 있는 대상과 교육훈련의 결과로 나타나는 제 산출을 화폐적으로 서로 비교분석하는 기법
  (이 기법은 공공투자부문(교통망, 건설, 의료, 국방 등)의 투자에 대한 최적 대체안을 밝혀내기 위해 도입되었으며, 그 유용성이 인정되어 최근 기업경영분석에 도입됨)

- 비용 – 편익분석의 과정

> **① 비용 및 편익항목의 인식**
> - 비용항목은 교육훈련 예산에서 쉽게 발견. 간접비용의 인식에 주의
> - 수익항목은 질적 측면 / 양적 측면, 직접 수익 / 간접 수익, 수익의 발생기간을 기준으로 단기 / 중기 / 장기로 구분할 수 있음

▼

> **② 비용 및 편익의 측정**
> - 효과의 화폐적 측정문제가 핵심
> - 인력확보에 대한 역사적 원가 내지 대체가격의 개념을 도입하여 교육훈련 효과를 화폐적으로 환산할 수 있다.
>   (즉 '관리자의 관리능력 향상'에 대한 효과의 화폐적 측정은 기업이 이와 같은 관리자를 외부노동시장에서 확보할 때 드는 비용을 계산함으로써 가능)

▼

> **③ 할인율의 결정**
> - 비용 및 편익이 여러 기간을 통해 발생할 경우 미래에 발생되는 비용 및 편익은 현가로 환산해야 한다.

▼

> **④ 결과의 분석**
> - 편익에서 비용을 뺀 값을 분석 대상으로 할 경우 분석결과의 의미는 매우 제한적
> - 비용 대 편익의 비율을 밝히는 것이 보다 효과적임
>   (교육훈련 프로그램 간의 비교를 가능하게 해주며 기업의 투자회전율과의 관계도 밝힐 수 있음)

- 장점
  - 교육훈련 활동에 대한 산출 측면을 인식하고 있기 때문에 교육훈련의 경제성 측면의 인식을 강조
  - 교육훈련에 대한 임의적인 의사결정을 저지시킬 수 있음
  - 교육훈련 부문의 입장이 기업의 예산편성에 긍정적으로 반영될 수 있음
    (∵ 교육훈련에 대한 투자가 그 효과 면에서 화폐적으로 구체적으로 표시되기 때문)

- 단점
  - 편익의 전부를 화폐적 단위로 환산해야 하는 어려움
    (편익의 평가에 많은 주관성이 개입되며, 특히 편익의 평가를 교육훈련 주관 부서에서 실시할 경우 편익에 대해 과대 계산을 할 수도 있음)

(2) 미시적 접근법

- 교육훈련 시스템을 구성하는 개별 요소에 평가의 초점을 맞추려는 것
- 목적 : 교육훈련 프로그램을 구성하고 있는 하위 시스템들(교육훈련의 내용, 참가자, 기법, 실시자)을 개별적으로 평가함으로써 이들 요소가 갖고 있는 문제점을 발견·개선하려는 데 있다.
- 투입과 산출 사이의 변환과정에 대한 내용을 밝힐 수 있음
- 거시적 접근법에 비해 교육훈련 프로그램이 실패했을 때 실패의 원인을 분석하는 데 보다 유용

1) 교육훈련의 내용평가

- 교육훈련 참가자에게 무엇을 학습시킬 것인가에 대한 평가
- 교육훈련의 내용에 대한 평가기준
  ① 만족할 만한 학습효과를 용이하게 가져다주는가
  ② 실무에 적용시키는 데 용이한가
  ③ 직무수행에서 성과를 창출하는 데 효과적인가, 해당 종업원의 경력개발에 유익한가
- 일반적으로 교육훈련의 내용이 결정되는 과정을 분석함으로써 간접적인 평가를 한다.
  (∵ 교육훈련 내용과 효과에 대한 인과관계를 밝히는 데에 방법론상 여러 가지 어려움)
  교육훈련의 내용은 필요성 분석에서 기본적으로 정해지고 이것이 교육훈련의 직접적 목표가 된다.
  교육훈련의 내용평가는 교육훈련의 목표달성에 어느 정도 기여할 수 있느냐에 따라 측정된다.

2) 교육훈련의 참가자 평가

- 가장 핵심적인 평가대상
  (∵ 교육훈련의 여러 목표들이 참가자를 통해 직접적으로 달성되며, 다른 평가대상인 내용, 기법, 실시자는 오로지 교육훈련 참가자가 보다 효과적으로 교육훈련을 받는 데 공헌하기 위해 존재하기 때문)

가. 선발평가

- 참가자가 제대로 선발되었는가에 대한 문제는 교육훈련 프로그램의 효율성과 관련해서 중요한 의미를 가짐
- 특히 고려해야 할 사항
  ① 교육훈련 참가자가 교육 프로그램에 참가함으로써 기대되는 미래의 자격수준과 현재 그가 갖추고 있는 자격수준의 차이가 작으면 작을수록 교육훈련 프로그램은 보다 경제적이 됨

② 잠재능력을 평가하여 이 잠재능력이 미래 요구되는 자격수준을 능가하는지의 여부가 평가되어야 함

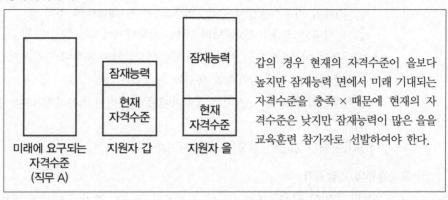

갑의 경우 현재의 자격수준이 을보다 높지만 잠재능력 면에서 미래 기대되는 자격수준을 충족 × 때문에 현재의 자격수준은 낮지만 잠재능력이 많은 을을 교육훈련 참가자로 선발하여야 한다.

나. 반응평가

- 참가자의 긍정적 or 부정적 태도를 파악하는 것
- 참가자의 교육훈련에 임하는 모티베이션의 정도를 알 수 있으며, 이 모티베이션이 학습효과에 영향을 미친다고 간주되기 때문에 중요
- 평가의 내용은 일반적으로 교육훈련 프로그램의 목적, 교과내용, 실시자 및 기법에 대한 참가자의 주관적 태도
- 평가 도구로는 관찰법 및 질문지법 등을 도입할 수 있겠으나 평가에 대한 신뢰도 문제가 제기된다.

다. 학습성과의 평가

- 교육훈련 참가자가 기업이 원하는 자격수준에 도달했느냐를 파악하는 것
- 학습의 영역
  - 인지적 영역 : 지식, 이해력, 적용능력, 분석력, 평가력
  - 정의적 영역 : 태도, 가치관, 주의력
  - 정신운동적 영역 : 추진력, 어휘구사력, 조정능력, 융통성
- 평가도구
  - 인지적 영역 : 필기시험, 구두시험, 면접시험
  - 정의적 영역 : 역할연기법, 집단토의법
  - 정신운동적 영역 : 면접법, 질문지법, 사례분석법

라. 적용효과의 평가

- 교육훈련 참가자가 습득한 학습내용을 경영실무에 어느 정도 적용시키느냐를 말하는 것
- 교육훈련의 결과가 어떻게 성과에까지 연결되느냐는 참가자가 실무에 돌아와서 보여주는 태도변화, 행동변화, 성과변화의 제 변화과정을 통해 나타남
  - 태도변화(교육훈련 전과 후의 작업 모티베이션의 차이)

• 행동변화(자기의 직무수행을 위해 투입하는 노력의 변화)

[행동변화의 결과로 얻어지는 직무성과]

① 경제적 기준 : 생산성 증가, 비용의 절약, 매출액의 증대 등

② 비경제적 기준 : 조직풍토의 개선, 커뮤니케이션의 활성화 등

— 학습내용이 직무수행으로 이전될 때 다음의 세 가지 사항이 긍정적으로 영향을 미친다.

• 교육훈련의 내용이 참가자의 욕구와 일치되는 경우

• 교육훈련의 종료 후 실시자가 참가자에게 계속적인 커뮤니케이션을 통해 이전을 지원하는 경우

• 교육훈련의 기간이 길수록 높은 이전효과

3) 교육훈련의 기법평가

— 교육훈련 기법이 교육훈련의 효과에 직접적인 영향을 끼치기 때문에 매우 중요

— 기법평가의 세 가지 초점

가. 기능적 측면 충족 평가

여기서 기능적 측면은 교육훈련의 내용을 참가자에게 얼마나 목적 지향적으로 전달·학습하게 하느냐에 관한 것으로서 아래 6가지 기능이 평가대상이 됨

① 참여유도, ② 교육훈련 성과를 피드백, ③ 실무에 이전, ④ 학습내용 반복, ⑤ 학습동기부여, ⑥ 성장욕구 충족을 위한 지원

나. 교육적 효과와 교육훈련 기법과의 관련성 평가

주로 교육훈련 참가자를 대상으로 평가가 실시

구체적 평가기준 : 참가자의 기법에 대한 반응, 학습 성과, 실무에의 적용의 용이성, 경력개발 등

다. 경제적 측면

개별 기법을 도입·실시할 때 발생하는 비용, 시간 및 경제적 편익

4) 교육훈련의 실시자 평가

— 교육훈련 실시자의 구체적 임무

가. 교육훈련 실시자—참가자 관계에 요구되는 임무(강사로서의 임무)

① 학습의 제 영역(인지적·정의적·정신운동적 영역)의 전달

② 학습결과를 실무에 적용시키는 데 대한 지원

③ 교육훈련 참가자에게 학습동기 부여

④ 상담 및 지도

⑤ 긍정적인 학습 분위기 조성

⑥ 참가자에 대한 학습결과의 평가

나. 조직적 측면에서 요구되는 임무(조직의 대리인으로서의 임무)

① 교육훈련의 필요성을 교육훈련 목표 및 학습목표에 반영

② 적절한 교육훈련 기법의 선정

③ 교육훈련 프로그램의 계획, 실시, 통제에 관련되는 제반 의사결정에 참여

– 위의 실시자에게 요구되는 제반 임무사항이 실시자에 대한 평가기준이 된다.

– 실시자 평가 도구 : 질문지법, 면접법, 관찰법

➲ 거시적 및 미시적 접근법은 서로 상이한 강점을 갖고 있으며 이것이 상호배타적인 것이 아니라 상호 보완적인 것으로 간주되기 때문에 기업에 동시에 도입·활용되어야 한다.

> **참고** **커크패트릭(Kirkpatrick)의 교육훈련 4단계 평가**

커크패트릭은 교육훈련 평가를 다음과 같이 네 가지 기준으로 평가하는 것이 필요하다고 주장하였다.

▼ 교육훈련평가의 4가지 기준

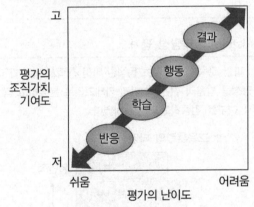

1. **단계별 평가내용**

① 반응기준(reaction criteria)

– 피훈련자가 교육훈련을 통해 받은 인상을 기준으로 교육훈련을 평가하는 것

– 주로 교육훈련이 끝난 직후 참가자들을 대상으로 설문조사를 실시하여 교육훈련이 유익하였는지, 배운 내용이 양적·질적으로 적절했는지, 흥미가 있었는지를 측정

② 학습기준(learning criteria)

– 교육훈련 도중이나 직후에 배운 내용을 테스트해서 과연 학습이 일어났는지를 측정하는 것

– 사전/사후 비교검사(교육전후의 상태비교), 시험(test) 등의 방법을 사용하여 실시

③ 행동기준(behavioral criteria)

– 교육훈련 결과 피훈련자가 직무에 돌아와 행동의 변화를 보여 실제로 성과에 영향을 미치는지를 측정하는 기준

– 인터뷰나 직·간접적 관찰, 설문조사를 통해 파악할 수 있다.

④ 결과기준(results criteria)

– 교육훈련이 조직의 목표와 관련된 중요한 결과를 달성하는 데 어떤 효과가 있는지를 측정하는 것

– 결과의 지표로서는 불량률, 매출액, 업무수행 시간, 비용, 직원이직률 등을 들 수 있다.
결과지표를 교육전과 교육후 특정시점을 비교하여 측정한다.

2. 시사점

이상의 측정대상 중에서 무엇이 주된 평가대상이 되는지는 조직마다, 구체적 평가 상황마다 달라질 수 있기에 조직에서 필요한 평가항목을 선택하면 된다. 반응평가의 경우 평가 자체는 매우 용이하지만, 반응이 좋은 교육훈련이 반드시 조직에 도움이 된다고 보기는 힘들다. 반면 결과평가의 경우 평가 자체는 상당히 어렵겠지만, 제대로 평가가 실시될 수만 있다면 교육의 조직성과 향상효과를 확실하게 측정할 수 있을 것이다. 결론적으로 교육평가대상(반응, 학습, 행동, 결과)의 평가용이성과 각각의 조직가치 기여도는 서로 상반(trade-off)관계에 있다고 할 수 있다.

3. 한계

커크패트릭의 4단계 평가모델은 평가의 내용과 방법을 구분하여 실제 적용방식이 간단하여 많은 기업에서 활용하고 있으나, 평가모델에서 의도한 투자대비 효과를 비용으로 환산하는 구체적인 방법을 제시하지 못한다는 문제점이 제기되고 있다. 이후 본 모델에 ROI 모델을 추가하여 이러한 문제점을 극복하고자 하는 시도가 이루어지고 있다.

참고 **골드스타인(Goldstein)의 타당성 평가**

교육훈련의 타당성 검증이란 "과연 교육훈련이 당초 목적한 바를 충족시키는가?"라는 물음에 답하는 것이다. 골드스타인은 교육훈련의 타당성을 다음과 같은 네 가지 카테고리로 분류하고 각 카테고리별로 타당성에 관한 질문에 답을 할 수 있는지 여부를 검증하고자 시도하였다.

▼ 교육훈련의 타당성 유형

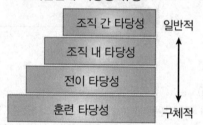

1. **훈련 타당성(training validity)**
   훈련 타당성 검증은 "피훈련자가 훈련기간 동안 무엇을 학습하였는가(또는 할 것인가)?"라는 질문에 답을 하는 것을 말한다. 즉 교육프로그램이 의도한 성과를 교육대상이 달성하였는지를 평가하는 것이다.

2. **전이 타당성(transfer validity)**
   전이 타당성 검증은 "피훈련자가 교육훈련에서 학습한 지식, 기술, 능력(KSA)을 현업에서 어느 정도나 성과의 개선과 연계하였는가(또는 연계할 것인가)?"라는 질문에 답을 하는 것을 말한다.
   (**예** 피훈련자들이 맡고 있는 직무에 대한 기본적인 직무분석을 하지 않은 상태에서 직무교육을 시행하면 교육훈련의 전이가 일어나기 어렵다.)

3. **조직 내 타당성(intra-organizational validity)**
   조직 내 타당성 검증은 "새롭게 교육훈련 프로그램을 이수한 피훈련자 집단의 성과가 동일한 기업조직 내 당초의 피훈련자 집단의 성과와 비교해서 유사한 결과를 보이는가?"라는 질문에 답을 하는 방법으로 검증될 수 있다.

4. **조직 간 타당성(inter – organizational validity)**

조직 간 타당성 검증은 "한 기업에서 성공적으로 실시한 교육훈련 프로그램이 다른 기업에서도 효과적으로 실시될 수 있는가?"라는 질문에 답을 하는 방법으로 검증될 수 있다. (예를 들면, 컴퓨터 교육이나 어학교육 같은 교육은 속성상 조직과 업종, 산업에 크게 구애받지 않고 실시할 수 있는 교육이기 때문에 조직 간 타당성이 비교적 높은 교육이라고 할 수 있다.)

참고 **교육훈련 평가지표로서의 투자수익률(ROI)**

1. **ROI(Return On Investment)의 등장**

   ① 전략경영의 강조

   최근 기업의 전략경영이 강조되면서 경영의 각 부분에 대한 예산의 배경과 집행에 있어서도 전략적인 고려가 중시되고 있다.

   이러한 추세는 인사관리 부문도 예외가 될 수 없다. 인사부서는 그들의 존재 이유를 밝히기 위해서 인사부서의 효율성을 수치로 측정하여 공표함으로써 그 부가가치를 표현할 수밖에 없는 분위기로 유도되고 있다.

   ② e – HR의 필요성 증가

   최근 e – Business의 도입으로 HR업무에 있어서도 컴퓨터와 인터넷을 통한 e – HR의 필요성이 증가하고 있다. 인사관리 부문의 성과측정에 ROI분석이 요구되는 것은 이러한 추세를 반영한 것이다. ROI는 재무관리나 관리회계 영역뿐만 아니라 인사부문의 성과를 평가하는 데 있어서 중요한 잣대로 부각되고 있으며 이를 도입하는 기업이 늘고 있다. (당초 회계와 재무분야에서 쓰이던 이 개념은 필립스(Phillips)에 의해 교육성과의 평가지표로 도입되었다.)

2. **ROI의 이점**

   ① 회계적 책무성에 대한 요구에 부응

   인사부문, 특히 HRD와 관련된 예산이 점차 증가하고 있어 인사부문 투자경비에 대한 회계적 책무성(accountability)에 대한 요구가 증대하고 있다. 인사 프로그램의 성과에 대한 ROI의 도입은 이러한 요구에 부응할 수 있다. (회계적 책무성 : 모든 비용은 이를 지출한 만큼 그 효과가 있어야 한다는 의미)

   ② 기업의 품질경영 향상에 기여

   전사적 품질경영(TQM)의 도입과 조직의 업무 프로세스 개선이 중시되면서 성과의 측정이 중요 이슈로 등장하고 있다. 이러한 측정의 압력이 인사관리 부문에도 불어닥쳐 인사관리부문 투자의 효율성을 측정하는 방법이 요구되고 있으므로 인사성과에 대한 ROI분석 도입은 기업의 품질경영 향상에 기여할 수 있다.

   ③ 인사부서의 전략적 가치 증명

   최근 기업이 극심한 구조조정을 겪으면서 인사관리부서도 아웃소싱 또는 축소를 요구받고 있는데 인사관리부서가 존속하기 위해서 최고경영자에게 인사관리의 효율성을 실제 데이터를 사용하여 보고하고 존재이유를 제시할 필요성이 증대되고 있다.

   ④ 재무적 이슈가 중시

   최근 경제위기를 겪으면서 기업활동에 있어서 보다 지식집약적이고, 영업중심적이며, 재무적인 이슈가 중시되고 있다. 따라서 인사관리부문의 성과를 ROI같은 경제적인 잣대로 표현하는 것은 기업의 경영전략의 강조점과도 일치하는 것이다.

3. ROI 도입의 목적

인사관리에 ROI를 도입하는 것은 인사관리부서가 활동(activity) 중심에서 부가가치(adding value) 중심으로 전환함으로써 인사부서의 부가가치를 높이는 일이 된다. 또한 인적자원에 투자하는 재무적 자원에 대한 회수(return), 즉 성과를 분석함으로써 인사관리 시스템의 개선해야 할 포인트를 발견할 수 있으며 나아가 소중한 인적자산의 손실도 미연에 방지할 수 있는 효과를 거둘 수 있다.

4. ROI를 이용한 교육훈련 성과 측정

① I(Investment)에 대한 분석
  - 얼마나 많은 비용을 인적자원을 위해 투자하는가이다.
② R(Return)에 대한 분석
  - 이를 위해서는 R을 감소시키는 요인을 살피고 이를 감소시킴으로써 조직이 얻게되는 효익(절약액)을 계량적으로(화폐가치로) 파악하면 된다. R을 감소시키거나 위협하는 요인들의 비용실현을 막고 절약하게 되면 R은 증가하게 된다.
③ ROI의 '비용'과 '효익' 요소

I(Investment : 비용요소)	R(Return : 효익요소)
• 급여총액 • 복리후생 비용 • 교육훈련 비용 • 사용자가 부담하는 고용보험 납부액 • 인사관리 관련 행정비용 등	• 수익 창출액 • 각종 원가 절감액 • 이직 비용의 절감액 • 결근, 지각, 조퇴(근태)비용의 절감액 • 종업원 보상비용 • 교육훈련을 통한 개선효과(화폐적) • 사기저하의 방지 비용 등

④ ROI 산출
  ▼ ROI 산출공식

$$ROI(\%) = \frac{순효익(효익-비용)}{비용} \times 100$$

ROI는 퍼센트(%)로 표시되는 것이 대부분이며, ROI 값이 크면 클수록 그만큼 프로그램의 성과가 매우 높고 효율적이라는 의미로 받아들여진다. ROI는 인사 프로그램에 대한 효율성 지표도 되지만 궁극적으로는 기업의 인적자원의 우수성을 입증하는 도구도 되는 것이다. 이러한 의미에서 ROI는 ROP(Return On People)라고 말할 수 있다.

03 | 경력개발

1 문제제기 및 목적

(1) 1997년 금융위기 후 우리나라 기업은 대폭적인 인력구조조정을 단행하였고 그 후 금융위기를 극복하였음에도 불구하고 기업의 인력운용에 대한 방어적 자세는 계속되고 있다. 기업으로서는 인력 감축을 통해 우선 인건비를 줄이려는 자세에서 보다 장기적인 시각에서 인력운용을 하여야 할 것이다. 경력개발은 인력운용에 대한 장기적 시각에서 출발하며 기업과 종업원 모두에게 매우 중요한 이슈가 된다.

> **참고**
>
> ① 경력(career) : 한 개인이 일생에 걸쳐 일과 관련하여 얻게 되는 경험
> ② 경력관리(career management) : 개인이 경력목표와 전략을 수립하고, 실행하며, 점검하는 과정
> ③ 경력개발(career development)
>   – 개인 측면 : 경력을 통해 자신의 직무관련태도, 능력, 성과를 향상시켜 나가는 과정
>   – 조직 측면 : 한 개인이 입사로부터 퇴직에 이르기까지 경력경로를 개인과 조직이 함께 계획하고 관리하여 개인욕구와 조직목표를 달성해가는 총체적 과정
>   경력개발은 다음의 의미를 가지고 있다.
>   • 과정(process)으로서의 활동　• 장기적 관점의 인재육성　• 개인의 주관적 관점의 강조
>   • 개인적으로는 자아개념의 확대를, 조직의 입장에서는 인적자원개발을 의미

(2) <u>경력개발의 필요성</u>은 기업을 둘러싸고 있는 외부환경 및 내부환경의 변화로 더욱 강조되고 있다.

1) 외부환경

① 우리나라 기업은 최근 들어 성장이 매우 둔화되고 있으며 국제화에 따른 무한경쟁시대에 접어들었다. 이러한 환경에서 기업의 경쟁력 확보를 위해서는 기업 내 핵심인재의 보유가 중요한 변수가 되고 있으며, 따라서 핵심인재의 확보를 위한 기업 간 경쟁 또한 치열하다.

② 사회구성원의 가치관이 집단주의에서 개인주의로 매우 급속히 변화
(과거 종업원은 한 직장에 오래 머물며 기업과의 공동체 의식을 당연시 → 이제는 자신의 성장을 위해 기업을 수시로 옮기고 있음)

③ 삶의 질을 추구하는 경향
(과거처럼 종업원에게 기업이 일방적인 헌신을 강조하기가 어려워짐)

2) 내부환경

① 직무내용이 질적으로 많이 변화 → 인력구조의 변화, 과거보다 전문인력의 필요성이 더욱 강조

② 분권화로 인한 업무방식의 변화

분권화는 업무수행자에게 보다 많은 권한과 자율성을 부여하게 되고, 팀조직을 통한 업무활성화, 다역량보유자의 필요성 증대 등 인력운용을 경력개발 지향적인 방향으로 전환할 것을 요구하고 있음

(3) 경력개발의 목적

1) 경제적 효율성면에서 기업이 추구하는 목적

① 종업원의 경력개발을 통해 인적자원을 효율적으로 확보 가능

② 조직의 노하우를 체계적으로 축적하여 경쟁력을 제고

③ 종업원의 기업조직에 대한 일체감을 제고시켜 기업 내 협동시스템의 구축이 보다 원활해짐

2) 사회적 효율성면에서 종업원에게 주는 장점

① 종업원의 성장욕구를 충족시켜 준다.

② 종업원에게 자리에 대한 안정감을 주고 미래를 보다 의미 있게 설계할 수 있게 해준다.

③ 노동시장에서의 자신의 경쟁력을 높게 해준다. (∵ 종업원에게 전문적 능력의 획득기회를 부여하기 때문에)

2 경력개발 시스템

경력개발은 종업원에게 장기적으로 의미 있는 상이한 직무를 부여함으로써 이루어진다.

▼ 경력개발 시스템

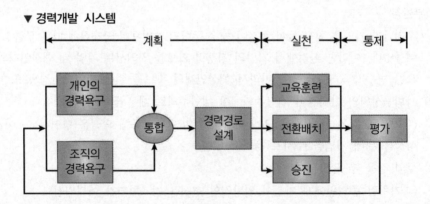

• 경력개발의 계획 활동

개인의 경력욕구에 대한 파악, 조직이 제공할 수 있는 경력기회 예측(경력욕구), 이들이 맞지 않을 경우 조정하는 과정을 거쳐 통합해야 하며 그 결과 경력경로가 설계된다.

- 경력개발에 대한 실천 활동 : 교육훈련, 전환배치, 승진

  해당 종업원이 설계된 경력경로에 있는 특정 직무를 수행하는 데 능력을 구비하고 있는 경우 그 직무에 바로 배치, 그렇지 못한 경우 교육훈련을 통해 능력을 갖추게 해야 하며, 이동이나 승진은 일종의 새로운 직무를 수행케 하는 활동

- 경력개발에 대한 통제 활동

  교육훈련, 전환배치, 승진에 대한 평가활동을 말하며 평가결과를 개인의 경력욕구 및 조직의 경력욕구에 피드백하여 수정을 가함으로써 경력개발의 효율성을 극대화시키는 것

(1) 경력욕구(Career needs)

경력욕구란 경력개발의 필요성을 인식하는 근거가 되는 것으로서 종업원 개인과 조직이 추구하는 경력개발 방향으로 구분되어 고찰될 수 있다.

1) 개인의 경력욕구

가. 개인의 경력욕구 형성과정 – 리치(Leach)의 모형

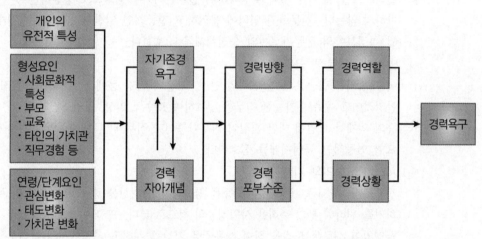

- 경력 자아개념 : 현재 개인이 보유하고 있는 기술, 재능, 능력 그리고 강점, 약점, 인생목표 등
- 경력역할 : 조직이 개인에게 기대하는 행동
- 경력상황 : 조직이 제공하는 경력기회(경력경로)

  (즉 자기가 원하는 직무가 조직에 존재하는지, 그리고 자기가 걸어가고 싶은 경력경로를 얼마나 많은 다른 종업원들이 동시에 추구하는지 그 경쟁상태)

  – 리치의 이론은 특정 개인이 가지고 있는 경력욕구의 형성원인을 과정적으로 이해하는 데 도움을 줌

나. 개인의 경력욕구 유형

  – 샤인(Schein)은 개인이 추구하는 경력욕구를 '경력의 닻(career anchors)'이라는 표현을 빌려 제시

- 샤인(Schein)과 드롱(Delong)이 제시한 개인의 경력욕구의 유형

① 관리지향

관리지향 유형에 속하는 사람들은 자신이 진정으로 일반관리자가 되기를 원한다. 이 유형은 승진을 주요 가치와 동기로 생각하고 담당업무에 대한 매력과 흥미를 자신이 담당한 업무가 얼마나 조직의 성공에 중요한가의 정도로 판단하며 조직과 자신을 강하게 동일시하여 근본적으로 조직인이라 할 수 있다. 이들은 높은 수준의 책임과 도전적이고 다양한 리더십이 발휘될 수 있는 통합적인 작업 및 조직에 공헌도가 큰 업무를 선호한다.

② 기술기능지향(연구직)

특정 종류의 작업에 강한 재능과 동기유인을 가지고 있으며 직무의 내용에 관심이 많다. 조직의 구성원으로서 이들은 조직과 목표설정에 있어서 함께 하기를 원하며 일단 목표가 합의되면 최대한의 자율성을 원한다. 행정가나 관리자와 연관이 있는 제너럴리스트를 덜 가치 있다고 생각하며 일반관리직무 담당으로 승진하는 것을 별로 좋아하지 않는다. 전문화된 영역에 몰입하고 전통적인 일반관리자의 승진체계와 동격인 특정분야의 전문가로서의 승진체계를 선호한다.

③ 안전지향(관료직, 공무원)

이 유형의 사람들은 자신의 직업 안정, 고용의 안정 등에 강한 욕구를 가지고 있다. 안정적이고 예측이 가능한 직무를 선호하며 보수의 인상, 작업조건의 향상, 복리후생 등의 외재적 요인에 대한 관심이 직무확충이나 직무개발, 내재적인 동기부여보다 많으며 연공적인 급여체계를 선호한다.

④ 사업가적 창의성 지향

신규조직, 신제품, 신규서비스 등을 창출하는 창의성을 중시한다. 자신의 부를 축적하기를 원하며 부의 축적을 사업성공의 척도로 본다. 또한 이들은 창조욕구가 강하며 끊임없이 새로운 도전을 하며 소유권을 가장 중시하고 조직에서의 복리후생 등에는 별 관심을 가지지 않는다.

⑤ 자율지향(계약직, 용역, 파트타임)

이 유형에 속하는 사람들은 조직은 개인을 규제하려고 하며 비이성적이고 강압적이라고 생각하므로 자유로운 직업을 갖기를 원하며 그의 재능범위 내에서 분명하게 구분이 되고 시간적 경계가 있는 직무를 원한다. 상여금 등 성과에 의한 보상을 선호하며 승진은 과거의 성과에 대한 보상의 개념으로 보고 승진을 함으로써 자율성의 확대를 기대한다.

⑥ 봉사지향(사회서비스업)

자신이 가진 특정의 중요한 가치를 기준으로 직무의 가치를 평가한다. 대체로 이들은 공헌에 대한 공정한 보상을 원하나 보수 자체를 중요시하지 않으며, 공헌을 인정하는 승진제도를 중시한다.

⑦ 도전지향(영업직군, 세일즈맨)

항상 어렵고 도전적인 문제의 해결 기회를 많이 제공하는 직무를 좋아하며 일상의
업무를 전투라고 생각하고 승리를 최대의 목표로 삼는다.

⑧ 생활지향(life style)

경력은 덜 중요하며, 얼핏 경력 닻이 없는 것처럼 보이지만 실제로 경력은 자신의 전
체적인 생활스타일과 잘 혼합되어야 한다고 주장하는 유형이다. 개인사, 가족생활,
경력을 제대로 통합할 수 있는 방법을 찾는 것을 더 중요시한다.

다. 경력단계 - 생애경력단계 : 홀(Hall)

개인이 추구하는 경력욕구는 그의 연령에 따라 변화된다.

이와 관련하여 홀은 아래와 같은 경력단계와 단계별로 개인이 갖게 되는 경력욕구의 형태를
제시

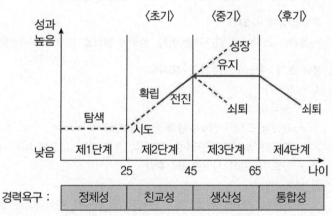

① 제1단계 : 탐색단계(25세 이하)

개인이 자아개념을 정립하고 경력방향을 결정하는 단계이다. 이때 직업탐색이 일어나며
경력 또는 일에 대한 정체성이 형성

② 제2단계 : 확립단계

이 시기에 개인은 특정한 직무영역에 정착한다. 성과가 향상되며 조직에 대해서는 친밀
감 및 귀속감을 갖게 됨

③ 제3단계 : 유지단계

개인의 관심은 오로지 일에 매달리는 것이며 하는 일에 있어 새로운 것은 적으나 일관성
이 존재한다. 이 시기는 무언가 의미 있는 것을 만들어내려고 노력하는 시기로서 생산의
시기라고도 한다. 또한 이 시기에 중년의 위기(mid-life crisis)가 나타나며 개인이 이
를 얼마나 잘 극복하느냐에 따라 다시 성장할 수도 또는 쇠퇴해 버릴 수도 있다. 개인이
자신을 조직과 동일시하게 되는 경향이 강해지며 가족, 지인들과의 관계를 재정립하고
미래의 인생설계를 다시 한 번 정립하려고 한다.

④ 제4단계 : 쇠퇴단계

이 시기에 개인은 조직에서의 은퇴를 준비한다. 육체적·정신적으로 능력이 쇠퇴하는 시기이며 경력개발에 대한 모티베이션이 줄어드는 시기이다. 이 시기를 통합단계라고도 하는데 그 이유는 자신의 인생에 대한 의미를 총정리한다는 뜻이 내포되어 있기 때문이다.

➲ 홀의 경력단계 모델에서 단계를 구분하는 연령은 개인마다 문화권마다 다소 차이가 날 수 있겠지만 전체적인 흐름은 본질적으로 유사할 것이다.

이와 같이 개인의 경력욕구는 고정된 것이 아니라 변화를 그 전제로 하고 있다.

참고   경력개발 5단계

1. **직업선택단계** : 일을 위한 준비(0~25세)
   - 직업 이미지 개발, 직업탐색, 최초 직업선택, 필요교육 이수

2. **조직입사(18~25세)**
   - 원하는 조직에서 일자리를 얻음, 정확한 정보를 토대로 직무선택

3. **경력 초기** : 확립과 성취(25~40세)
   ① 정착시기
      - 조직사회화
      - 개인과 조직간 상호수용과 심리적 계약
      - 조직의 과제(오리엔테이션, 도전적 과제 부여, 피드백 제공, 상사의 지원)
      - 멘토 및 기타 지원관계의 확립
   ② 성취시기
      - 충분한 도전과 책임의 제공, 인사평가와 피드백, 현실적이고 유연한 경력경로 구축, 경력 탐색 자극

4. **경력 중기(40~55세)**
   - 이 시기에 나타나는 문제 : 경력정체, 쇠퇴
   - 조직의 경력 중기 관리활동
     - 경력중기에 대한 이해
     - 직무재설계
     - 지속적 교육
     - 이동기회 제공
     - 멘토링 기법 강습
     - 보상체계 확대

5. **경력 말기**
   - 경력 말기 구성원의 관리 방안
     - 성과기준 개발과 피드백
     - 퇴직준비 프로그램 개발
     - 교육과 직무재설계
     - 퇴직관리

2) 조직의 경력욕구

① 경력개발의 필요성은 기업의 경영전략에서 파생된다. 조직의 경력욕구는 기업의 경영전략에 입각한 미래의 인력수요예측에서 나온다. 즉 기본적으로 미래의 특정 시점에 필요한 인력을 기업내부에서 확보하려는 데 있다.

② 경력개발에 대한 조직의 경력욕구는 현직 종업원의 능력을 신장시켜 성과의 향상을 추구하는 것. 즉 직무가 요구하는 자격요건과 현직 종업원이 보유하고 있는 자격수준간의 갭(gap)이 바로 경력개발의 필요성이 된다.

③ 종업원에게 미래에 대한 비전을 제시해 줌으로써 심리적 안정감 그리고 이직률의 감소를 추구한다. 이것은 기본적으로 조직의 사회적 효율성을 극대화시키는 효과

3) 경력욕구의 통합

– 개인과 조직의 경력욕구가 일치하지 않을 경우 이를 조정해야 한다.

– 개인의 경력목표에 대한 수정과정에서 직속상사는 부하가 자신의 경력목표 설정과 관련하여 자신을 평가할 때 지원을 할 수 있고 인사부서는 개인에게 각종 경력에 관한 정보를 제공해야 한다. 이와 병행하여 조직 또한 종업원이 가지고 있는 경력목표를 최대한 충족시킬 수 있는 대안을 마련하는 데 노력해야 한다.

(2) 경력경로 설계

1) 경력경로(career path)

개인이 조직에서 여러 종류의 직무를 수행함으로써 경력을 쌓게 될 때 그가 수행할 직무들의 배열

2) 전통적 경력경로

① 개념 : 개인이 경험하는 조직 내 직무들이 수직적으로 배열되어 있는 경우
  – 주로 서양기업(미국, 독일 등)에서 발견

② 장점
  • 직선적으로 직무가 배열되어 있어 개인은 자신이 걸어가야 할 경력경로를 명확히 알 수 있다.
  • 특정 분야에 계속 머무르게 되어 해당 분야의 전문성을 극대화

③ 단점
  • 오늘날의 기업환경변화로 인한 기업합병, 하이테크 도입 등으로 인한 중간관리층의 슬림화
  • 직무수준별 개인의 경력욕구의 변화
  • 기업의 종업원에 대한 온정주의 및 직업안전의 퇴조
  • 종업원의 조직에 대한 충성심 퇴조

3) 네트워크 경력경로

① 개념 : 개인이 조직에서 경험하는 직무들이 수평적 뿐만 아니라 수직적으로 배열되어 있는 경우(해당 직급 내 여러 직무를 개인이 수행한 후 상위직급으로 이동)

　－ 주로 일본이나 우리나라에서 흔히 발견

② 장점

　• 종업원에게 해당 직급별 다양한 직무경험을 할 수 있게 하여 인력배치의 유연성을 높일 수 있음

③ 단점

　• 해당 직무에의 체류기간이 상대적으로 짧고 여러 상이한 직무를 수행하기 때문에 특정 분야에 대한 전문성을 극대화시키는 데에는 제약이 있음

4) 이중경력경로(dual－career path)

① 개념 : 원래 기술직종 종사자들을 대상으로 개발된 것으로서 이들이 어느 정도 직무경험을 쌓았을 때 관리직종으로 보내지 않고 계속 기술직종에 머물게 함으로써 그들의 기술분야 전문성을 높이게 하는 것

　－ 전문능력이 향상됨에 따라 보상수준도 당연히 높아져야 함

　－ 첨단 기술을 도입하고 있는 기업이나 연구소에서 많이 활용

② 장점

　• 전문인력 육성이 가능

　• 승진정체 해소

　• 종업원에게 경력경로의 선택옵션 제공

③ 단점

　• (연구)전문직의 열악한 처우

　• 원로 직원들의 Dumping Ground로 전문직이 활용되는 부작용

④ 제도의 개선방안

　• 올바른 경력정보의 제공

　• 전문가－관리자 수평이동 기회부여

　• 보상의 형평성

　• 개인니즈의 경력관리에의 반영이 필요

(3) 경력정체

1) 개념

　－ 경력정체는 조직생활을 통하여 객관적으로 안정된 위치에 있음에도 불구하고 조직생활에 대해 불만족을 느끼는 상태이며 경력정체인력은 조직의 계층에서 더 오를 자리도 더 떨어질 자리도 없는 지위에 있는 사람

- 경력정체는 조직에서 객관적인 직급상승의 정지 외에도 개인이 느끼는 주관적인 것도 포함된다.
  - 객관적 경력정체는 구조적 경력정체라고도 하는데 조직에 존재하는 객관적인 상위직급의 제한된 직무에서 비롯됨
  - 주관적 경력정체는 직무를 수행하는 개인이 직무에 대해 갖고 있는 태도를 말함

참고 ── 경력정체가 발생하는 이유

- 피라미드 조직구조상 위로 올라갈수록 적어지는 직위의 수
- 조직의 다운사이징으로 상위직에 대한 경쟁 증대
- 성장속도가 느린 조직에서 더 크게 나타남
- 기술변화로 인해 특정 경로가 없어지고 종업원들이 충분히 준비하지 못한 새로운 경력경로가 생겨남
- 일부 종업원은 현재 자신의 직위가 자신에게 충분하다고 생각 or 승진을 위한 능력부족 or 경력관리기술이 부족
- 균형 잡힌 인생에 대한 욕구가 강해지면서 가정 or 여가에의 시간투자와의 갈등 때문에 더 이상의 승진을 바라지 않는 경우도 나타남

참고 ── 경력정체 인력의 유형

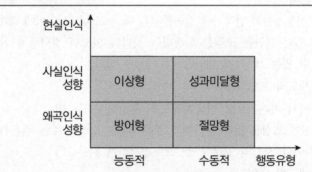

- 방어형 : 경력정체 현실에 대해 왜곡된 인식성향을 보여주며 행동이 매우 능동적인 사람이다. 이들은 자신의 경력이 정체된 책임을 조직에 전가하며 타인을 비난하고 조직에 대해 부정적 행동을 과감히 한다.
- 절망형 : 경력정체의 책임을 조직에 돌리지만 수동적인 행동성향을 가지고 있기 때문에 현실에 대해 절망하고 무기력함을 보여준다.
- 성과미달형 : 경력정체의 책임을 자신이 져야 한다는 인식을 갖고 있으나 수동적인 행동성향을 가졌기 때문에 조직에 대해 별다른 대항을 하지 않으며, 스스로 현실에 안주하려는 자세를 보여준다.
- 이상형 : 경력정체 원인에 대한 정확한 인식을 하며 능동적인 행동성향을 갖고 있어 주어진 상황에서 조직과 자신에 대해 최선을 다하여 노력하는 모습을 보여준다.

참고 | **경력정체의 부정적 / 긍정적 효과**

1. 부정적 효과

정체된 종업원은 분노하고 좌절하고 따분함을 느끼며, 자신의 일에 관심이 줄어들고 의욕도 낮아질 수 있다. 궁극적으로 성과가 저하되고 소속 부서와 조직의 성과감소가 초래될 수 있다.

2. 긍정적 효과

- 경력정체는 전문적이고 개인적인 측면에서 긍정적인 면도 있을 수 있다.
- 실제로 경력정체는 개인의 성장에 긍정적인 영향을 줄 수 있다.
  (∵ 경력정체가 되면 시간적으로 안정성이 있기 때문에 새로운 기술을 배울 수 있고 예측 가능한 가정/개인 생활을 추구할 수 있으며 정신적 에너지도 재충전할 수 있다.)
- 경력이 정체된 사람은 조직에 대한 동류의식과 몰입수준이 낮아지지만 동료 및 고객과의 개인적인 동류의식은 증가한다는 연구결과도 있다.
- 다른 연구에서도 대부분의 관리자는 큰 어려움 없이 경력정체에 적응하고 있는 것으로 나타났다.
- 이러한 적응방법으로 직무 외의 활동에 흥미를 갖고 승진의 부정적 측면을 강조하는 것 등이 있다.

---

2) 경력정체를 극복하기 위한 대책

가. 객관적 경력정체

이는 조직이 성장기에서 안정기에 접어들었을 때 주로 나타남. 이에 대한 완전한 문제해결을 가져다줄 수 있는 대안은 조직을 확장하는 것밖에 없으나 경력정체 인력이 느끼는 고통을 최소화시킬 수 있는 몇 가지 대안을 강구할 수 있다.

① 진로선택제도의 도입

기업조직에서 기본적으로 전문직제도를 활성화시키는 것

(계층 승진에 초점을 맞춘 관리직과 전문지식을 보상해 주는 전문직으로 구분하여 구성원으로 하여금 자신의 진로를 스스로 결정하게 하는 것)

② 직능자격제도의 도입

조직의 제한된 계층승진 기회와 개인이 보유한 역량 간의 불일치를 자격승진을 통한 보상상승을 부여하는 것

나. 주관적 경력정체

극복 방안

① 직무재설계 - 직무확대 내지 직무충실 방향으로 직무를 재설계

② 순환보직 - 조직구성원에게 새로운 직무를 경험할 수 있게 한다.

다. 경력정체극복방안의 성공을 위한 CSF

- 조직과 경력정체 인력 간 경력정체원인에 대한 책임분담 그리고 제도의 수용성이 전제가 되어야 함

3 전환배치

(1) 전환배치의 원칙

- 전환배치(transfer)는 종업원이 한 직무에서 다른 직무로 이동하는 것
  - **수평적 이동** : 새로 맡을 직무가 기존의 직무와 비교해 볼 때 권한, 책임, 보상 측면에서 별다른 변화가 없는 경우를 말하는데 이를 전환배치라고 한다.
  - **수직적 이동** : 이 중 상향적 이동은 승진(promotion), 하향적 이동은 강등(demotion)
- 경력개발의 실천활동으로서의 전환배치는 이미 설정된 경력경로에 부합되어야 하며 이를 위해 지켜야 하는 몇 가지 원칙이 있다.

1) 적재적소적시주의

종업원을 전환배치시키는 데 해당종업원의 '능력(적성) – 직무 – 시간'이라는 세 가지 측면을 모두 고려하여 이들 간의 적합성(fitness)을 극대화시켜야 된다는 원칙

2) 인재육성주의

종업원에게 전환배치를 통해 능력이 신장될 수 있도록 한다('성장욕구 – 직무'간의 적합성을 극대화시키는 원칙).

3) 균형주의

앞의 두 원칙을 실행에 옮기는 데 있어서 조직 전체의 종업원 상황을 고려하여 전환배치를 해야 하는 원칙(개인별 직무적합성의 극대화보다 '개인 – 직무'간의 연결의 합이 조직 전체적으로 볼 때 조직력 증가, 협동 시스템 구축, 나아가 종업원의 전체 사기의 증가를 중요시하는 원칙)

(2) 전환배치의 유형 – 기업에서 실제 일어나고 있는 전환배치의 유형

1) 생산 및 판매변화에 의한 전환배치

제품시장의 환경변화로 인해 생산 및 판매상황이 바뀌게 될 때, 기업은 상황 변화에 따른 인력수요와 공급을 조절하기 위해 전환배치를 하게 된다.

2) 순환근무(job rotation)

주로 경력개발의 목적으로 실시되는 전환배치의 형태로서 종업원이 특정 직무에 오래 근무했을 경우 매너리즘에 빠지는 것을 막고, 기능다양성 내지 능력신장을 할 수 있는 기회를 제공하여 해당 종업원의 경력욕구를 충족시키기 위해 도입(많은 경우 조직 내 특정 직무의 후계자 양성의 일환으로 실시)

3) 교대근무(shift transfer)

- 경력개발과 관계없이 업무는 변화되지 않고 근무시간만 바뀌는 전환배치의 한 형태
  (예 기계설비를 24시간 계속 가동해야 하는 경우 3교대 내지 2교대 근무인력 편성)
- 교대근무 시간 및 배치일정을 계획할 때 고려해야 되는 중요사항이 바로 개인의 바이오리듬

4) 교정적 전환배치(remedial transfer)

개인의 적성이 해당 직무와 맞지 않았을 때, 특정개인이 작업집단 내 인간관계에 문제가 생겨 협동분위기가 훼손될 때, 상사와 부하 간 갈등이 심화되었을 때 해당 종업원을 다른 작업집단 혹은 직무로 전환배치시킴으로써 '개인-직무-작업집단' 간의 적합성을 극대화시킬 수 있다.

➔ 기업실무에서 일어나는 전환배치는 경력개발 차원뿐만 아니라 종업원의 개인적 상황(주거위치, 배우자의 직장위치, 자녀의 교육문제 등)을 고려하여 전환배치를 통한 종업원의 만족을 극대화 시키는 방향으로 실시된다.

4 승진

(1) 개념 및 중요성

1) 개념

– 승진(promotion)은 기업 내 개인이 현재 수행하는 것보다 더 나은 직무로의 이동을 의미한다. 보다 나은 직무가 되기 위해서는 ① 직무내용의 변화로 과거보다 권한 및 책임의 크기가 증가 ② 임금, 지위 등 보상이 증가되어야 한다.

– 기업조직에서의 승진은 <u>유교문화적 가치관</u>을 충족시키는 데 중심적 역할을 한다(유교문화적 가치관 : 체면을 중시하고 권위주의적 위계질서를 중요시하며 보다 높은 지위로 올라가고자 하는 상향의식 등으로 특징지을 수 있음).

2) 중요성

① 자기 자신, 가족 및 주위 사람들로부터 인정감을 보장

현재 조직에서의 직급이 자신의 체면을 유지 내지 높이는 기준으로서 그 역할을 하고 있는 것이다.

② 권한(power)의 증가

보다 많은 부하, 자신의 지배욕구를 충족시켜주는 도구

③ 보상의 증가

임금의 상승은 생활의 질을 높일 수 있는 중요한 도구

④ 성장욕구의 충족

승진 전보다 도전적이고 수준이 높은 직무를 부여받기 때문에 자신의 잠재능력을 발휘할 수 있는 기회가 부여됨

⑤ 조직 내에서의 심리적 안정감

조직으로부터의 인정감의 표시가 되며 → 직장안전으로 연결되어 개인으로 하여금 조직 내에서의 심리적 안정감을 가져다줌

(2) 승진정책(승진기준)

바람직한 승진정책을 위해서는

첫째, 승진에 대한 연공주의와 능력주의에 대한 기업의 기본입장이 수립되어야 하며,

둘째, 승진의사결정시 지켜야 하는 기본원칙으로서 적정성·공정성·합리성의 원칙이 수립되어야 한다.

1) 연공주의와 능력주의

가. 연공주의

① 개념

- 연공(한 조직 내지 해당 직급에서의 개인의 근속기간)이 높은 종업원을 우선적으로 승진시켜야 한다는 입장
- 대개 우리나라의 기업에서는 학력별 근속기간을 중요시

② 연공주의의 근거

- 유교문화권에서 장유유서의 사회적 가치관
- 연령 내지 연공이 협동시스템 구축의 중요한 역할
- 숙련상승가설(개인의 숙련 내지 능력 신장은 많은 경우에 있어서 연공에 정비례한다는 가정)
- 평가시스템 미비로 인한 광범위한 수용(이러한 이유로 노동조합은 조합원의 단결을 위해 보다 이해하기 쉽고 관리자의 주관성을 배제시킬 수 있는 연공주의를 강력히 주장)

나. 능력주의

① 개념 : 승진후보자가 보유하고 있는 능력을 중시해야 한다는 입장

② 등장배경

- 기본적으로 연공주의가 지니고 있는 불합리성에서 출발. 대표적으로 연공에 입각한 '숙련상승설'에 대해 그렇지 않은 경우가 많다는 것이다(예 하이테크 도입 기업, 창의력이 요구되는 연구개발부서).
- 우리나라의 경우 기업의 세계화와 관련하여 능력주의를 도입하고 있는 서양 선진 기업과의 경쟁에서 연공주의가 효율적이지 못하다는 인식. 또한 유교문화에 바탕을 둔 전통적 가치관인 연령의 역할이 오늘날 확산되고 있는 개인주의 지향적인 조직에서 질서유지 및 협동시스템 구축에 힘을 발휘하는 데에는 한계

③ 문제점

- 능력에 대한 객관적인 평가시스템이 구축되어 있지 못해서 능력주의가 잘못되면 승진의사결정이 상사의 주관적인 평가에 의존
- 여전히 조직 내 구성원 간의 감성에 바탕을 둔 협동이 요구되고 있어서 종업원들 간의 협동관계에 연공이 힘을 발휘하고 있다는 것

⊃ 승진의사결정에 있어서의 연공주의와 능력주의는 우리나라 기업이 안고 있는 사회문화적·경제환경적 특성으로 인해 어느 하나를 선택하는 데 어려움이 있다. 장기적 측면에서는 능력주의 방향이 합리적이겠지만 중·단기적으로는 두 방향을 혼용하면서 기업의 여건(풍토)이 능력주의를 수용할 수 있도록 발전시켜 나가야 한다.

2) 승진의 기본원칙

승진의사결정의 질을 높이고 종업원의 수용성을 극대화시키는 데 결정적인 역할을 한다.

가. 적정성의 원칙

- 해당 기업이 종업원에게 어느 정도의 승진기회를 부여하느냐
- 승진기회의 크기에 대한 적정성의 파악
  - 시간적 차원 : 해당 기업에서 과거 조직구성원집단이 받았던 승진기회와 현재 유사한 구성원집단이 받고 있는 승진기회를 비교
  - 공간적 차원 : 해당 기업과 유사한 조직에서의 구성원이 받고 있는 승진기회와 해당 기업의 승진기회를 비교

나. 공정성의 원칙

- 조직이 구성원에게 나누어줄 수 있는 '승진기회'의 덩어리를 올바른 사람에게 배분했느냐
- 이 원칙은 상대적인 것이기 때문에 지켜지지 않을 경우 조직 내 구성원들 간의 갈등의 원인이 된다.

다. 합리성의 원칙

- 조직구성원이 조직의 목표달성을 위해 공헌한 내용을 정확히 파악하기 위해 무엇을 '공헌' 내지 '능력'으로 간주할 것인가
- 예 연고주의(지연·학연·혈연)에 입각한 승진기준은 비합리적
  조직의 직무수행/ 목표달성과 관련성이 있는 요소(개인의 업적, 현재능력, 잠재능력, 적성 등)를 승진기준으로 할 때 합리성 확보

(3) 승진유형

1) 직급승진

- 종업원이 상위직급으로 이동하는 것
- 기본전제는 상위직급의 특정직무가 공석이 되어야 한다(소위 T/O가 나야 가능해진다는 것).
- 직급승진을 결정하는 데에는 연공주의나 능력주의 적용.
- 승진 후보자들을 상대평가하여 T/O만큼 승진시키게 되는데, 승진에 탈락된 경우에도 상위직급을 수행할 수 있는 능력내지 연공을 갖춘 종업원이 발생하게 된다(승진정체현상).
- 승진이 된 자에게는 권한·책임·보상의 증가를 확실히 해줄 수 있는 명실상부한 승진이지만, 승진정체 시에는 정체인력의 사기저하 및 유능한 인력이 타 조직으로 이동하는 결과를 초래

참고 **직계(직위)승진**

- 직무주의에 입각하여 직무의 분석 · 평가 · 분류가 이루어진 후 직무의 자격요건에 따라 적격자를 선정하여 승진시키는 방법
- 직계승진에서는 구성원의 역량구조와 직계요건이 일치되어야 한다(but 현실적으로는 일치가 어려운 경우가 있다).
- 급격한 환경변화에 따라 직무요건에 변화가 발생하는 경우가 많기 때문에 직계구조가 안정적이지 않은 경우도 적지 않다.
- 따라서 이 제도는 다른 승진제도와 보완하여 융통성 있게 활용되는 경우가 많다.

2) 자격승진

종업원이 갖추고 있는 직무수행능력(직능)을 기준으로 승진시키는 제도. 이러한 제도를 소위 '직능자격제도'라고 하는데 기업은 직종별 직급과 직능의 수준을 분리하여 관리하게 된다.

▼ **직능등급과 직급 간의 관계(관리직종의 예)**

직능등급	직급명칭				
9등급	부장				
8등급		차장			
7등급					
6등급			과장		
5등급				대리	
4등급					
3등급					사원
2등급					
1등급					

관리직종의 경우 종업원의 직능수준을 9등급으로 나누어 종업원의 능력이 신장되었을 때 평가하여 해당 직능등급을 부여. 여기서 직능등급의 향상이 반드시 직급의 향상을 가져다주지는 ×

① 직능자격제도 하에서는 상위 직능등급에 대한 T/O개념은 ×

누구라도 직능을 갖추게 되면 상위 직능등급으로 자격이 상승. 따라서 직능의 평가는 절대평가가 도입된다.

② 장점

기업이 직능자격제도를 도입하는 이유

• 종업원의 능력신장을 인정

• 종업원으로 하여금 능력신장을 위해 노력하도록 자극

• 승진정체현상으로 인해 유능한 인재가 해당 기업을 떠나지 못하게 도달한 능력의 수준을 공식적으로 인정

③ 단점
- 능력이 신장된 종업원이 이에 상응되는 직무를 수행하지 못하는 과잉능력(overqualified) 상태가 되었을 때 종업원의 직무에 대한 불만족이 나타남
- 기업의 입장에서 종업원에 대한 보상(임금)을 업적이 아닌 능력을 기준으로 지급하기 때문에 종업원이 수행하고 있는 직무에 비해 과잉능력을 갖추었을 때 그만큼 인건비가 추가로 발생

3) 대용승진

① 승진은 발생했지만 직무내용이나 보상(임금)이 변동되지 않은 경우, 즉 직무내용의 실질적인 변동 없이 직급명칭 혹은 자격명칭만 변경되는 형식적 승진

② 필요성
- 조직내부 사정상 오랫동안의 승진정체 현상 때문에 조직분위기가 정체되어 있을 때 도입
- 종업원이 대외업무를 수행하는 경우 접촉고객의 종업원에 대한 신뢰심을 높이기 위해

(4) 승진기준

우리나라 기업에서 도입하고 있는 승진기준은 연공주의와 능력주의를 혼용하여 구성되어 있다.
- 연공주의를 반영하는 기준 : 경력점수
- 능력주의를 반영하는 기준 : 인사평가점수, 연수점수

1) 경력평정(경력점수의 산정)

- 종업원에 대한 경력평정은 해당직급에서의 근속연수를 기준으로 이루어진다. 기본적으로 연공을 반영하는 것이 목적
- 전제는 근속연수가 많아짐에 따라 해당종업원의 능력수준이 높아지고 그 결과 업적도 높아질 것이라는 숙련상승설

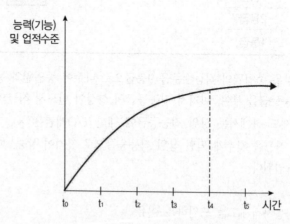

- 연공과 능력(기능) 및 업적수준 간의 관계는 첫 몇 년 동안은 근속연수가 능력을 많이 반영하겠지만 어느 시기가 지나면 능력의 증가가 체감될 것이며 나중에는 오히려 감소될 수 있다(새로운 기술도입으로 인한 기능의 노후화 현상과 직무수행자가 동일 직무를 너무 장기간 맡았을 때 나타나는 매너리즘 내지 무사안일주의가 그 원인이 된다).

↳ 경력을 평정할 때 '표준연수' 동안의 경력을 점수에 반영하는 것이 바람직(표준연수 : 해당 직급에서 근속연수와 능력신장 간의 관계가 정비례되는 시기)

2) 인사평가

- 인사평가에서의 평가요소는 크게 능력(역량), 개인적 특성, 직무행동, 업적으로 나눌 수 있다.
- 승진기준으로서의 인사평가는 그 내용면에서 승진후보자의 능력, 특히 잠재능력이 가장 중요한 평가요소가 되어야 한다.

3) 연수평정

① 연수평정 : 승진후보자가 기업에서 실시하는 교육훈련 프로그램에 참가하여 획득한 학습 성과
② 개인의 잠재능력을 간접적으로 평가할 수 있는 지표가 될 수 있음
③ 문제점
- 기업에서 제공하는 교육훈련 프로그램이 미래의 직무를 수행하는 데 필요한 지식 및 기능을 얼마나 제공하고 있는가?
- 교육훈련 기간이 매우 짧기 때문에 교육훈련 참가자가 어느 정도 새로운 지식 및 기능을 학습할 수 있는가?

(5) 경력개발에 대한 평가

- 경력개발에 대한 통제활동의 일환으로 실시

1) 경력개발의 실천활동(교육훈련, 전환배치, 승진의사결정)에 대한 평가기준

• 기업에서 실시한 교육훈련을 통해서 종업원이 해당 경력경로를 걸어가는 데 얼마나 도움을 주었는가?
• 전환배치가 합리적으로 이루어졌는가?
• 승진의사결정이 승진원칙(적정성·공정성·합리성)을 얼마나 충족시켰는가?

2) 경력개발의 유효성(career effectiveness)에 대한 평가

이는 경력개발에 대한 실천활동과 계획활동이 경력개발의 목표에 미친 영향을 파악하는 데 있다.
[이와 관련한 평가 내용]
① 경력성과를 평가
경력개발 프로그램으로 인한 종업원의 능력, 기능, 보상의 증가를 측정하는 것
② 종업원의 경력개발에 대한 태도 평가
종업원이 기업의 경력개발 프로그램을 자신들의 성장욕구 충족 및 능력향상에 기여할 것으로 인식하는 정도
③ 경력개발 프로그램이 개인과 조직의 목표를 일치시켜 조직 내 협동시스템을 구축하는데 어느 정도 기여하였는지를 평가
④ 경력개발 프로그램이 기업의 미래의 인력 확보 및 배치의 유연성에 어느 정도 기여하는지를 평가

박문각 공인노무사

인력보상

보상(compensation)

임금 외에도 종업원이 기업으로부터 받게 되는 일체의 금전적 및 비금전적인 것을 포함하는 개념

- 경제적 보상(금전적인 보상) : 임금, 의료지원, 연금보조, 체육시설 제공 등
- 비경제적 보상 : 탄력적 근무시간 제도, 직무확대화를 통한 자율성 및 기능 다양성 제고 및 조직에서의 안정감 부여

참고 **보상시스템의 유형**

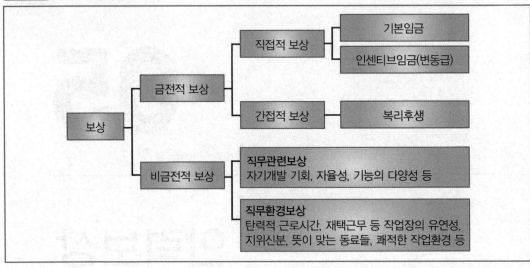

보상관리(compensation management)

종업원이 받는 다양한 유형의 보상을 조직의 목적달성에 기여하도록 체계적으로 관리하는 과정
- 인력보상은 기업에게 경제적 효율성(인력확보 및 유지, 동기부여)을 종업원에게 사회적 효율성(생활의 질 향상, 사회적 신분상승)을 가져다준다.
- 대부분의 기업에서는 보상을 제품원가의 구성요소인 비용으로 보기 때문에 보상의 경제적·사회적 효율성을 달성하는 데에는 갈등문제가 존재한다.

[갈등문제 해결의 대안]
• 낮은 인건비와 높은 보상을 동시에 추구(테일러의 과학적 관리법). 이는 생산성 향상을 통해 가능해진다.
• 보상의 공정성 확보
• 비경제적 보상을 최대한 개발하여 종업원 욕구를 충족

▼ 인력보상에 대한 관리적 접근

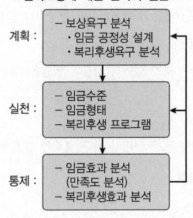

계획 :
- 보상욕구 분석
  • 임금 공정성 설계
  • 복리후생욕구 분석

실천 :
- 임금수준
- 임금형태
- 복리후생 프로그램

통제 :
- 임금효과 분석
  (만족도 분석)
- 복리후생효과 분석

01 | 임금

1 임금의 중요성

(1) 개념

임금 : 근로자가 조직에 대해 제공한 노동에 대한 대가로 받는 금품 일체

(2) 중요성

1) 경제적 효율성

① 생산성에 영향

로크의 연구에 따르면 임금은 30%, 목표설정방법은 18%, 직무충실화는 17%, 의사결정참가는 0.5%의 생산성 증가를 가져옴

② 기업 이윤획득은 물론 해당 상품의 경쟁력요소

임금은 기업이 생산하는 제품의 제조원가의 상당한 부분을 차지하고 있기 때문이다.

③ 인력을 확보하는 데 중요한 역할

유능한 인재의 확보와 유지에 있어서 임금의 역할은 매우 큼

2) 사회적 효율성

① 생리적 욕구를 충족

종업원 소득의 주 원천으로서 생리적 욕구 충족에 결정적 역할

② 종업원의 생활의 질 향상

③ 종업원의 존경욕구 충족

임금이 개인의 능력·업적을 반영할 때 임금인상은 조직에서의 인정감의 표시, 사회적 지위의 상징이 되는 것이다.

> 참고 **임금의 동기부여적 기능**

허츠버그는 2요인이론에서 임금은 동기요인이 아닌 위생요인으로서 종업원에게 만족을 주지 못하고 단지 불만족을 감소시키는 작용만 하는 것으로 파악하였다. 그러나 최근의 많은 연구들은 임금의 동기부여적 가치를 인정하고 있다. 즉 임금은 동기부여 요인으로서 근로자의 작업 및 고객에 대한 태도와 행동에 지배적인 영향을 미쳐서 생산성의 향상과 품질개선, 고객만족 증대 등 조직의 유효성을 증대시키는데 핵심적인 역할을 한다는 것이다.
- 아담스의 공정성 이론
- 브룸의 기대이론

종업원의 직무수행을 위한 모티베이션은 '기대', '수단성', '유의성'에 달려 있다고 본다. 종업원들이 화폐를 매력이 있는 유인가로 보고 노력을 해서 좋은 성과를 달성하면 보상도 증가될 것으로 확신하는 경우에 임금은 높은 성과를 유도한다는 것이다. 여기서 높은 성과가 보다 많은 임금을 가져다주리라는 종업원의 확신인 수단성에 대한 지각이 임금의 동기부여적 기능의 성공적인 열쇠가 된다.

> 참고 **임금관리의 내용과 목적**

1. 임금관리의 내용

(1) 임금관리 : 인사관리시스템의 하위구성요소로서의 임금이 조직의 목적달성에 기여하도록 체계적으로 관리하는 과정
- 임금관리는 노사간 이해대립적인 임금의 양면성을 극복해서 조직과 개인의 목표를 균형적으로 달성함으로써 노사 공존공영을 이룩하는 방향으로 전개되어야 한다.

(2) 임금수준 관리 : 종업원들에게 제공되는 임금액의 크기와 관련된 것으로, 임금수준이 기업과 종업원의 입장, 기타 노동시장요인 등을 고려해서 기업과 종업원 모두에게 적정하다고 생각되는 수준이 되도록 결정하는 데 중점을 둔다. 기업은 적절한 임금수준 관리를 통해서 임금의 대외적 공정성을 달성함으로써 기업의 경쟁력을 확보하고 동시에 종업원의 생활안정도 실현할 수 있도록 하여야 한다.

(3) 임금체계 관리 : 임금수준 관리에 의해 결정된 임금총액을 종업원들에게 공평하게 배분하는 방식의 문제와 관련된 것. 즉, 임금항목을 공정하고 타당한 배분기준에 입각하여 구성함으로써 종업원들 간에 공정한 임금격차를 유지하고 이를 통해 종업원들의 임금만족과 동기를 유발시키는데 그 중점이 있다. (배분기준으로는 연공기준, 직무가치기준, 직무수행능력기준 등)

(4) 임금형태 관리 : 임금의 계산 및 지불방법에 관한 것으로 임금형태로는 시간급, 성과급 등이 있다. (학자들에 따라서는 성과기준의 성과급을 임금체계 관리에 포함시키기도 함)

임금체계 관리와 임금형태 관리는 임금의 내부적 공정성과 개인적 공정성 확보에 중점을 둔다.

2. 임금관리의 목적

(1) 공정성의 확보
임금관리의 근본적인 목적으로 종업원들이 임금에 대해 조직 외부적으로나 내부적으로, 혹은 개인적으로 공정성을 느낄 수 있도록 모든 종업원들에 대해 공정한 대우를 해주는 것

(2) 동기부여와 조직유효성 증대

(3) 안정성의 실현
- 종업원측은 안정된 소득과 생활을 위해 고정비적 성격으로서의 임금안정성을 원함
- 기업측은 경영의 안정을 위해 지불능력과 연계된 변동비적 성격의 임금의 안정성을 원함

2 임금공정성(equity)

– 임금에 대한 공정성 추구는 자본과 노동 간의 가치배분과 관련되는 갈등 및 기업 내 종업원 간의 임금배분과 관련되는 갈등을 줄이는 데 결정적인 역할을 하며 임금관리의 경제적·사회적 효율성을 달성할 수 있게 함
– 임금의 공정성 문제는 보상을 어떤 거래차원으로 보느냐에 따라 달라질 수 있다.

(1) 보상에 대한 거래차원

1) 경제적 거래 – 노동에 대한 시장가격

이때의 임금이란 종업원을 생산의 한 요소로 보고 이를 사용하는 데 대해 지불하는 가격을 의미한다. 이러한 거래는 결국 수요와 공급의 원칙에 따라 노동시장에서 가격이 형성되고 거래가 완성된다.

[이러한 관점이 갖는 문제점]

• 노동은 일반상품과는 달리 자연적 소진성이 있고 그 단위가 불명확하며, 시장정보의 불완전으로 공정한 가격을 정하는 데 어려움이 있음
• 비경제적 보상의 중요성에도 불구하고 그 존재를 무시
• 개인을 생산을 위한 수동적인 도구로 봄

2) 심리적 거래 – 욕구충족의 수단

보상은 고용에 대해 개인이 특정한 형태의 노동을 임금과 기타 직무만족을 위해 조직과 교환하는 심리적 계약으로 보는 것이다. 따라서 임금은 개인에게 있어서 다양한 욕구를 충족시켜 주는 수단으로 인식된다. 이 견해는 비경제적 보상의 존재를 인정하고 있으며 보상에 대한 거래를 조직이 아닌 개인의 입장에서 본다. 그러나 보상이 조직과 개인 간의 객관적 거래 현상임에도 불구하고 조직적 입장을 무시하고 개인의 욕구충족 수단으로만 보는 점에서 비판받는다.

3) 사회적 거래 – 지위의 상징

개인이 받는 보상은 조직과 사회에 있어서 지위의 상징으로 보는 것이다. 이 관점은 개인과 조직 그리고 개인이 속한 지역사회의 관계에 초점을 맞추는 것이 특징이다.

4) 정치적 거래 – 권력과 영향력 작용의 결과

임금을 당사자들의 권력과 영향력 작용의 결과로 간주한다. 이 관점에서는 기업의 파워가 크면 종업원의 욕구가 무시되고 종업원의 파워가 크면 경제논리를 약화시킬 수 있다는 문제점이 있다.

5) 윤리적 거래 – 사회윤리와 규범의 산물

보상관련 교환관계가 당사자 간의 윤리의식을 토대로 공정하게 이루어져야 한다는 것이다. 이 관점은 보상을 노동과 자본 간의 경제원리 하에서의 교환관계로 보기보다 사회적이고 규범적인 시각에서 접근한 것이다.

이러한 관점은 보상에 대한 공정성을 객관적으로 측정하기가 어렵다는 데 실행의 한계가 있다.

⊃ 각각의 거래관점에 따른 공정한 임금이란

- 경제적 거래 : 노동시장에서 형성되는 노동의 가격
- 심리적 거래 : 종업원이 가지고 있는 욕구의 충족 정도가 공정성의 크기
- 사회적 거래 : 종업원 간의 지위를 정확하게 반영해야 공정
- 정치적 거래 : 노사 간의 협상력에 따라 공정한 임금 수준이 달라짐
- 윤리적 거래 : 종업원의 인간 존엄성을 훼손하지 않을 정도의 수준이 되어 시민사회에서 다른 사람과 더불어 문화생활을 할 수 있게 해주는 도구가 될 때 공정

(2) 임금의 공정성 유형

▼ 임금공정성 구조

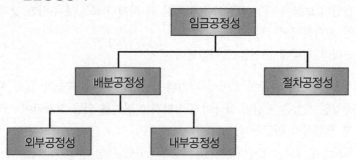

1) 배분공정성

교환의 내용으로서 개인은 조직에 대해 조직목표달성을 위해 '공헌'을 제공하고 조직은 개인에게 이에 대한 대가로 '유인'을 주는데, 여기서 공헌과 유인의 크기가 같거나 유인이 공헌보다 약간 클 때 개인은 조직을 떠나지 않고 공헌을 계속한다(버나드 Barnard).

호만스(Homans)는 조직에서 보상이 주어질 경우 보상을 받는 사람들은 그들 각각이 조직에 희생하는 정도에 적합한 보상이 배분되기를 기대하는데, 이러한 적정배분의 지각을 배분공정성이라고 하였다.

가. 아담스의 공정성 이론

아담스(Adams)는 조직 내 개인과 조직 간의 교환관계에 있어서 공정성문제와 공정성이 훼손되었을 때 나타나는 개인의 행동유형을 제시

① 세 가지 가정

- 종업원들은 그들이 직무에 대해 공헌한 바에 따라 조직으로부터 보상을 받는데, 이들을 비교함으로써 공정성을 지각
- 종업원들은 그들의 보상을 동료의 그것과 비교하여 공정성을 판단
- 불공정성을 지각하게 되면 종업원은 이것을 감소시키기 위해 노력한다.

② 공정성 이론의 내용

▼ 아담스의 공정성 모델

$$\frac{Output(자신)}{Input(자신)} \quad \begin{matrix} < \\ = \\ > \end{matrix} \quad \frac{Output(타인)}{Input(타인)}$$

개인은 자신의 Input과 Output의 비율을 타인의 그것과 비교함으로써 공정성을 지각한다. 여기서 두 비율이 같으면 공정성이 지각되고 서로 다를 경우 불공정성이 지각되는 것이다. 이러한 불공정성에 대해 개인은 심리적으로 긴장을 느끼게 되고 개인은 이러한 긴장을 해소하는, 즉 불공정성을 줄이기 위한 적응행동을 하게 된다.

[공정성 이론의 핵심]

- 개인이 보상에 대한 공정성을 인식할 때 자기가 조직에 투입한 것과 받은 것을 주관적인 지각을 통해 인지한다는 것
- 공정성 지각에 타인을 끌어들인다는 것

③ 공정성 이론은 임금에 있어서 개인의 공정성 지각에 다음과 같은 사실을 제시

- 종업원 개인은 자신의 임금이 공정한지 아닌지를 임금 자체만이 아닌 비경제적 보상까지 포함시켜 판단한다.
- Input이 크다고 판단되면 될수록 Output에 대한 기대가 커짐. 즉 임금공정성에 있어서 개인의 기대임금의 중요성을 말해줌
- 개인이 임금의 공정성을 지각할 때 반드시 타인 혹은 비교집단을 동원한다는 것. 비교집단은 해당 기업 내에 or 기업 밖에도 존재할 수 있다.

나. 외부공정성과 내부공정성

임금 공정성 지각에 있어서 개인의 비교대상의 위치에 따라 외부공정성과 내부공정성으로 나눌 수 있다.

- 외부공정성(external equity) : 해당기업 종업원이 받는 임금수준이 타 기업의 그것과 비교하여 공정한가에 대한 것
- 내부공정성(internal equity) : 해당기업 내 종업원들 간의 임금수준에 있어서의 격차가 과연 공정한가에 관한 것

2) 절차공정성

임금결정이 이루어지는 절차가 임금결정의 결과인 임금액수만큼이나 종업원에게 중요하다는 논리에서 출발

절차공정성은 결국 종업원의 임금제도에 대한 수용성을 높이는 데 기여하게 됨

가. 레벤탈(Leventhal)이 제시한 절차공정성 확보를 위한 규칙

① 정보의 정확성(accuracy of information) : 임금결정과정에 활용되는 정보는 정확하여야 함

② **수정가능성(correctability)** : 임금결정의 절차 속에 잘못된 의사결정을 바로 잡기 위한 조항들이 포함되었을 때 공정성이 확보(**예** 고충처리절차나 항의 절차)

③ **대표성(representativeness)** : 임금배분에 있어서 모든 단계들은 종업원의 관심, 가치관이 반영되어야 공정성이 확보

④ **도덕성(ethicality)** : 임금배분절차가 윤리와 도덕에 관한 종업원이 가지고 있는 기준과 일치할 때 절차공정성 극대화

나. **절차공정성 확보 방안**

① 임금결정과정에 종업원 대표 참여

(이렇게 되면 임금결정과정에서 편견이 최소화, 정보의 정확도↑, 대표성·도덕성 확보가 용이, 임금배분기준도 공개됨)

② 임금배분의 기준을 정확히 측정할 수 있는 평가시스템 개발

③ 임금액수 공개

PART 05

| 참고 | **임금공정성의 유형** |

1. 외부적 공정성

– 임금을 대외적으로 비교한 공정성으로 특정조직의 종업원들이 자신의 임금액을 외부조직의 유사한 직무를 수행하는 사람들이 받는 임금액과 비교해서 거의 동일한 수준의 임금을 받는다고 지각할 때의 공정성

– 조직이 양질의 인재를 확보하고 유지하며 제품·서비스 시장에서 경쟁적 우위를 확보할 수 있도록 영향을 미치므로 임금수준 관리의 지침이 된다.

2. 내부적 공정성

– 동일조직 내에서 상이한 직무를 담당하고 있는 종업원들이 받고 있는 임금에 초점을 둔 공정성, 즉 종업원들이 맡고 있는 직무들의 상대적 가치에 따른 임금격차에 대해 지각된 공정성

– 종업원들의 일반적인 태도, 즉 조직 내부의 다른 직무로의 이동, 승진을 비롯한 종업원들 간의 협력적 태도와 조직몰입 등에 영향을 미친다.

3. 개인적 공정성

– 동일 조직 내에서 동일한 직무를 담당하고 있는 종업원들 간의 연공, 공헌, 성과수준 등과 같은 개인적 특성 차이에 따른 임금격차에 대해 지각된 공정성

– 특히 종업원의 작업성이나 공헌에 대한 동기유발에 직접적인 영향을 미친다.

◆ 임금의 내부적 공정성과 개인적 공정성은 임금의 공정성을 조직의 대외적, 대내적 기준으로만 구분하는 경우, 광의의 내부적 공정성(혹은 대내적 공정성)으로 분류되고 임금체계 및 형태관리의 중요한 지침이 되고 있다.

▼ 임금공정성 유형과 비교기준 및 임금관리 시스템과의 관계

공정성의 유형		비교기준	임금관리시스템
대외적 공정성	외부적 공정성	조직외부비교	임금수준관리
대내적 공정성 (광의의 내부적 공정성)	내부적 공정성	조직내 직무가치 비교	임금체계관리
	개인적 공정성	조직내 동일직무 담당자 간의 연공 및 직능 비교	
		동일 직무 담당자 간의 개인적 성과	임금형태관리

3 임금의 외부공정성 – 임금수준

(1) 개념 – 고몰입형 인사관리, 효율성 임금가설

- 임금의 외부공정성(external equity)은 기업이 종업원에게 나누어 줄 임금총액의 크기와 관련되는 것으로서 이것은 해당 기업의 임금수준으로 반영된다.
  (임금수준 : 기업의 임금총액을 종업원수로 나누어 얻는 값으로 평균임금률을 지칭한다.)
  외부공정성은 해당 기업의 임금수준과 타 기업의 임금수준의 갭(gap)이 어느 정도 되어야 공정한가에 관한 이슈
- 임금수준은 기업의 노동시장에서의 경쟁력과 직접 관련되며 일반적으로 양자는 정비례관계가 있다고 할 수 있다.
- 해당 기업은 주어진 제 상황에서 임금수준결정 기준의 타당성을 종업원에게 설득시킴으로써 종업원으로부터의 공정성 지각을 유도하는 것

▼ 임금수준 관리의 목적과 관리도구

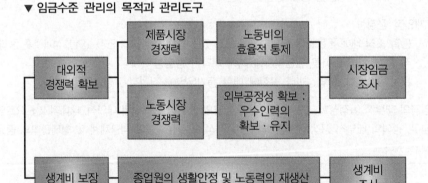

(2) 임금수준의 결정기준

| 참고 | 임금수준의 결정요인 |

기업의 임금수준은 최소한 종업원의 생계를 보장할 수 있는 수준이 되어야 하고, 한편 임금은 비용이므로 기업의 지불능력 범위 내에서 지불되어야 한다.

↳ 임금수준은 일반적으로 기업의 지불능력을 상한선으로 하고 종업원의 생계비를 하한선으로 하는 범위 내에서 노동시장의 임금수준 여하에 따라 결정된다고 볼 수 있다. 그리고 법적 환경요인으로 정부의 최저임금제도 역시 임금수준 결정에 규제적인 영향을 미친다.

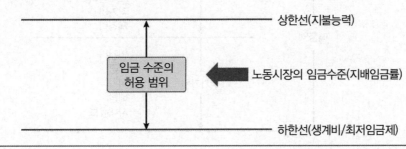

1) 기업의 지불능력

임금수준에 대한 결정에 있어서 주로 기업의 입장에서 관심을 갖는 기준으로서 기업이 특정 시점에서 종업원에게 지불할 수 있는 허용인건비가 얼마나 되느냐, 즉 기업의 경제적 목표달성도와 직접 관련을 갖고 있다.

▼ 기업의 지불능력 측정방법

가. 생산성 분석

① 물적 생산성

 - 단위노동생산요소의 투입량에 대한 생산량의 비율을 의미
 - 문제점
   • 증가된 제품 생산이 시장가치를 반영하고 있느냐 하는 것(이 기업이 생산한 제품이 시장에서 다 팔리지 않을 수도 있으며 또한 제품 가격이 하락할 수도 있기 때문)
   • 물적 생산성 향상에 노동력이 기여한 부분이 어느 정도 되느냐를 밝히는 것이 사실상 매우 어렵다.

② 부가가치 생산성
- 물적 생산성과 다르게 부가가치 생산성은 시장가치가 반영된 기준이다.
- 기업의 부가가치는 매출액에서 제조원가를 뺀 액수

▼ 부가가치 산출방법

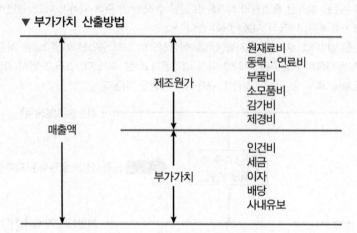

- 공정한 임금수준이라 함은 부가가치에 노동분배율을 곱하여 얻은 금액이 그 기준이 됨
- 노동분배율 : 기업의 부가가치의 자본과 노동 간의 배분율. 즉, 부가가치 중 인건비로
  지출되는 금액의 비율(부가가치 노동분배율이 높은 산업을 노동집약산업, 부가가치
  노동분배율이 낮은 산업을 자본집약산업이라고 함)
- 부가가치 노동분배율에 의한 임금수준결정은 생산된 제품의 시장가치가 반영된 것이
  기 때문에 매우 합리적이라고 할 수 있다. 그러나 기업실무에서 적정한 노동분배율에
  대한 노사 간의 합의를 도출하는 데에는 복잡한 협상과정을 피하기 어렵다.

나. 수익성 분석

수익성(profitability) : 지출에 대한 수익의 비율

① 손익분기점(BEP : Break even point) : 총수익과 총비용이 일치하는 수준에서의 매출량
   또는 매출액 수준

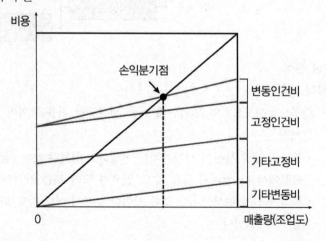

매출액이 일단 손익분기점을 넘게 되면 기업은 이익을 확보할 수 있으며 인건비 지불능력을 획득하게 된다. 손익분기점을 이용하여 일정한 조업도 하에서 기업의 인건비 지불능력이 어느 정도인가 또는 지불한도는 어느 수준인가를 파악할 수 있다.

② 원가구성 분석

전체 원가구성요소 중 인건비 비율을 과거의 자료를 근거로 계산하여 임금수준결정에 활용하는 것

다. 이상에서 제시한 기업의 지불능력측정 방법의 문제점

① 기업이 종업원에게 충분한 자료를 제공하지 않음

② 기업의 경영실적은 해마다 변화의 정도가 큼

③ 임금의 하방경직성

2) 생계비

생계비는 근로자의 생활을 보장해 줌과 동시에 노동의 재생산이라는 측면에서 근로자가 양보할 수 있는 마지노선

가. 생계비 산정방식

① 실태생계비

- 도시근로자들의 가계부를 분석하여 실제로 생계를 꾸려가기 위해 지출된 비용을 산출하는 것(항목 : 식료품비, 피복비, 주거비, 광열비, 의료비, 문화비, 잡비 등)
- 이 방법은 현실성은 있으나 객관적으로 적정한 생계비 수준을 파악하는 데 한계가 있다.

② 이론생계비

- 근로자가 생계를 꾸려가는 데 필요한 것을 이론적으로 파악(예 식품영양학 이론에 입각하여 성인 1인당 하루 필요 칼로리 섭취에 필요한 식품을 조사하여 이를 가격으로 환산)
- 이러한 산정방식은 과학적이라고 할 수 있지만 근로자의 생활실태를 반영하는 데 한계가 있다.
- 산정방법
  • 전물량방식 : 인간생활에 필요한 필수품에 그 수량을 곱한 후 합산
  • 반물량방식 : 엥겔지수의 역수를 전물량방식으로 구한 식료품비에 곱함(엥겔지수 : 총소득에서 식료품비 지출이 차지하는 비율)

나. 최저임금제

① 개념

- 국가가 노사 간의 임금결정 과정에 개입하여 임금의 최하 수준을 정하고, 사용자에게 이 수준 이상의 임금을 지급하도록 법으로 강제함으로써 저임금 근로자를 보호하는 제도

- 우리나라는 헌법 제32조 제1항 "국가는 법률이 정하는 바에 의하여 최저임금제를 시행하여야 한다."라는 규정에 의거하여 1986년 12월 31일에 최저임금법이 제정·공포되었고 1988년 1월 1일부터 시행되고 있다.

② 목적
  • 생계비 이하의 저임금으로 인한 빈곤을 퇴치
  • 임금의 부당한 하락을 방지, 기업 간의 경쟁조건을 동일하게 하여 공정한 경쟁을 유도
  • 구매력을 증대시켜 유효수요를 창출
  • 노동조건의 개선에 따른 근로의욕을 제고, 노사 간에 존재하는 임금관련 갈등을 줄일 수 있음

③ 문제점
  • 노동시장에서 공급이 과잉일 때 기업은 최저임금 이하 성과 근로자의 고용을 회피할 가능성이 높으며 이것은 바로 실업률 증가로 연결될 수 있음
  • 최저임금은 인건비 인상을 가져오고 기업은 이로 인해 상승된 비용을 제품 가격에 반영시켜 그 부담은 결국 소비자에게 돌아가게 될 가능성이 있음

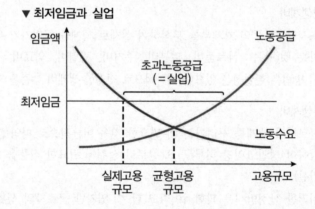

▼ 최저임금과 실업

3) 노동시장(적정임금수준의 결정)
  - 보상을 '경제적 거래'로 보는 시각을 바탕으로 함. 즉 임금수준이란 노동시장에서 노동의 수요와 공급의 원칙에 따라 가격이 형성되며 이 가격이 공정한 것이라는 논리
  - 노동시장에서의 수요곡선과 공급곡선이 만나는 곳이 바로 노동의 가격인 임금수준이 되며 이때 비로소 공정하다고 보는 것
  - 노동시장에서 형성된 노동의 가격은 결국 타 기업의 임금수준에 반영되어 나타난다.
  - 노동시장에서의 공급결정에 중요한 역할을 하는 것이 노조

참고 **지배임금률**

– 지배임금률은 동일 지역, 유사 산업 동일 직무를 수행하는 노동자가 평균적으로 수령하는 임금수준
으로서, 사회일반의 임금수준(사회적 균형)이라고도 한다.
– 지배임금률을 파악하기 위해서는 임금조사(wage survey)를 해야 한다. 임금조사란 다른 기업들이
지급하는 임금에 대한 정보를 수집하고 판단하는 체계적인 과정

임금조사를 실시할 때는 ① 요구되는 직종이나 기능, 지리적 범위 등을 기준으로 한 관련 노동시장의
범위를 규정하고 ② 조사대상 기업체의 선정, ③ 조사대상 (기준)직무의 선정, ④ 수집할 정보의 내용
결정, ⑤ 자료수집 기법의 선정 등이 적절하게 이루어져야 한다.

참고 **임금수준 결정의 전략적 대안**

1. **선도전략(지배임률 이상을 지급) – 효율임금가설**
   – 임금을 종업원의 조직선택 시 가장 중요한 요소로 가정하고, 노동시장에서 경쟁기업보다 더 높
   은 수준의 임금을 지급하는 고임금전략
   – 유능한 종업원을 유인·유지하고, 그들의 능력을 최대화시키고, 임금불만족을 최소화시킨다.
   결근율·이직률↓, 직무의 비매력적 특성 상쇄도 가능. 만약 선도전략에 의해 보다 유능한 종업원
   이 채용되어 훈련기간이 단축되고 생산성이 더 증가한다면 더 높은 노무비가 상쇄될 수도 있다.
   – 그러나 다른 전략에 비해 비용이 많이 소요. 조직내부의 부조화와 종업원 불평의 회피를 위해
   사용자로 하여금 임금수준을 증가시키도록 강요할 수 있다.

2. **동행전략(지배임률만큼 지급)**
   – 경쟁기업과 동일한 수준의 임금을 지급하는 시장임금 전략. 가장 일반적으로 사용되고 있는 전
   략이다.
   – 많은 비노조기업들은 기업의 노조화를 회피하기 위하여 동행전략이나 심지어는 선도전략을 취
   하는 경향이 있다.
   – 동행전략이 제품시장에서 제품가격 면에서는 경쟁기업과의 불리한 위치를 피할 수 있지만 노동
   시장에서 경쟁적인 강점을 제공할 수 있는 것은 아니다.

3. **추종전략(지배임률 이하 지급) – 타인사제도 결합**
   – 경쟁기업보다 낮은 수준의 임금을 지급하는 저임금 전략
   – 장래성 있는 잠재적 종업원을 유인하려는 사용자의 능력을 방해할 것이다.
   – 그러나 장래에 높은 보상을 약속하고(예 스톡옵션제도), 낮은 임금을 지불한다면 조직구성원의
   조직몰입과 팀워크를 강화시켜 생산성 증대를 가져올 수 있다. 또한 저임금을 제외하고는 경쟁
   기업보다도 앞서는 다른 보상들(예 승진의 기회, 다른 인센티브제도, 양호한 작업장소나 작업환
   경의 보장, 도전적인 직무, 고용안정 등)을 제공함으로써 낮은 임금을 상쇄할 수 있다.

4 임금의 내부공정성 – 임금체계

임금의 내부공정성(internal equity) : 기업이 허용임금 총액을 종업원들에게 어떻게 배분하느냐에 관한 것

▼ 임금배분의 기준

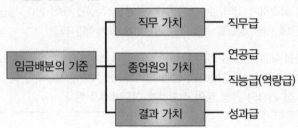

(1) 직무급

1) 개념

- 해당기업에 존재하는 직무들을 평가하여 상대적인 가치에 따라 임금을 결정하는 임금제도
- 직무급은 해당 직무의 가치를 기준으로 임금이 결정되기 때문에 '동일한 가치의 직무'를 수행하는 종업원들은 그들의 능력, 연공, 학력 등에 관계없이 '동일한 임금'이 지급되는 것

2) 유형

① 평점별 단순직무급

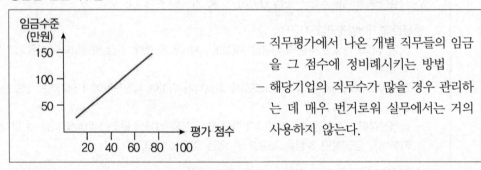

- 직무평가에서 나온 개별 직무들의 임금을 그 점수에 정비례시키는 방법
- 해당기업의 직무수가 많을 경우 관리하는 데 매우 번거로워 실무에서는 거의 사용하지 않는다.

② 직급별 단일직무급

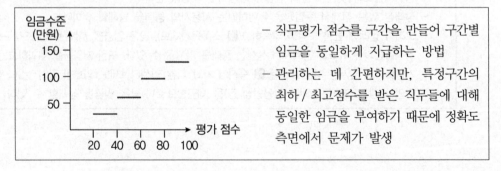

- 직무평가 점수를 구간을 만들어 구간별 임금을 동일하게 지급하는 방법
- 관리하는 데 간편하지만, 특정구간의 최하 / 최고점수를 받은 직무들에 대해 동일한 임금을 부여하기 때문에 정확도 측면에서 문제가 발생

③ 직급별 범위직무급

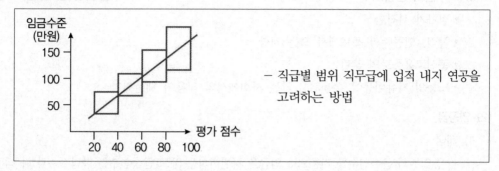

－ 직급별 범위 직무급에 업적 내지 연공을 고려하는 방법

> **참고** 브로드밴딩(Broadbanding)

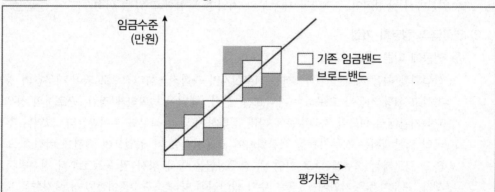

－ 정보기술의 발달로 인해 조직계층 수의 축소와 수평적 조직의 확산에 따라 이에 적합한 직무등급체계로 등장한 신임금체계로 전통적인 다수의 계층적인 임금구조를 통합해서 보다 폭넓은 광역화된 임금범위를 갖는 소수의 임금등급으로 축소시키는 것
－ 즉 직무급체계에서 직무(혹은 임금)등급 수는 축소하되 등급 내 범위는 광역화하는 것으로, 광역화된 직무(임금)등급체계라 할 수 있다.

3) 직무급 도입의 전제조건

① 기업 내 직무들의 상대적 가치를 정확히 평가할 수 있는 <u>직무평가 시스템이 구축</u>되어야 한다.
② 종업원의 능력을 정확히 평가할 수 있는 <u>인사평가 시스템이 구축</u>되어야 한다.
③ <u>배치의 공정성</u>이 유지되어야 한다.
④ <u>기업 간 자유로운 노동이동이 사회적으로 수용</u>되어야 한다.

4) 직무급의 장점

• 능력주의 인사풍토조성
• 인건비의 효율성 증대
• 개인별 임금차 불만의 해소
• 동일노동에 대한 동일임금 실현

5) 직무급의 단점

- 절차가 복잡함
- 학력, 연공주의 풍토에서 오는 저항
- 종신고용풍토의 혼란
- 노동의 자유이동이 수용되지 않는 사회에서의 적용이 제한적임

(2) 연공급

1) 개념

- 종업원의 근속연수를 기준으로 임금을 차별화하는 제도(근속연수는 학력수준과 타 직장에서의 근무연수도 고려하는 것이 일반적임)
- 일본에서 생성되어 우리나라 대부분의 기업이 도입하고 있는 실정

2) 연공급의 정당화 가설

① 연공에 따른 숙련상승설

산업화를 처음 시작한 영국에서는 직무설계가 과학적·합리적으로 되어 직무간의 경계가 명확하고 해당 직무가 요구하는 자격요건, 권한, 책임이 명확하게 정립. 근로자의 경우도 직업교육기관에서 획득한 자격수준에 따라 정확하게 맞는 직무를 부여받는다. 그러나 후발 산업국인 일본에서는 직무기능을 객관화하여 교육시킬 수가 없었으며 숙련에 비전적 요소가 강하고 근로자는 숙련을 주로 기업 내 직무경험을 통해 상사 및 동료로부터 전수받는 것으로 생각. 근로자들은 기업에서 근속연수가 많아짐에 따라 숙련수준이 상승하는 경향을 보였던 것

② 생계비 보장설

이는 당시 일본의 저임금 상황 하에서 성립된 것으로서 기업은 낮은 저임금으로 노동력의 재생산이 불가능하다고 판단하여 가구주의 연령에 따라 증가하는 근로자 가구의 가계지출에 대응하는 임금제도를 도입하지 않을 수 없게 됨

3) 연공급의 정당화 가설에 대한 오늘날의 비판

① 오늘날 일본이나 우리나라 기업에서는 기계화 내지 자동화가 급진전되고 있는데 이에 따라 변화된 직무들은 연공에 따른 숙련상승설을 일축하고 있는 실정

② 임금수준 전체가 향상되어 연공임금의 생계비 보전을 통해서 노동력을 재생산한다는 기능에 대해 설득력 약화

③ 근로자의 정신적·육체적 능력, 생계비는 일정한 연령이 지나면 오히려 감소하는데 이를 반영하지 못하고 있음

4) 한국기업에서 연공급이 널리 퍼진 이유

(우리나라 기업이 연공급을 폐지하고 능력 내지 업적 기준 임금제도를 도입하기 어려운 이유)

① 근로자의 능력 내지 업적의 객관적 평가시스템 미비

② 노조의 강력한 저항

5) 연공급의 장점

- 생활보장으로 기업에 대한 귀속의식 확대
- 연공존중의 유교문화적 풍토에서 질서 확립
- 폐쇄적 노동시장 하 인력관리 용이함
- 실시가 용이
- 성과평가가 어려운 직무에의 적용이 용이

6) 연공급의 단점

- 동일노동에 대한 동일임금 실시가 곤란함
- 전문기술인력의 확보가 곤란함
- 능력 있는 젊은 종업원의 사기저하
- 인건비 부담의 가중
- 소극적인 근무태도의 야기

참고 **연공급의 유형**

연공급은 매년 실시되는 정기승급제도에 의해 운영되는바, 승급선의 형태에 따라 다음의 네 가지 유형으로 구분된다.

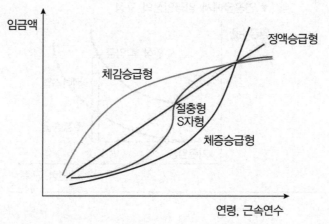

1. **정액승급형**
   - 승급액 일정, 승급률 체감
   - 직무의 난이도와 직무관련 수행능력이 거의 일정하게 증가하는 경우에 사용가능
   - 종업원의 생애주기를 고려하지 않는다는 점에서 연공급 본래의 실시목적과는 어느 정도 괴리가 있다.

2. **체증승급형**
   - 승급액 증가, 승급률 일정
   - 직무의 난이도와 직무관련 수행능력이 가속적으로 증가하는 경우에 사용가능
   - 고도의 전문성이 요구되는 직종이나 고위관리직의 승급곡선으로 적합

3. 체감승급형
- 승급액 체감, 승급률 체감
- 직무의 난이도와 직무관련 수행능력이 일정한 연한 이후에 체감하는 직종(육체부문 노동자)이나 조직진입 초반에 고급 기술을 요하는 정비사나 전산직무 등의 업무에 대한 승급곡선으로 주로 사용 가능

4. S자형승급형(절충형)
- 체증승급형과 체감승급형을 일정시점에서 결합한 형태로서 승급액은 체증 후 체감, 승급률은 일정하게 유지되다가 체감
- 개인의 능력곡선과 가장 유사한 형태로서, 현대 경영관리에서 가장 중요한 중간관리직의 동기부여에 유리

참고　**연공급의 구성**

- 호봉승급 : 주기적인 임금인상에 해당하며 연공임금곡선의 구간을 기간별로 나누어 임금상승분을 책정하는 제도
- 베이스업 : 종업원들의 직무수행능력의 변화로 급여기준을 일괄적으로 인상시키는 것으로 임금곡선 자체를 상향이동시키는 것

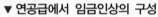

▼ 연공급에서 임금인상의 구성

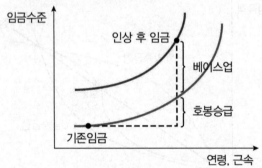

참고 | **임금피크제도**

1. 의의

– 임금피크제도란 동일한 인건비 하에서 고용안정을 중시하는 방안으로, 근로자의 계속 고용을 위해 노사간의 합의를 통해 일정 연령을 기준으로 생산성에 맞추어 임금을 하락하도록 조정하는 대신 소정의 기간 동안 고용을 보장해 주는 제도

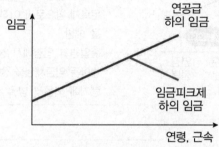

– 근년에 한국사회의 고령화가 급진전되면서 연공급체계하에서 노동력의 고령화에 따른 기업의 인건비 부담이 더욱 가중됨에 따라 이를 해소하면서 동시에 고령근로자의 고용도 보장해 주기 위한 대안으로서 임금피크제도의 도입이 논의

2. 효과

– 근로자
  - 경영위기시에 해고를 피할 수 있음
  - 정년 이후에도 계속해서 일할 수 있음
– 사용자
  - 근로자의 고령화로 인한 기업의 인건비 부담을 ↓
  - 해고를 둘러싼 노사간의 갈등도 최소화할 수 있음
  - 보다 저렴한 비용으로 훈련된 고용인력을 유지·확보 가능. 동시에 임금피크제 실시를 통해 경감된 재원으로 신규인력을 채용할 수도 있음

> **참고** **임금피크제도의 유형**

1. 정년연장형

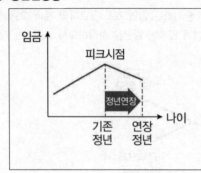

- 정년에 즈음한 특정시점을 임금피크로 하여 이후 임금을 삭감하는 대신 정년을 넘겨 더 근무하게 하는 방식
- 조직의 입장에서 숙련된 종업원을 일정시점까지 더 머무르게 함으로써 이직이나 퇴직으로 인한 생산성 손실을 예방
- 종업원의 입장에서 생산성 대비 소득이 적은 시점에 쌓아둔 임금채권을 생산성 대비 지출수요가 높은 고연령기에 되돌려 받을 수 있는 의미가 있음

2. 근로시간단축형

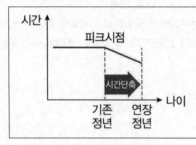

- 기존의 정년을 연장하면서 일정시점(피크시점)부터 소정근로시간을 조정하는 방식
- 기업의 입장에서는 신규인력의 채용여력을 확보할 수 있음
- 종업원의 입장에서는 근로와 퇴직준비를 병행할 수 있음

3. 재고용형(고용연장형)

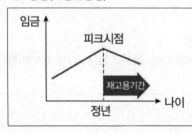

- 정년연령에 일단 퇴직한 후 재고용계약을 체결하는 형태
- 기업과의 고용관계는 정년에 퇴직금을 지급함으로써 종료되며, 재고용 시 임금수준을 조정하게 됨

4.
임금피크제도의 조기정착을 위해 정부는 다양한 후속대책을 마련하고 있는데, 구체적으로 임금피크제를 자발적으로 실시하는 기업에 지원금을 제공하는 것(2016년부터는 위의 유형 중 근로시간단축형에 대한 지원은 확대되고 재고용형에 대한 정부지원금 지원은 폐지되었다.)

(3) 직능급

1) 개념

종업원이 보유하고 있는 직무수행능력(직능)을 기준으로 임금액을 결정하는 제도

2) 도입배경 및 역사

일본에서 1970년대 생성되었으며 그 배경은 다음과 같다.

① 2차에 걸친 석유파동으로 고성장에서 저성장으로 전환되어 조직의 확장이 완만해져 기업 내 승진정체현상이 나타남

② 1980년대에는 노동력이 고령화·고학력화되었고 정년연장에 따른 인력관리의 어려움이 나타남

③ 경쟁에 대처하기 위한 인적자원의 중요성이 더욱 부각되었고 직군관리를 중시함으로써 인재의 집중적인 육성이 주요 과제로 등장

이상의 몇 가지 이유로 인해 기업은 종업원의 능력신장, 승진정체에 대한 대처를 위해 직능자격제도를 개발, 이를 바탕으로 직능급이 도입됨

 – 우리나라에서는 1980년대 말 기업이 저성장기에 접어들자 도입에 대한 논의가 본격화

 – 서양기업에서도 직능급과 유사한 임금제도가 개발되기도 했으며 이를 지식 내지 기능에 기초한 임금(knowledge or skill–based pay)으로 명명

 – 1990년대에 들어와 직능급이라는 명칭이 역량급(competency–based pay)으로 바뀌고 있다.

3) 상황조건

개인의 보유 능력이 현재 수행 직무가 요구하고 있는 능력보다 더 많을 때 도입의 필요성이 요청됨

4) 효과

• 우수한 인재의 이직을 방지

• 종업원으로 하여금 적극적인 능력개발 노력을 유발시킴

5) 도입의 전제조건

직능급 도입을 위해서는 직능자격제도의 구축이 그 전제가 되며 제도의 성공에 관건이 되는 것은 합리적인 등급구분 및 종업원의 능력평가이다.

6) 장점

• 능력주의 임금관리 실현

• 유능한 인재를 계속 보유

• 종업원의 성장욕구 충족기회를 제공

• 승진정체 완화

7) 단점

- 임금부담이 가중(∵ 초과능력이 바로 성과를 가져다주지 않기 때문에)
- 직능평가에 어려움
- 적용할 수 있는 직종이 제한적(직능이 신장될 수 있는 직종에만 적용가능)
- 직무가 표준화되어 있어야 적용이 가능

> **참고** **직능급의 유형**

1. 기본유형

- 단일형 직능급 : 기본급의 전액을 직능급으로 구성해서 지급
- 병존형 직능급 : 일부만을 직능급으로 지급하고 나머지 부분은 연공급이나 직무급 등 다른 임금체계로 지급

일반적으로 연공적 조직풍토하에서 직능급을 처음 도입하고자 할 때는 종업원들의 저항을 줄이기 위해 병존형 직능급제가 많이 활용

이 경우 직능급의 상하폭을 넓게 하여 연공적인 요소를 포함시키되 상위직으로 올라갈수록 직능급의 비중을 점차 높이도록 설계하는 것이 바람직

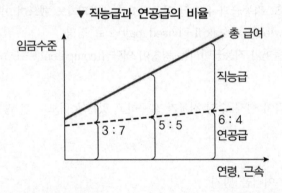

▼ **직능급과 연공급의 비율**

2. 직능등급별 직능급과 능력평점별 직능급

- 직능등급별 직능급 : 직능을 몇 가지 직급으로 등급화하여 직급마다 임금률을 설정하여 운영하는 제도
- 능력평점별 직능급 : 직능고과에 의해 각 개인마다 능력평가점수를 산출하여, 이것에 1점당 단가를 곱하여 임금을 결정하는 제도

3. 단일임금률 직능급과 범위임금률 직능급

- 단일임금률 직능급 : 하나의 직능등급에 대해 하나의 임금률을 설정하여 임금을 결정하는 형태
- 범위임금률 직능급 : 하나의 직능등급에 대해 임금액의 상한과 하한의 범위가 설정되어있는 형태

PART
05

> **참고** **직무급과의 비교를 통한 직능급의 특징**
>
> 1. 동일직능·동일임금의 원칙에 입각한 능력주의적 임금제도로서 구성원의 능력을 직능고과에 의해 평가하고 그 결과에 따라 임금을 결정
> 2. 직무의 확정 및 직무의 표준화, 직무평가를 반드시 필요로 하지는 않는다.
> 3. 직무급의 경우처럼 적정배치가 불가결한 전제는 아니다.
> 4. 직능고과는 연공요소도 포함하여 다면적 기능, 지식 등의 요소에 크게 의존하기 때문에 기존 연공급과는 타협적인 성격이 강하다. 따라서 기존 연공급 임금체계를 능력주의적 임금체계로 비교적 쉽게 전환이 가능

> **참고** **임금형태의 관리**
>
> - 임금형태는 종업원에 대한 임금의 계산 및 지불방법을 의미. 즉 임금을 지불할 때 무엇을 단위기준으로 산정하는가를 나타내 주는 개념
> - 임금의 산정기준으로서 일반적으로 활용되고 있는 것이 시간과 성과이다.
> - 임금형태관리는 종업원의 동기유발과 기업의 성과 증대를 도모할 수 있도록 종업원의 개인적 공정성을 효율적으로 확보하고 관리하는 데 그 목적이 있다.
> - 임금형태의 유형 : 시간급, 성과급
> 시간급 : 근로자의 작업량이나 작업성과에 관계없이 단순히 근로시간을 단위로 임금액을 산정하고 지급하는 방식. 시간급제는 임금계산이 간단하므로 사용하기가 편리하나 성과급에 비하여 작업성과와 직접적으로 연결되지 않아 노동능률을 자극할 수 없어 종업원을 동기부여시킬 수 없다.

(4) 성과급

1) 개념

- 종업원이 달성한 성과의 크기를 기준으로 임금액을 결정하는 제도
- 직무급, 연공급, 직능급은 고정급인 데 비해, 성과급은 변동급
- 다음의 상황에 처한 기업들에서는 확산되고 있는 실정
  - 제조원가에서 인건비 비율이 높은 기업(노동집약산업)
  - 제품시장에서 원가경쟁이 치열한 기업
  - 제품 생산공정상 병목현상이 존재하는 기업

2) 성과급의 CSF

① 표준성과를 어떻게 설계할 것인가
② 개인의 성과를 어떻게 측정할 것인가
③ 어떤 성과급제도를 도입할 것인가

3) 형태

성과급은 성과의 범위를 어떻게 할 것인가에 따라 개인성과급제도와 집단성과급제도로 구분

가. 개인성과급제도

종업원이 달성한 성과를 개인별로 계산하여 이를 임금결정의 기준으로 삼는 제도

▼ 개인성과급의 형태

임률 결정방법 / 임률	일정시간당 생산단위	제품단위당 소요시간
임률 고정	단순성과급	표준시간급
임률 변동	- 테일러식 복률성과급 - 메릭식 복률성과급	- 할시식 할증급 - 비도식 할증급 - 로완식 할증급 - 간트식 할증급

① 생산량 기준 성과급제도

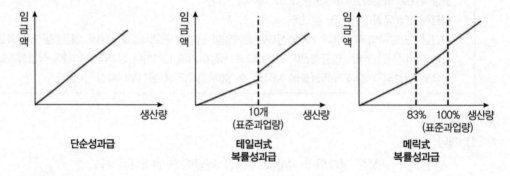

단순성과급

테일러式
복률성과급

메릭式
복률성과급

❶ 단순성과급
- 개인이 생산하는 제품의 수량에 고정된 임률인 개당 임금을 곱하여 임금액을 결정하는 제도
- 장점 : 계산이 용이하여 종업원의 수용도가 높으며 능률향상에 커다란 자극을 준다.
- 단점
  - 생산단위당 임률을 결정하는 기준이 되는 표준생산량 산출에 어려움
  - 미숙련공, 노령자에게는 임금수입이 낮고 일정치 않기 때문에 생활의 안정을 기하기가 어려움
  - 반숙련공, 숙련공에게도 작업량에만 관심이 집중되어 제품의 품질이 저하될 우려

❷ 테일러式 복률성과급
- 과학적으로 결정된 표준과업량을 기준으로 하여 2종류의 임률을 제시하고 표준과업량을 달성한 종업원에게 훨씬 유리한 임률을 적용시키는 제도
- 장점 : 생산성 향상에 기여
- 단점 : 숙련수준이 낮은 종업원에게는 불리한 제도로서 숙련공우대 임금제도라는 비판

❸ 메릭式 복률성과급
- 테일러식 제도의 결함을 보완할 목적으로 개발된 것으로서 임률의 종류를 세 가지로 정하고 있다. 즉 표준과업량의 달성도를 83% 이하, 83~100%, 100% 이상 3단계로 나누어 상이한 임률을 적용하는 제도
- 장점 : 목표달성관련 중간수준의 종업원에 대한 배려

② 시간기준 성과급제도
❶ 표준시간급
- 과업단위당 표준시간기준을 설정하고 종업원이 이 작업을 완성하면 이미 설정된 표준시간에 임률을 적용하여 임금액을 지급하는 제도
- 단위당 작업시간이 비교적 긴 직무에 적합하며 특히 비반복적이고 많은 기술을 요구하는 직무에 적합

❷ 할증급
- 종업원에게 작업한 시간에 대해 성과가 낮다 하더라도 일정한 임금을 보장해 주고, 반면에 노동능률 내지 성과가 높은 종업원에 대해서는 일정한 비율의 할증임금을 지급하는 제도
- 도입목적 : 생산능률 향상으로 기업에 이익이 발생했을 때 그 이익을 기업과 종업원에게 배분함으로써 종업원의 능률을 자극함과 동시에 임금의 과도한 증가를 억제하려는 것
- 형태 : 노동능률 향상으로 인해 절약한 임금을 종업원 개인에게 어떤 비율로 배분하느냐에 따라 구분

PART
05

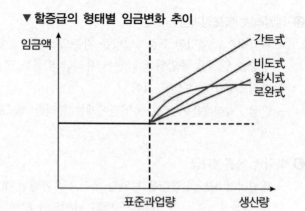

▼ 할증급의 형태별 임금변화 추이

- 할시式 할증급 – 절약임금의 1/2 or 1/3을 종업원에게 배분
- 비도式 할증급 – 절약임금의 3/4을 종업원 개인에게 배분
- 로완式 할증급 – 절약임금의 규모에 따라 배분율을 다르게 하는 제도
  (절약임금의 규모가 작으면 배분율이 높아지고 그 규모가 크면 배분율은 작아진다.)
- 간트式 할증급 – 할증급 중에서 개인에게 가장 많은 임금을 보장하는 제도로서 노동능률에 의해 절약한 임금을 개인에게 모두 주고 추가로 보너스를 지급하는 것

③ 개인성과급의 장점
- 생산성 향상, 낮은 인건비, 높은 소득
- 적절한 생산량을 유지하기 위한 감독 필요성 감소

④ 개인성과급의 단점
- 품질관련문제
- 표준과업량의 변경에 대한 불안감으로 인해 종업원은 기업의 신기술도입에 저항할 가능성 높다.
- 생산기계에 문제가 생겼을 때 종업원의 불만이 고조
- 작업장 내 인간관계에 문제가 생길 수 있다. (예 특별히 성과가 높은 종업원은 작업집단 내에서 소외)

참고 **메리트(merit) 제도**

1. 의의
- 조직의 성과향상에 대한 개인의 기여도를 주관적 기준에 근거하여 측정하고 보상하는 제도 구체적으로 기본급이 개인의 성과수준에 따라 매년 상향 조정되는 임금으로서 임금체계에 해당하는 제도로 볼 수도 있으며, 연단위로 이루어지는 승급제도의 운영이 그 핵심
- 현대 사회에서 지식근로자 수의 증가로 전통적인 생산직 근로자에게 주로 적용되던 인센티브 제도의 유효성이 점차 감소함에 따라 메리트 제도가 그 대안으로 자리하게 됨
- 메리트 제도에서는 행동, 기술, 전문성에 대해 평가가 이루어지므로 보상의 주기가 1년 이상으로 길어지는 경우가 보통임

2. 특징
- 인사고과에서의 점수를 활용하여 승급의사결정이 이루어지며, 임금이 떨어질 염려가 거의 없다.
- 성과와 보상 간의 연결고리가 인센티브 제도에 비하여 강한 편이라 보기는 어렵다(∵ 평가와 보상의 주기가 길며 인사고과의 성격상 성과뿐만이 아니라 종업원의 특성과 행동측면 역시 반영되기 때문).

3. 승급원리
승급은 크게 두 가지 기준에 의해 이루어진다.
① 개인의 성과
② 콤파율(전체 임금구조상에서 개인의 기본급이 차지하는 위치)
　일반적으로는 기본급 자체가 높은 종업원의 경우 승급률은 같은 성과등급에서 기본급 자체가 낮은 종업원보다 낮게 디자인된다(∵ 한 번의 승급이 이후의 노력에 상관없이 지속적 임금격차로 고착화되는 것을 방지하기 위함).

4. 승급방식
① 업적과 무관하게 이루어지는 자동승급방식
　단체교섭에 의한 균일승급, 생활비나 물가수준에 의한 연동승급, 연공에 따라 이루어지는 연공승급
② 업적에 따라 차등적으로 이루어지는 업적승급방식
　- 하나의 업적평가기준에 의해 이루어지는 단일업적기준승급
　- 고과분포 및 업적기준을 모두 적용시키는 다원업적기준승급
③ 자동승급방식과 업적승급방식을 절충한 절충승급방식
　- 직급에 따라 하위직급에는 자동승급을 적용하고 상위직급에는 업적승급을 실시하는 방식
　- 숙련정도에 따라 중간정도의 숙련도 집단에는 자동승급을 적용하고 고급 숙련도 집단에는 업적 승급을 실시하는 방식

PART
05

⑤ 연봉제

❶ 개념

– 기업이 종업원의 임금을 1년 단위로 사전에 결정하고 종업원에게 1년 치에 대한 임금을 보장해 주는 제도
연봉을 결정하는 기준은 연공, 직무가치, 직능 및 업적 등
– 오늘날 우리나라 기업에서 사용하고 있는 연봉제란 연공임금제도에 대한 비판에서 출발하여 임금결정 기준을 '연공'이 아닌 '업적' 내지 '능력' 등을 기준으로 하자는 것

❷ 핵심성공요인(CSF)

• 평가의 공정성
• 직무배치의 공정성 : 종업원 개인이 보유하고 있는 능력을 현재의 직무에 얼마나 많이 발휘할 수 있느냐에 따라 결정
• 직무 수행상의 재량권 확보 : 직무수행의 결과에 대해 책임을 져야 함을 의미

> **참고 연봉제**
>
> **1. 도입배경**
> ① 세계화와 치열한 경쟁환경 하에서 종업원의 동기부여와 능력향상, 유능한 인재의 확보, 조직의 활성화, 인건비의 효율적인 통제 등을 통한 조직의 생산성 향상과 경쟁력 강화를 도모하기 위함
> ② 업무의 다양화와 종업원들의 고학력화, 가치관의 변화로서, 종업원들은 개인의 능력이나 업적에 상응하는 보상을 더 선호
> ③ 현재 복잡한 임금구성항목을 크게 단순화시켜 임금관리의 간소화를 도모하기 위함
>
> **2. 특징**
> ① 능력·업적중심의 전략적인 임금제도로서 변동급의 특징
> ② 개별 성과급제도이며, 연봉액은 임금협약이 아닌 개별근로자와 회사간의 개별계약에 의해 결정된다.
> ③ 복잡한 임금항목들을 연봉이라는 항목으로 통합해서 연봉액을 결정하므로 임금체계 및 임금관리를 단순화시킨다.
>
> **3. 유형**
> ① 연봉임금의 구성방식에 따른 분류
> • 총액연봉제(단일 연봉제) : 임금구성이 기본급, 제수당, 상여금을 하나로 통합해서 연봉 하나로만 구성되어 있는 형태
> • 부분연봉제 : 임금구성이 종래의 생활급적인 월 급여에 해당하는 기본연봉과 업적에 대한 상여금에 해당하는 업적연봉으로 구성되어 있는 형태

② 연봉임금의 인상방식에 따른 분류
- 누적연봉제 : 전년도 임금수준은 최소한 보장하면서, 한번 인상된 임금액은 다음 임금 인상에서 기본임금이 되어 매년 계속 누적되는 제도
  개별 종업원에 대한 동기부여 효과는 높지만 장기적인 관점에서 임금관리의 유연성이 낮을 수 있다.
- 비누적연봉제 : 실적이 나쁜 사람의 임금을 줄여서 실적이 좋은 사람에게 주는 것으로 전년도 임금수준에서 올라갈 수도 있고 떨어질 수도 있는 가감급이 동시에 이루어진다.
  개인에 대한 동기부여 효과는 중간 정도지만 임금관리의 유연성은 높은 것이 장점이다.
③ 대체로 기본연봉에 대해서는 누적식을, 업적연봉에 대해서는 비누적식을 적용하는 경우가 많다.

4. 장점
- 종업원의 동기부여와 능력개발의 촉진, 조직의 활성화를 가져오고 나아가 생산성의 향상을 기대할 수 있음
- 우수한 인재의 확보와 유지가 가능
- 개인의 능력이나 성과와는 무관한 인건비 상승이 통제되고 고임금, 저인건비의 실현을 통해 인건비의 효율적 관리가 가능
- 복잡한 임금체계를 단순화시켜 임금지급 관리도 용이
- 실적주의의 강화
- 상사와 부하간의 의사소통이 원활해짐에 따라 노사간에 일체감을 형성하는데 기여

5. 단점
- 개인간의 지나친 경쟁의식을 유발하여 위화감을 조성하고 조직 내 팀워크를 약화시키며 단기 업적위주의 풍토를 조장함으로써 경영의 장기적인 측면이 소홀해질 수 있음
- 성과 평가가 객관적이고 공정하지 못하면 연봉제에 대한 불신감이 야기되어 조직의 동요가 일어날 수 있고 노사간의 갈등도 증폭될 수 있음
- 연봉액의 급격한 감소는 종업원의 사기를 저하시킬 수 있음
- 선임자 우대원칙과의 갈등이 유발되어 조직의 안정성을 해칠 수 있음

나. 집단성과급제도

① 개념

개인성과급의 단점을 극복하기 위해 설계된 것으로서 개인의 임금에 추가로 지급하는 임금제도. 이를 성과배분제도라고도 한다.

> **참고 ▶ 성과배분제도**
>
> 이는 기업의 노사 공존공영을 목표로 창출된 경영성과를 노사간에 적절히 배분하는 제도이다. 그러나 일반적으로는 근로자가 기업·공장·부서·과 단위가 설정한 목표 매출액, 이윤, 생산 비용 절감, 생산성 등의 경영성과 증진에 기여하고 그 대가로 일정한 공식에 따라 경영성과의 일정 부분의 배분에 참가하는 제도로, 성과의 배분 몫은 통상적인 임금 외에 사후적으로 현금, 주식, 기타 복지기금 등의 형태로 지급되는 변동적 보상제도를 말한다.
> 개별 인센티브 임금제도도 넓은 의미로는 기업의 성과배분제도에 포함될 수 있으나, 일반적으로는 근로자 집단을 대상으로 집단의 성과증진에 초점을 두고 성과를 배분하는 집단 인센티브 임금제도를 의미한다.

② 목적

- 개인성과급 하에서는 종업원들 간 인간관계 훼손으로 협동심이 떨어질 가능성이 있기 때문에 집단을 대상으로 보상함으로써 공동체 의식을 제고
- 표준과업량 내지 표준시간 책정에 있어서 노사 간의 갈등을 줄임
- 직무를 공동 수행하거나 직무들 간 상호연관성이 높을 때 현실적으로 개인의 성과를 측정하기 어렵기 때문에 집단의 성과를 기준으로 하는 집단성과급은 성과측정의 객관성을 높일 수 있음

③ 유형 – 성과배분의 기준을 무엇으로 하느냐에 따라 구분

▼ 집단성과급(성과배분)의 유형

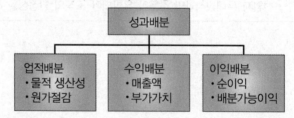

❶ 업적배분

- <u>물적생산성</u> : 종업원이 생산한 제품이 표준시간에 비해 증가했을 때 이를 반영하여 작업집단에게 추가임금으로 배분하는 것
- <u>원가절감</u> : 제조원가가 기준보다 줄었을 때 이를 집단성과급에 반영

• 프렌치 시스템 : 총투입에 대한 총산출의 비율을 기초로 절약분을 계산한다.
(기업은 원가절감액 중 50%를 종업원에게 보너스로 배분. 지급을 전체 보너스 중 50%는 당해연도에, 1년 후에 25%, 2년 후에 15%, 3년 후에 10%를 배분한다.)

❷ 수익배분

[매출액 기준]

• 스캔론 플랜 : 생산제품의 판매가치인 매출액과 인건비와의 관계에서 배분액(보너스)을 계산한다.
기업의 과거 통계에 기초하여 매출액에서 차지하는 인건비 비율을 가지고 특정 시점의 매출액에 이 인건비 비율을 곱하여 표준인건비를 산출하고, 실제 지출한 인건비가 이보다 적을 때 그 차이를 배분액으로 보는 것
보너스액의 계산은 보통 매월 1회 정도 실시한다.
산출된 전체 보너스액 중 25%는 사내유보, 75%를 즉시 배분. 배분율은 종업원 75%, 기업 25%
스캔론 플랜은 노사협력에 본질적으로 공헌하지만, 표준인건비 비율이 사실상 과거를 반영하는 것이기 때문에 제품시장에서의 환경변화로 이 비율의 변화가 요구되었을 때 노사 간의 문제가 될 수 있다.

> **참고** **스캔론 플랜의 장점 및 한계**
>
> • 장점 : 보너스 산출공식이 조직의 모든 구성원들에게 쉽게 이해된다는 점과 종업원들에 대한 동기부여 효과가 크다는 점
> • 한계 : 경영자가 품질관리가 보너스 산정에 있어서 중요한 요소가 되어야 된다고 믿는다면 스캔론 플랜의 실시는 피해야 할 것이다.

[부가가치 기준]

• 럭커 플랜 : 기업이 창출한 부가가치에서 인건비가 차지하는 비율을 기준으로 배분액을 결정하는 제도. 즉 기업이 주어진 인건비로 평시보다 더 많은 부가가치를 창출하였을 경우 이 초과된 부가가치를 노사협동의 산물로 보고 기업과 종업원 간에 배분하는 것 럭커 플랜은 부가가치를 기준으로 임금배분액을 계산함으로써 생산제품의 시장상황을 반영하기 때문에 매우 합리적인 제도라고 할 수 있다. 또한 럭커 플랜을 통해서는 스캔론 플랜의 문제점 중 하나인 품질 이슈가 해소된다. 다만 배분액의 계산 시 표준생산성, 부가가치 노동분배율에 대한 과학적인 근거를 찾는 데 한계가 있기 때문에 기업이 속한 해당산업의 부가가치 노동분배율의 변동에 따라 배분비율에 대한 계속적인 수정이 요구된다.

❸ 이익배분 : profit sharing
- 기업이 경영활동의 결과 획득한 이익은 원칙적으로 자본의 몫이다. 자본가에게 주는 배당금은 투자액에 대한 위험부담 보상금이고 또한 기회비용을 반영하는 것이다. 그러나 종업원이 주어진 임금으로 더 열심히 노력하여 기업에 더 많은 이익을 가져다주게 하였다면 그 이익의 일부를 종업원에게 성과창출에 대한 인정 내지 보상으로 배분하는 것이 바람직하다. '이익배분'은 이러한 논리를 반영하여 설계된 것
- 이익배분의 방식
  • '순이익'을 기준으로 하는 경우 : 기업이 창출한 순이익을 가지고 주주, 경영자, 근로자 모두에게 배분하는 제도. 이에는 그 논리성·합리성 측면에서 아직까지 모두가 공감할 수 있는 기준이 제시되지 못하고 있는 실정
  • '배분가능이익'을 기준으로 하는 경우 : '배분가능이익'이란 순이익에서 자본가에게 자기자본의 최저 은행이자율에 해당되는 금액을 일단 먼저 배분하고 난 금액. 이에는 자본과 노동 간에 상당한 의견접근이 되고 있다.

참고 **이익배분의 유형**

• 현금분배제도 : 이윤의 일정액을 1년 또는 그 이내에 현금으로 종업원에게 배분하는 제도
• 이연분배제도 : 이윤의 일정액을 각 종업원의 계정이 설치되어 있는 공동기금에 예치해 두었다가 종업원의 퇴직, 사망, 해고 시 현금으로 지급하는 제도
• 복합분배제도 : 이윤의 일부는 즉시 현금으로 종업원에게 지급하고 나머지는 퇴직, 사망, 해고시에 지급하는 제도

- 이익배분제도의 효과와 문제점
  • 효과 : 생산성 향상을 비롯해서 노사관계의 개선, 장기근속 장려 등의 긍정적 효과가 있다.
  • 문제점 : 일반적으로 운영에 있어서 종업원의 참여적 요소가 거의 없고 종업원의 노력과 보상간에 직접적인 관계가 결여되어 있어 gain sharing보다 종업원의 동기부여 측면의 효과는 낮다.

---

④ 집단성과급의 장점
 • 성과의 평가가 용이
 • 집단 내 구성원들 간의 협동심 제고

⑤ 집단성과급의 단점
 • 개인의 모티베이션 관리상 한계
  (∵ 개인이 받은 성과배분(보너스)과 그의 성과 간 정확한 관련성을 밝히기가 어렵기 때문에)
 • 우수한 종업원들의 불만이 이직으로 연결될 수 있음
  (∵ 우수한 종업원들의 업적이 그들 개인에게 정확하게 반영되지 못하기 때문에)

참고   **스톡옵션제**

1. 의의

스톡옵션제는 회사가 경영자 및 종업원들에게 장래의 일정한 기간(권리행사기간)내에 사전에 약정된 가격(권리행사가격)으로 일정 수량의 자사주를 매입할 수 있는 권리를 부여하는 제도

스톡옵션제는 주식에 근거한 보상제도로 조직구성원이 열심히 노력해서 조직의 성과증대에 성공한다면 주가도 동반 상승할 것이라는데 그 가정을 두고 있다.

원래 최고경영자를 위한 개별 인센티브 보상제도로 실시되어 왔으나, 최근에는 종업원도 그 대상으로 실시되고 있다.

우리나라는 1996년 12월에 증권거래법을 개정하여 스톡옵션제를 법제화함으로써 도입됨

2. 목적

① 창의적이고 우수한 인재의 확보와 유지

② 업적과 임직원의 보상을 연동시킴으로써 주주와 임직원의 이해를 일치시킴

③ 장기적 관점에서 기업가치를 극대화하기 위한 조직구성원의 동기부여

3. 특징

① 주가가 기업의 수익성과 성장성에 의해 영향을 받고 경영자가 이들 요인에 영향을 미칠 수 있는 범위까지는 스톡옵션이 인센티브가 될 수 있다.

② 스톡옵션제에서 보상의 구체적 실현은 권한 확정기간을 포함한 장기간이 경과한 후 주식을 매각함으로써 이루어진다. 그러므로 스톡옵션제는 주식 혹은 주가에 근거한 주식 연동형 장기 인센티브제도이다.

4. 유형

① 인센티브 스톡옵션

일정한 요건하에 세제상의 우대조치가 인정되는 스톡옵션으로, 회사가 임직원들에게 미래의 일정기간 내에 약정된 가격으로 일정수의 자사주를 매일할 수 있는 권리를 부여하는 제도. 가장 일반적인 스톡옵션의 유형.

② 비적격 스톡옵션

세제상의 우대조치를 받을 수 없는 스톡옵션으로 제도의 설계에 유연성을 가질 수 있는 것이 특징이다.

③ 주식평가 보상권

임직원에게 일정기간에 있어서 자사주의 시장가격 상승액을 보상으로 받을 수 있는 권리를 부여하는 제도

5. 효과

• 임직원을 동기부여시킴

• 경영자로 하여금 장기적이고, 주주가치를 제고시키는 경영을 촉진시킴

• 유능한 인재를 확보하고 유지

• 경영성과의 증대와 주가상승을 가져옴

6. 잠재적 문제점

- 기존 주주나 채권자의 이익침해가 발생할 수 있음

  (원래 주식가격이 상승하면 이는 주주에게 그 수익이 돌아가야 하는 것이나 임직원에게 부여된 옵션의 크기가 클수록 그만큼 기존 주주들은 주가상승의 혜택을 누리지 못하게 된다. 또한 주가폭등의 상황에서 스톡옵션으로 거액의 이익을 본 임직원들이 갑작스레 회사를 그만두는 경우(예 1990년대 MS사) 회사는 인재유출로 인하여 어려움에 빠질 수도 있다.)

- 스톡옵션은 경영진에게 과다한 보수를 지급하는 반면 이에 상응하는 경영자의 위험부담이 없는 경우가 많아 형평성의 문제가 제기될 수도 있음

(5) 수당

- 수당은 기준 외 임금으로서 연공급, 직무급, 직능급, 성과급이 추구하는 임금공정성을 보완하는데 본질적인 목적이 있다.

  우리나라 기업에서는 연공급에서 문제가 되고 있는 직무가치, 종업원의 능력 등을 수당을 통해 임금에 반영하려 하고 있다. 뿐만 아니라 기업이 인건비를 절약하기 위해 수당제도를 도입하기도 한다.

- 수당의 종류는

  - 법정 수당 : 초과근무수당, 야간근로수당, 연차유급휴가수당 등
  - 법정 외 수당 : 직책수당, 자격수당, 가족수당, 통근수당, 지역수당, 주택수당 등

5 임금평가

(1) 개념

기업이 임금공정성을 확보하기 위해 취한 제 조치가 얼마나 효과적이었는가를 측정하는 활동

(2) 공정성 평가기준

1) 기업의 입장

해당 기업이 도입한 임금제도가 노동시장에서 유능한 인력을 확보하는 데 어느 정도 경쟁력을 갖추었는지 그리고 기업 내 종업원의 생산성 향상을 위해 얼마나 동기부여 하였는지가 그 기준

2) 종업원의 입장

기업의 임금제도가 종업원의 기업에 대한 공헌을 충분히 인정하였는지 나아가 임금이 종업원의 생활의 질을 높였는지가 평가대상

(3) 임금에 대한 평가

크게 객관적인 숫자를 분석하는 것과 종업원의 심리적 측면을 분석하는 것으로 구분

1) 객관적인 숫자를 분석

임금의 외부공정성 관련 해당기업 및 동종·동지역·동규모의 경쟁회사의 임금수준을 조사하여 그 차이를 밝히고 이 차이가 임금 불공정성을 야기한다면 극복 대책을 강구, 해당 기업이 수립

한 임금의 예산과 지출의 비교를 통해서도 차이를 조정, 이직률, 부가가치 노동분배율의 변화추이 등이 분석되어야 함

2) 종업원의 심리적 측면을 분석

이는 임금만족(pay satisfaction)에 압축되어 나타난다.

임금에 대한 절차공정성, 임금수준 및 배분 공정성에 대한 지각은 바로 임금만족으로 연결된다.

참고 　**임금만족에 대한 대표적인 이론 : 성과차이모델(discrepancy theory)**

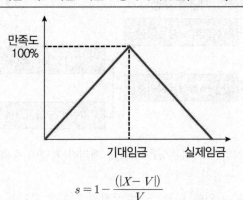

$$s = 1 - \frac{(|X - V|)}{V}$$

s : 만족수준, X : 실제 수령한 임금, V : 기대임금

성과차이모델에서는 개인이 받아야 한다고 지각하는 기대임금과 현재 받고 있다고 지각하는 임금의 차이에 따라 임금만족도가 달라진다.

- 기대임금 = 실제임금 : 개인은 임금에 대해 만족
- 기대임금 > 실제임금 : 불만족
- 기대임금 < 실제임금 : 심리적 불편함

여기서 기대임금의 수준과 실제임금에 대한 지각은 아담스의 공정성 모델에 그 기초를 두고 있다.

---

(4) 결론

종업원의 임금에 대한 만족은 임금 그 자체만 가지고 나타나는 것은 아니다. 기업은 지불능력에 한계가 있을 수밖에 없는 화폐적 보상 외에도 비화폐적 보상에 대한 설계, 그리고 임금제도에 대한 절차공정성 극대화 방안을 강구할 때 임금효율성은 극대화될 것이다.

02 | 복리후생

1 복리후생의 개념, 생성배경, 목적

(1) 개념

▼ 기업 복리후생의 개념적 구성

- 경영학에서 보는 기업의 복리후생은 임금을 제외한 기업이 종업원에게 제공하는 모든 보상, 따라서 노동에 대한 간접적 보상
  - **경제적 복리후생** : 기업이 이를 도입함으로써 경제적 부담을 지게 되는 것
    - 예 금전적인 것(각종 보험료 지원, 퇴직금 지급 등), 비금전적인 것(오락시설, 휴양시설 제공 등)
  - **비경제적 복리후생** : 종업원 개인에게 직무수행에 있어서 보다 많은 의사결정권한을 부여한다든가 근무시간에 대해 자율성을 부여하는 것 등
- 복리후생은 사회적 임금, 종업원 급부, 복지후생, 후생복리, 기업복지, 종업원복지 등 다양한 명칭으로 불리고 있으나, 노동에 대한 직접적 보상인 임금을 부가적으로 보완해주는 각종 급부라는 의미에서 종래까지는 전형적으로 '부가급부(fringe benefits)'로서 많이 사용되어 왔다.

(2) 생성배경 – 역사

기업의 복리후생은 가부장적 인사관리 시대에 도입되기 시작하였다. 서양 선진국 기업에서는 산업혁명 이전의 가내공업 시대에 가부장적 리더십의 한 구성요소인 '종업원 보호' 측면에서 복리후생제도를 도입하였던 것. 기업주는 복리후생을 통해 노동력을 안정적으로 확보하는 데 그 일차적인 목적을 둠. 산업화가 진행됨에 따라 전제적·착취적 인사관리가 등장하게 되자 종업원에 대한 보호·유지에 국가가 관심을 가지게 되었고 이를 위해 사회보장관련 법률을 제정하기에 이른다. 그 후 국가, 기업, 노조의 관심과 노력의 결과 오늘날 매우 확대

우리나라 기업에서의 복리후생은 1919년 경성방직주식회사에서 도입한 기숙사, 사택, 식사제공 등이 효시. 당시 복리후생제도는 노동력 확보를 위한 수단에 불과. 1961년 근로기준법이 제정되면서 퇴직금제도가 신설

1963년 사회보장에관한법률 및 산업재해보상보험법의 제정으로 기업 내 복리후생문제에 대해 국가가 적극적으로 개입하기 시작

1970년대 이후 기업의 규모가 신장됨에 따라 자발적인 복리후생제도의 도입이 더욱 확대

참고 **복리후생의 중요성과 성격**

1. 중요성

① 복리후생은 총 보상의 일부로서 복리후생비는 노무비의 큰 부분을 차지하고 있다. 그러므로 노무비의 통제는 복리후생비의 통제 없이는 불가능하게 되었고, 이것이 제품시장에서 가격경쟁력에 영향을 주고 있기 때문

② 복리후생은 특히 우수한 종업원의 확보와 유지측면, 즉 노동시장에서의 경쟁력 확보에 영향을 미치기 때문

2. 성격(임금과의 차이점)

① 복리후생은 연공이나 성과와 관계없이 조직의 모든 종업원들을 대상으로 제공되는 집단적 보상의 성격

② 복리후생은 종업원 자신이 필요로 하는 구체적인 상황이나 조건이 발생해야만 혜택을 받게 된다.

③ 복리후생은 종업원의 필요성의 구체적 내용에 따라 그 용도가 제한을 받는다.

④ 복리후생비는 다양한 형태로 지급된다.

⑤ 복리후생비는 기대소득이라는 성격을 갖는다.

(3) 목적

경제적 목적	– 성과향상 – 신체적·정신적 성과창출 능력 유지 – 조직커미트먼트 증가 → 결근율, 이직률 감소 – 노동시장에서의 경쟁력 제고
사회적 목적	– 기업 내 주변인력 보호(청소년, 노령자 등) – 인간관계 형성 지원 – 국가 사회복지 보완
정치적 목적	– 정부의 기업에 대한 영향력 감소 – 노조의 영향력 감소
윤리적 목적	– 종업원 생계 지원

PART
05

2 복리후생 프로그램의 설계(복리후생 시스템)

▼ 복리후생 프로그램의 설계내용과 영향요인

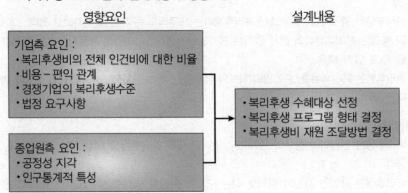

[복리후생의 대상자 선정 시 고려요인]

① 복리후생 프로그램을 전체 종업원을 대상으로 균등하게 할 것인가, 종업원 집단별 or 개인별로 차별화할 것인가를 결정해야 한다.

일반적인 관점에서 볼 때

- 종업원 전체를 균등하게 수혜대상으로 하는 경우 : 종업원의 복리후생에 대한 상이한 욕구를 충족시키는 데 한계
- 종업원 개인별 차별화하는 경우 : 복리후생 프로그램 운영상의 번거로움, 과다 비용 발생 가능성

따라서 복리후생 프로그램을 종업원 집단별로 설계하여 그들의 욕구를 최대한 반영하는 것이 보다 현실적이다.

② 복리후생 프로그램의 유형을 결정하는 다양한 기준

예 경제적 – 비경제적 시각에서의 분류, 금전 – 비금전적 시각에서의 분류, 법정 – 법정 외 분류 등

③ 복리후생비에 대한 재원조달방법

복리후생비 전체를 기업 측이 부담하는 방식, 사용자 – 수혜자 공동 부담방식, 수혜자 부담방식

3 복리후생 프로그램의 유형

(1) 법정복리후생

- 국가가 기업 종업원을 보호하고 국가사회복지의 한 보조수단으로 법률을 제정하여 기업으로 하여금 강제적으로 도입하도록 한 것
- 근로자에게 문화생활을 할 수 있는 최소한의 수준을 유지할 수 있도록 하자는 데 그 목적이 있다.

1) 보험료지원

근로자가 가지고 있는 기본적인 안전욕구를 충족시키는 데 그 목적이 있다.

① 의료보험료 지원

② 연금보험료 지원

③ 산업재해보상보험료 지원

④ 고용보험료 지원

2) 퇴직금제도

가. 개념

- 근로자가 일정기간 동안 해당기업에 근무한 후 퇴직할 때 기업이 근로자에게 일정액을 지급하는 제도

- 퇴직금제도는 연공주의적 인적자원관리와 밀접한 관계가 있다.
  이는 연공급 임금체계하에서는 퇴직금제도를 통해 임금의 노동대가의 원칙을 보완적으로 달성하고, 근로자의 장기근속을 유도하는 효과가 있기 때문이다.

- 퇴직금은 퇴직일시금과 퇴직연금 모두를 총칭하지만, 협의로는 퇴직일시금만을 말하고 이를 보통 퇴직금 또는 퇴직수당이라고 한다.

나. 퇴직금의 성격에 대한 3가지 학설

① 공로보상설

- 퇴직금이 근로자가 재직할 때의 공헌에 대한 은혜적인 보상

- 기업측이 주장하는 것으로 퇴직금 지급은 본질적으로 기업의 의무적 사항이 아니라는 것

② 임금후불설

- 퇴직금이 임금의 일부로서 나중에 지급될 뿐이라는 주장

- 노동조합의 견해, 근로자가 재직할 때 지급된 임금이 제공된 노동의 가치보다 낮게 지급되었기 때문에 퇴직할 때 그 차이를 지급해야 한다는 논리

③ 생활보장설

- 퇴직금제도를 근로자가 퇴직하였을 때 닥칠 수 있는 생활의 어려움을 지원하는 제도로 보는 것

참고 **퇴직금의 기능**

퇴직자의 소득보장으로 단기근속 퇴직자에게는 실업급여적 기능을 수행하고 특히 장기근속 퇴직자에게는 그들의 노후생활을 보장해 주며 또한 이로써 노사관계의 안정화에도 기여하는 기능을 수행한다.

[우리나라 퇴직금제도의 문제점]
① 국민연금과 고용보험의 도입과 연봉제의 확산, 빈번한 직장이동, 퇴직금 중간정산제 실시 등으로 기존 퇴직금제도의 노후소득보장과 실업급여기능이 약화되고 있다.
② 기업의 연륜증가와 임금의 급격한 상승으로 기업의 퇴직금부담이 더욱 커지고 있다.
③ 퇴직금 운영상 및 기업의 도산 시 퇴직금지급 보장의 미흡

이러한 문제점들을 해결하기 위해 퇴직금제도의 대안으로 퇴직연금제도의 도입이 활발히 논의되어 왔다.

PART 05

| 참고 | **퇴직연금제도** |

1. 개념
퇴직연금제도는 퇴직일시금을 연금으로 전환해 근로자의 안정적인 노후생활 보장을 강화하고 기업이 퇴직금부담을 합리적으로 관리할 수 있도록 개선하기 위하여 근로자가 퇴직 후 받을 돈을 사용자가 정기적으로 일정액을 금융기관에 적립하고 운영하여 퇴직 후 연금형태로 지급하는 제도

2. 특징
① 기업도산에 따른 지급불능 사태에 대응(∵ 믿을 만한 금융기관을 선정하여 퇴직금을 맡겨 놓기 때문에)
② 제도설계 및 운용과정의 다양한 선택권 부여(퇴직급여를 퇴직금제도에서처럼 일시금으로 수령할 수도 있고, 조건이 충족되면 연금으로 수령할 수도 있다. 또한 퇴직연금 적립금의 운용을 사용자가 할 수도 있고(DB), 근로자가 개별적으로 적립금을 운용할 수도 있다(DC).)
③ 변화된 자산관리 환경에 대응(퇴직연금 적립금을 자산운용전문기관의 도움을 받아 다양한 금융상품에 장기 분산투자함으로써 자산관리 환경의 변화에 효과적 대응이 가능)
④ 은퇴 시까지 충분한 수준의 노후재원 보존(퇴직연금제도에서는 중도인출(중간정산) 요건을 엄격하게 제한함으로써 노후재원인 퇴직급여가 생활자금으로 소진되지 않도록 하고 있다. 또한 근로자가 직장을 옮기는 경우에도 퇴직급여를 인출하지 않고 세금혜택을 받으며 계속 적립하여 운용할 수 있게 함으로써 실질적인 은퇴시점까지 퇴직급여를 넉넉히 쌓을 수 있는 제도적 수단을 구비하고 있다.)

3. 형태

구분 내용	확정급여형(DB, defined benefit)	확정기여형(DC, defined contribution)
개념	– 노사가 사전에 퇴직연금(급여)의 수준·내용을 약정 – 근로자가 일정연령에 달한 때에 약정에 따른 급여 지급	– 노사가 사전에 부담할 기여금을 확정 – 적립금을 근로자가 자신의 책임하에 운용 – 근로자가 일정연령에 달한 때에 그 운용결과에 기초해서 급여 지급
퇴직연금	확정(급여의 일정비율)	운영실적에 따름
기여금	변동가능(산출기초 변경 시)	확정
위험부담	물가, 이자율 변동 등 회사 부담	근로자 부담
기업부담	변동가능(기금운용 수익률에 따라)	고정(단체협약에 따라)
규제 및 감독	많이 요구됨(금융기관에 대한 책임준비금 제도, 건전성 감독 등)	많이 요구되지 않음(운용 방법에 원금 보장상품 포함 등 시행초기에는 안정적 운용지도)
통산제도	어려움(대안 : IRA)	용이
선호층	장기근속자가 유리	단기근속자 및 젊은층
주요대상	대기업, 이미 퇴직금충당금을 사외에 적립하는 기업	연봉제 및 퇴직금 중간 정산제 실시기업, 경영이 불안정한 기업, 중·소기업

- 개인형 퇴직연금(IRP, Individual Retirement Pension)
  개인형 퇴직연금은 기존의 IRA(개인퇴직계좌)를 확대 개편한 것. DC형과 유사한 방식으로 퇴직금을 운용하며 자기부담금을 추가하여 적립할 수 있다. IRP제도에서는 개인퇴직연금의 가입대상이 기존(근로자)보다 확대(자영업자 등도 포함)되며, 연금 수령방식이 다양화되고, 은퇴시점 이후로 과세기간이 이연되며, 추가납입금에 대해서는 소득세액공제도 가능하다.
- 퇴직연금제 도입의 효과
  퇴직연금제는 근로자의 노후 소득을 보장해 주며 기업의 합리적 비용관리를 유도하는 한편, 임금피크제 등 기업의 유연적 인사관리에도 도움을 준다.
- 퇴직연금제의 문제점
  아직 퇴직연금의 개념이 생소하고, 노사 간 협의가 원만하게 이루어지기가 어렵다. 또한 사적연금의 성격을 지니고 있는 퇴직연금이 활성화됨에 따라 국민연금이 약화될 수 있다.
- 퇴직연금제의 활성화 방안
  퇴직연금에 대한 세제혜택을 강화하고, 다양한 형태의 퇴직연금제를 도입함으로써 선택의 폭을 넓힐 필요가 있다. 또한 연금운용에 관련한 규제를 줄이고, 지급보장체제를 개선할 필요가 있다.

3) 유급휴가제도

- 유급휴가는 근로자가 일을 하지 않고도 임금을 받을 수 있는 경우를 말한다. 우리나라에서는 연차유급휴가, 산전·후 휴가를 법으로 정하고 있다.
- 위의 유급휴가제도는 국가가 국민복지 차원에서 도입한 것이며 기업으로서는 노동력의 재생산이라는 관점에서 볼 때 매우 합당한 제도라고 판단된다.

(2) 법정 외 복리후생

- 국가에서 법률로 정한 복리후생 프로그램 이외에 기업이 도입하고 있는 것
- 강제성 측면에서 단체협약상의 복리후생과 순수 기업 자발적인 복리후생으로 구분된다.
- 법정 외 복리후생 프로그램의 대표적인 예로 생활시설, 경제시설 및 제도, 보건위생시설, 문화·체육·오락시설

(3) 카페테리아式 복리후생

1) 개념

- 표준적 복리후생 프로그램 : 복리후생 프로그램에 대해 종업원에게 선택의 기회를 주지 않고 기업이 일방적으로 설계하고 이를 적용시키는 것. 이 경우 종업원은 기업이 제공하는 복리후생이 자기들의 욕구구조와 일치하든 그렇지 않든 수용하지 않을 수 없고, 법정 외 복리후생의 경우 기업이 많은 복지비를 지출하였음에도 이를 받아들이는 종업원이 별로 고맙게 생각하지 않는다면 문제. 이러한 문제점을 극복하여 기업의 복리후생에 대한 종업원의 만족도를 극대화시키기 위해 기업은 종업원의 욕구에 맞는 복리후생 프로그램의 개발 필요성을 인식.
- 선택적 복리후생 프로그램(카페테리아式) : 기업이 다양한 복리후생 프로그램을 제시하고 이 중 종업원이 원하는 것을 그들 스스로 선택할 수 있게 하는 것.

2) 유형

종업원 개인에게 부여되는 선택의 폭과 관련하여 아래의 세 가지 유형으로 구분

① **선택항목 추가형** : 복리후생 핵심항목들을 기업이 정하고 추가항목들에 대해 종업원에게 선택권을 부여하는 제도

② **모듈형** : 몇 개의 복리후생 항목들을 집단화시켜서 종업원에게 제시하는 것이다. 종업원들은 여러 개의 집단화된 복리후생 프로그램 중 어느 한 집단을 선택할 수 있다.

③ **선택적 지출계좌형** : 종업원 개인에게 주어진 복리후생 예산범위 내에서 종업원 개인이 자유로이 복리후생 항목을 선택할 수 있는 제도

3) 장점

• 종업원의 욕구를 반영하기 때문에 동기부여에 효과적
• 종업원에게 선택권을 부여함으로써 타율적인 조직분위기를 줄일 수 있다.
• 복리후생항목에 대한 예산의 합리적인 배분이 가능(종업원이 선택하지 않은 복리후생 항목은 줄여 나갈 수 있다.)
• 기업이 도입하고 있는 복리후생 프로그램들에 대한 효과인식이 용이

4) 단점

• 종업원들이 선택을 잘못했을 경우 기업이 추구하는 복리후생의 효과가 반감
• 프로그램의 관리가 복잡하고 운영비용이 많이 발생
• 선택의 역기능이 나타날 수 있다(종업원들이 특정 복리후생 프로그램만을 선호할 경우 그리고 프로그램의 혜택수준을 아주 높일 경우 기업의 비용부담이 증가).

(4) 비경제적 복리후생(질적 복리후생, 비경제적 보상)

1) 개념

기업이 별도의 추가비용을 투입하지 않거나 현재 보유하고 있는 물적·정신적 자원을 활용하여 종업원의 욕구를 충족시켜 주는 것

2) 대두배경

① 경제적 보상만으로 종업원의 욕구를 충족시키는 데 한계가 있음을 인식
② 비경제적 보상은 경제적 보상만으로 충족시키기 어려운 종업원 욕구를 충족시킬 수 있기 때문

3) 형태

① **직무관련 복리후생** : 직무를 잘 설계하여 종업원의 욕구를 충족시키는 것

　예 안전욕구 관련 – 작업공정의 재설계를 통해 안전사고 최소화, 사회적 욕구 관련 – 직무수행과정에 인간관계를 형성할 수 있도록 여러 직무들을 상호보완적 관계가 있도록 설계, 준자율적인 작업집단을 만들어 줄 수 있음, 존경욕구 관련 – 직무중요성을 높이며 자율근무시간제도 도입 등 해당 직무를 수행하는 데 보다 많은 권력을 부여, 종업원에게 직무수행관련 정보를 충분히 제공한다든지, 보다 도전적인 직무를 부여할 수 있음

② 성과관련 복리후생 : 기업이 종업원에게 창출한 성과를 근거로 제공하는 것
> **예** 종업원에게 보다 많은 승진기회를 제공, 성과가 높은 종업원에게 인정감을 부여하고 책임을 증가시키며 직무수행과 관련되는 재량권을 확대시키며 넓은 작업공간 제공 등

③ 조직구성원 관련 복리후생 : 종업원이 해당기업에 소속되어 있음으로 인해 받을 수 있는 혜택
> **예** 기업의 대외적 이미지를 제고시킴으로써 종업원들로 하여금 해당 기업에 대해 자긍심을 갖게 한다든지, 보다 참여적인 리더십을 발휘함으로써 개인의 의견을 존중하는 것 등

4) 효과

비경제적 복리후생은 기업이 안고 있는 경제적 보상에 대한 지불능력의 한계를 극복할 수 있는 보완적 도구가 될 뿐만 아니라 종업원이 갖고 있는 보상에 대한 다양한 욕구를 충족시켜 '보상만족'의 크기를 극대화시키는 데 기여할 수 있다.

4 복리후생 프로그램의 운영

(1) 도입한 복리후생 프로그램을 종업원에게 자세히 알려주어야 한다.

복리후생에 대한 효과적인 커뮤니케이션은 종업원의 만족을 획득하는 매우 중요한 도구가 된다. 대개 기업은 복리후생에 대한 핸드북(혹은 소책자)을 만들어 종업원에게 나누어준다.

(2) 적용이 공정해야 한다.

개별복리후생 프로그램을 이용하는 방법과 그 처리과정이 명확히 제시되어야 한다.

(3) 복리후생 비용에 대한 철저한 관리

이를 위해서는 복리후생비 지출에 대한 감사제도를 도입함이 바람직하다. 보다 효율적인 복리후생 비용관리를 위해서는 기업이 수립한 복리후생비 예산이 적법하게 집행되고 있는가에 대한 통제활동이 필요하다.

(4) 복리후생 프로그램의 운영에 종업원 대표 참여

이렇게 함으로써 기업은 복리후생에 대한 종업원의 변화되는 욕구를 피드백받을 수 있으며 복리후생 프로그램의 운영에 대해 공동 협의함으로써 종업원의 복리후생 프로그램에 대한 수용성을 극대화시킬 수 있다.

5 복리후생 프로그램의 평가

(1) 비용비교분석

복리후생 프로그램별 비용의 변화추세를 분석하여 복리후생비가 합리적으로 배분되었는가를 판단한다. 복리후생비 지출패턴은 종업원의 욕구변화, 관련기관의 정책변화 등으로 인해 그 구조가 항상 변화되는 것이 일반적 추세이다. 이러한 복리후생비의 구조를 연도별, 프로그램별, 종업원집단별, 개인별로 분석해야 한다.

(2) 직무행동분석

복리후생 프로그램이 종업원의 행동을 얼마나 변화시켰는가를 파악하는 것. 여기서 종업원의 행동 변화는 직무수행노력, 결근율, 이직률, 생산성의 변화 등이 그 내용이 된다(GM사에서는 의료보험 및 연금보험과 결근율과의 관계를 조사한 바 있는데 보다 유리한 보험혜택 상황 하에서의 종업원은 과거 약 20%라는 높은 결근율에서 9%까지 감소되는 결과를 보여준 바 있다).

(3) 공정성 지각분석

종업원이 복리후생 프로그램에 대해 얼마나 공정하다고 지각하고 있으며, 만족하고 있는가를 분석 기업은 정기적으로 복리후생 혜택을 받는 종업원 집단에게 해당 복리후생 프로그램에 대한 공정성과 만족도를 설문조사 및 인터뷰 등의 방법을 통하여 조사할 수 있다.

인력유지

인력유지 활동

① 기업의 인력유지 활동 : 종업원의 성과창출 의지 및 능력을 계속 유지하는 과정
   - 종업원의 성과창출 의지
     • 종업원들이 기업의 목표와 자신의 목표가 일치된다고 믿을 때 극대화된다.
     • 일부나마 자신의 욕구가 기업에서 충족될 수 있다고 판단될 때 유지·증가된다.
       종업원의 욕구충족을 위한 것으로서 기업이 도입하는 각종 <u>모티베이션 프로그램</u>이 있다.
     • <u>원만한 노사관계</u>가 구축될 때 유지된다. 노사관계의 핵심은 기업과 종업원의 욕구를 조정하는 데
       있다.
   - 종업원의 성과창출 능력
     • 기업이 제공하는 인력개발 프로그램뿐만 아니라 <u>산업안전</u>을 통해 유지된다.

② 인력유지 활동의 효율성
   - 경제적 효율성
     ① 확보한 노동력의 정신적 및 신체적 유지 - 인력유지활동은 인력방출 및 확보 비용을 줄여
       준다.
     ② 생산성 향상
   - 사회적 효율성
     ① 욕구충족 - 종업원은 자신이 추구하는 욕구를 충족함으로써 만족을 극대화
     ② 신체의 안전 유지 - 이는 종업원 자신 및 가족의 생활의 질을 유지하는 데 본질적으로 기여
   ➾ 인력유지 활동의 효율성은 노동과 자본이 추구하는 목표를 동시에 달성할 수 있는 방향으로 설계
     되어 운영될 때 노동과 자본 간에 존재할 수 있는 갈등을 최소화시키며 나아가 통합이 가능하게
     된다.

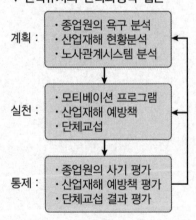

▼ 인력유지의 관리과정적 접근

계획 :
• 종업원의 욕구 분석
• 산업재해 현황분석
• 노사관계시스템 분석

실천 :
• 모티베이션 프로그램
• 산업재해 예방책
• 단체교섭

통제 :
• 종업원의 사기 평가
• 산업재해 예방책 평가
• 단체교섭 결과 평가

01 | 모티베이션과 산업안전

1 모티베이션

- 종업원의 성과는 종업원의 직무수행능력과 직무를 기꺼이 수행하고자 하는 자발적인 의욕에 달려 있다.
- 성과와 능력 및 모티베이션과의 관계

$$성과 = f(능력, 모티베이션, 근무시간)$$

(1) 인간행동의 본질

종업원들은 자신들 나름대로의 욕구를 가지고 있으며, 이 욕구와 기업이 추구하는 목표가 일치하지 않을 때 갈등이 일어나게 된다. 버나드(Barnard)는 조직과 개인 사이에는 유인과 공헌 간에 균형이 이루어져야 한다고 주장하였다. 조직이 존속하기 위해서는 조직에 참여한 사람들에게 배분되는 유인이 참여자들이 조직에 기여하는 공헌과 같거나 커야 한다. 그러므로 이를 위해서는 종업원들이 만족스러워 할 수 있는 보상체계가 필요하다.

기업과 종업원 모두에게 도움이 되는(개인과 조직의 이익이 통합되는) 영역을 확대시키기 위한 노력으로 예를 들면 직무확대나 직무충실과 같은 직무설계, 다양한 보상프로그램, 참여적인 의사결정 등 이러한 프로그램이 성공적일 경우 결근율 및 이직률의 감소, 사기 및 업무의 질 향상, 생산성 증가 등의 성과를 얻을 수 있다.

(2) 모티베이션 이론

1) 욕구단계설 – 매슬로의 욕구5단계설

매슬로(Maslow)는 인간의 욕구를 5단계로 구분하였다. 욕구들은 계층을 이루고 있으며 충족되지 못한 욕구에 의해 모티베이션이 이루어지며 충족된 욕구는 더 이상 모티베이션시키지 못한다. 즉, 하위계층의 욕구가 충족되면 상위계층의 욕구가 모티베이션으로 작용하며 충족된 하위계층의 욕구는 더 이상 모티베이션으로 작용하지 못한다.

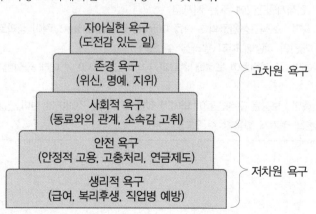

참고

매슬로의 욕구단계설이 인적자원관리에 주는 시사점은 사람들이 기업에서 일하는 것은 단지 먹고사는 문제를 해결하기 위한 것만이 아니라 다른 사람들과 어울리고 다른 사람들로부터 인정받고 싶은 욕구를 충족하기 위함이며 더 나아가 사람들은 궁극적으로는 조직에서 성장하여 자신의 역량을 최대한 발휘하고 전문분야에서 최고가 되고자 하는 욕구를 갖고 있다는 점이다. 경제가 발전하고 사회가 풍요로워지면 질수록 저차원의 욕구보다는 고차원의 욕구가 중요해진다.

2) 기대이론 – 동기부여가 만들어지는 과정에 주목

브룸(Vroom)은 개인은 자신의 행동결정과정에서 여러 가지의 가능한 행동대안 또는 행동전략을 평가하여 자기 자신이 가장 중요시하는 결과를 가져오리라고 믿는 행동전략을 선택한다고 주장하였다.

모티베이션은 3가지 요소에 의해 영향을 받는다.
- 기대감(pectancy) : 어떤 활동이 특정 결과를 가져오리라고 믿는 가능성
- 수단성(instrumentality) : 어떤 특정한 수준의 성과를 달성하면 바람직한 보상이 주어지리라고 믿는 정도
- 유의성(valence) : 특정 보상에 대해 갖는 선호의 강도

참고

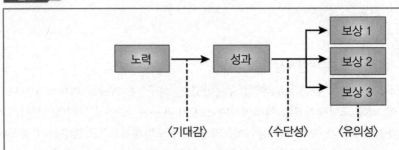

기대이론이 인적자원관리에 주는 시사점
① 기대감 측면 : 조직구성원들의 노력을 이끌어 내기 위해서는 노력이 성과로 이어지도록 해야 한다. 이것은 개인의 역량에 따라 달라질 수 있다.
② 수단성 측면 : 구성원들이 노력해서 결과가 나타났을 때 이에 대해 적절한 보상이 뒤따라야 한다는 것이다.
③ 유의성 측면 : 보상은 구성원들이 의미가 있다고 느끼는 것이어야 한다. 앞서 살펴본 매슬로의 욕구단계이론을 여기서 활용할 수 있다.

3) 강화이론

강화이론은 학습을 설명하는 근거로서, 강화가 이루어지지 않으면 새로운 행동은 지속되지 못하고 사라지게 된다. 즉, 보상받는 행동은 반복되는 경향을 보이지만 보상받지 못한 행동은 반복되지 않는 경향을 보인다.

종업원의 성과나 공헌이 지속적으로 인정되지 않는다면 종업원들이 높은 성과를 보이리라는 기대를 할 수 없다. 또한 어떤 행동이 계속적으로 일어나도록 강화하고자 할 경우에는 일어난 행동에 뒤따라서 바로 보상을 함으로써 종업원들이 관련 행동과 보상과의 연계성을 분명하게 인식할 수 있도록 하여야 한다.

> **참고** **로크의 목표설정이론(goal setting theory)**
>
> 이는 동기부여의 가장 중요한 요소로서 적절한 목표를 강조한다. 목표는 개인, 집단 혹은 조직이 추구하는 미래의 바람직한 결과라고 할 수 있다.
> 이 이론에 따르면 구성원들이 목표를 설정할 때가 그렇지 않을 때보다 더 큰 동기부여가 된다.
>
> 동기부여를 시킬 수 있는 좋은 목표란
> - 구체적이면서도 현실적이고,
> - 달성이 쉽지 않은 적당한 수준의 난이도를 갖춘 동시에
> - 구성원들이 그 목표에 대해 광범위한 수준의 합의에 도달해 있어야 한다.
> - 또한 목표달성여부의 확인이 용이하여야 하며,
> - 목표달성의 결과로서 보상 및 환류와도 연계될 수 있어야 한다.
>
> 목표설정이론은 인적자원관리와 밀접한 관계가 있는데, 특히 대표적인 것이 목표관리법(MBO, management by objectives)이다.

(3) 모티베이션 프로그램

1) 경제적 보상 – 임금, 복리후생

경제적 보상이 모티베이션 프로그램으로서 힘을 발휘하기 위해서는 보상공정성이 확보되어야 한다.

2) 비경제적 보상

① 직무설계

허츠버그는 종업원들을 열심히 일하도록 하는 요인으로서 동기부여요인을 제시하였다. 동기부여요인은 도전감, 성취감, 인정감, 책임감, 성장, 발전, 직무내용 등으로서 주로 일 자체와 관련된다. 그러므로 기업에서는 종업원들에게 동기부여요인을 제공할 수 있도록 직무를 설계함으로써 종업원들이 신바람나게 열심히 일할 수 있도록 해야 할 것이다.

② 직무의 안정성

③ 편안하고 안전한 근로조건

④ 공정한 리더십

⑤ 합리적인 명령과 지시

일반적으로 지시와 명령은 실행할 수 있어야 하며, 충분히 설명되어야 하며, 분명하고 간결하게 그리고 종업원이 잘 수용할 수 있는 방식으로 내려져야 한다.

⑥ 기업문화

종업원이 속해 있는 기업이 어떤 가치를 중시하며 자율권과 재량권을 어느 정도 부여하느냐가 종업원의 동기부여에 많은 영향을 미친다.

3) 인간관계제도

기업이 도입하고 있는 인간관계제도는 종업원들의 인간관계를 개선하거나 갈등의 소지를 줄일 수 있는 모티베이션 프로그램으로서 큰 의미가 있다.

① 카운슬링

카운슬링은 직무성과에 초점을 맞추기보다 문제의 원인에 초점을 맞춘다.

카운슬링에 전문적 지식을 갖춘 심리치료사들이 관여하게 되는데 종업원이 다룰 수 없는 수준의 문제일 때 상당한 도움이 될 수 있다.

카운슬링은 종업원이 갖고 있는 갈등을 줄이고 긍정적인 태도를 계속 지속하도록 만들며, 이해관계를 통합시키는 가장 효과적인 방법 중의 하나이다.

② 소시오메트리

집단 구성원들 간에 좋아하고 싫어하는 양상을 나타낸 것으로서 기업에서 많이 사용되는 방법은 아니지만 작업집단이나 기업에 대한 애착의 정도를 나타내는 수단으로서 상당한 잠재력을 지니고 있는 방법이다.

- 소시오그램 : 비교적 소규모 집단의 비공식적 관계를 파악하는 데 사용
- 소시오메트리 매트릭스 : 대규모 집단의 소시오메트리 구조를 파악하는 데 이용

③ 참여제도 도입

많은 기업에서 종업원들이 자신이 속한 기업에 자신들의 의견을 전달하고 반영시킬 수 있도록 허용하고 있다.

종업원들이 경영에 참여할 수 있는 길을 열어 놓음으로써 종업원들의 근로의욕을 북돋우기 위함이다.

- 제안제도 : 종업원에게 기업에 도움이 되는 창조적인 제안을 내놓도록 자극하는 제도
  이 제도를 통해 종업원들의 충성심, 응집력, 몰입 등이 증진될 수 있으며, 창조적인 노력의 결과로서 금전적인 보상을 받는 기회로 작용하기도 한다.
- 문호개방정책 : 직속상사를 통해서 만족스런 해결책을 구할 수 없을 경우에 보다 높은 직위의 상사에게 고충을 가지고 가도록 허락하는 제도

④ 불만처리제도

성숙한 조직일수록 잠재된 갈등을 표면화시켜 토론을 통해 갈등해결을 도모하려는 의지와 능력을 갖추고 있다.

갈등을 표면화시키고 감소시키기 위해서는 종업원들이 갖고 있는 불만이나 고충을 공정하게 처리할 수 있는 절차를 구비하는 것이 필요하며 이를 통해 종업원들의 근로의욕을 계속 유지해야 할 것이다.

- **고충처리절차** : 경영층에 대한 불만족을 커뮤니케이션할 수 있는 방법으로 종업원들이 자신과 자신들의 작업에 영향을 미치는 사항에 대해 불만을 토로할 수 있도록 허락한 공식적인 과정이다.
- **옴부즈맨제도** : 옴부즈맨은 종업원들의 고충을 들어주기 위해 사무실을 운영하면서 종업원들이 제기한 불만사항을 들은 후 채택 여부를 판단하며, 채택한 경우에는 책임 있는 조직의 관리자를 조사하거나 관리자에게 권고할 수 있는 권한을 가지고 있다.

(4) 모티베이션 평가

종업원의 모티베이션 형성과 유지를 위한 고려사항

1) 종업원 개개인에 대한 개인적인 특성파악이 필요

이는 종업원마다 욕구구조에 개인차가 있기 때문이다. 그러므로 종업원의 모티베이션을 높이기 위한 제도를 마련하고자 하는 경우에는 종업원 대표를 참여시킬 필요가 있다.

2) 관리자의 능동적인 노력 요구

종업원을 이해하고 때로는 설득하고 갈등을 해결하는 데에는 관리자의 노력이 필요하다.

2 산업안전

(1) 중요성

산업재해의 불행은 재해당사자는 물론, 본인뿐만 아니라 그 가족과 전체 사회로까지 이어지고, 따라서 이로 인한 손실은 당사자만이 아닌 전체 국민경제에 크나큰 부정적 영향을 준다. 오늘날 기업 내 종업원의 산업안전문제는 근로자의 입장에서뿐만 아니라 기업 입장에서도 매우 중요한 이슈이다. 기업은 종업원에게 안전하고 쾌적한 작업환경을 제공하여 그들이 평안한 마음으로 일에 전념할 수 있게 함으로써 사기 및 애사심을 높이고 나아가 생산성을 제고시킬 수 있기 때문이다.

산업안전이란 근로자가 일을 하기에 안전한 작업조건과 상황을 의미한다. 특히 산업보건에서는 작업장에 내재한 위험으로 인하여 발생하게 될 질병을 방지하는 것을 목표로 삼고 있다.

(2) 산업재해 발생현황

우리나라의 산업재해와 직업병의 발생추이는 경제활동의 증가와 산업발전과 궤도를 같이한다. 1980년대에 들어서 산재예방의 중요성이 인식되기에 이르렀고 1990년에 들어와 근로자의 근로생활의 질(quality of work life)에 대한 관심이 고조되면서 산업재해 예방에 대한 실천적·제도적 노력들이 지속적으로 이루어지고 있다.

1) **주요지표**

① 재해율 = (재해자 수 × 100) ÷ 근로자 수

② 도수율 = (재해 건수 × 1,000,000) ÷ 총근로시간수

③ 강도율 = (총손실근로일 수(年) × 1,000) ÷ 총근로시간

④ 천인율 = (재해자 수 × 1,000) ÷ 근로자 수

⑤ 보상액률 = 재해 건수 ÷ 지급임금총액

2) **산재의 경제적 손실**

① 생산 감소

② 재해보상과 시설복구를 위한 비용투입

③ 사회보험에 의한 경비증대 보험료 부담증가

3) **손실측정**

재해손실의 통계는 재해발생으로 인한 최소손실규모의 현황만을 나타내 보여주는 것

① **직접손실비용** : 산업재해보상보험에 의한 비용, 재해발생 시 지출되는 회사비용

② **간접손실비용** : 인건비, 물적 손실, 기타손실과 생산손실

(3) 산업재해의 원인

1) **물적 요인** – 기업 내의 각종 시설과 설비 면에서 비롯되는 재해의 원인들

① **시설과 설비 자체의 결함** : 건물·기계장치의 불량 or 노후화

② **부적절한 보호장치** : 안전장치 보호구의 결여

③ 공구, 기구의 불량

④ 표식의 불비, 불완전

2) **인적 요인** – 개인적인 소질 및 부주의한 행동에서 비롯되는 요인들

① **개인적 소질 부족** : 과격한 기질, 시력 및 청력의 결함, 지식 및 기능의 부족, 각종 질환, 근력 부족 등

② **부주의나 불안전한 행동** : 지시무시, 위험장소 접근, 안전장치의 점검소홀, 기계·공구나 복장 보호구의 잘못사용, 위험물 취급 부주의, 불안전한 자세와 동작, 불안정한 속도 조작 등

3) **환경적 요인** – 작업환경에 따르는 각종의 물리적, 화학적인 위험요소

① **물리적 요인** : 작업장·작업대·통로 협소, 기계류의 배치 부적절, 채광·조명·환경시설의 부적당, 불안전한 복장 등

② **화학적 요인** : 고열, 분진, 소음, 진동, 가스, 유해방사선 등

참고

4) 관리적 요인 – 부적절한 안전관리로 인해 발생하는 요인으로 특히 인적 요인과 관련이 많다.
  ① 안전교육의 불충분 : 안전수칙의 오해와 안전지식, 작업방법, 위험·유해한 작업 등에 대한 안전교육 불충분
  ② 작업관리의 불량 : 안전관리 조직의 미정비, 작업준비 불충분, 안전수칙의 미흡, 작업계획의 무리, 인원배치·작업지시의 부적절, 기타 일부 물적·환경적 요인 관리의 소홀 등
  ③ 무자격자, 체력부적격자, 생리적·심리적 결격자 등 기타 결격자의 채용 및 배치

(4) 산업재해 예방대책

산업재해의 빈도와 강도를 낮추기 위해서는 관리적 노력과 작업환경 개선의 노력이 동시에 이루어져야 한다.

1) 재해방지 프로그램

[프로그램에 고려되어야 할 3가지 요소]
- 적절한 예산편성
- 안전사고 기록에 대한 철저한 분석
- 관리층의 안전에 대한 의지 표명과 솔선수범

2) 산업안전보건위원회

종업원, 관리자, 산업안전전문가로 구성된 안전대책위원회의 구성으로 다른 사안보다 안전문제를 우선시하는 기업분위기를 유도할 수 있다.

[위원회의 역할]
- 안전정책을 제안하거나 최고경영층에서 제시한 안전정책에 대한 비판
- 기업 나름대로의 안전기준 설정
- 종업원과 감독자에 대한 안전교육 실시
- 안전감시활동 수행
- 위험한 작업환경과 위험한 작업행동의 감소를 위한 지속적인 예방활동

3) 안전규정

산업안전 규정은 최고경영층에 의해 제시되는 일반적인 산업안전정책의 중요한 산물이다. 안전규정이 효과적이기 위해서는 규정을 따르지 않았을 때 분명한 처벌을 해야 한다.

4) 종업원 선발

산업안전에 대한 예방 혹은 대책은 인력의 적재적소 배치 원칙을 준수할 때 효과적으로 이루어질 수 있다. 적절한 작업자의 선정은 흔히 연령과 근속기간을 고려해서 이루어지게 된다.

5) 종업원 및 관리자에 대한 훈련

안전사고로부터 자신을 방어할 수 있는 다양한 정보를 얻지 못함으로써 재해가 발생할 수 있으므로 재해예방과 관련된 교육훈련이 필요하다.

6) 피드백/인센티브

보다 구체적이고 어렵긴 하지만 달성 가능한 안전목표를 설정하고, 이들 목표달성에 필요한 정보를 제공하고 목표달성 시 보상을 지급하게 된다면 이때의 인센티브는 미래의 더 큰 손실을 줄이게 될 것이다.

➥ 산업재해의 예방에 있어서 기업의 역할은 매우 크다. 이는 사업장마다 나름대로의 생산설비를 보유하고 있으며 그에 따라 생산과정도 다르기 때문이다. 따라서 그에 합당한 안전교육과 훈련을 실시하는 것은 기업의 몫이다. 기업 측의 올바른 역할수행과 더불어 요구되는 것은 근로자의 안전에 대한 올바른 인식과 적극적 참여이다. 기업과 개인 이외에 산업안전의 간접적 당사자는 정부이다. 정부는 산업재해와 관련한 제반 법률과 정책을 지속적으로 개선함으로써 보다 효과적인 산업안전관리에 기여해야 할 것이다. 결국 기업과 근로자 그리고 정부가 각자의 몫을 제대로 해 나갈 때 비로소 산업안전은 달성될 수 있을 것이다.

> **참고** 안전사고 발생에 대한 이론
>
> **1. 도미노 이론 – 사소한 불안전행위로 발생**
> 안전사고는 불안전 행위(인적 측면) 및 조건(환경 측면)에 의해 발생한다.
> 상해의 발생은 선행적(유전적) 또는 사회적 환경 → 사람의 과실 → 불안전한 행위 및 조건 → 사고의 단계를 거쳐 발생하게 되는데, 여기서 안전관리를 위해 가장 쉽고 효과적으로 제거할 수 있는 단계는 불안전한 행위 및 조건이 된다. 따라서 이에 대한 감시와 관리가 필요하게 된다.
>
> **2. 복합요인 이론 – 무작위적으로 발생 – 모든 측면 고려**
> 안전사고는 다양한 요인들의 무작위적이고 복합적인 결함에 의해 발생한다. 이에 따르면 안전사고의 예방을 위해 검사절차의 개선뿐만 아니라 안전교육의 강화, 작업 전 철저한 계획활동 등에도 초점을 둠
>
> **3. 깨진 유리창 이론 – 작은 사고원인 제거, 큰 사고 예방**
> 안전사고는 너무나 미미하여 평소에 지나치기 쉬운 사소한 결함에서 출발한다고 본다.
> 이 이론은 원래 범죄학에서 성립된 이론으로서, 깨진 유리창 하나를 방치해 두면 그 지점을 중심으로 범죄가 확산되기 시작한다는 것. 즉, 사소한 무질서를 방치하면 큰 문제로 이어질 가능성이 높다는 의미

(5) 예방대책의 효과

- 산업재해 예방대책의 효과적인 실행을 위한 고려사항

  ① 제도의 타당성 측면

  채택한 재해예방프로그램이 재해를 실제로 얼마나 줄일 수 있겠는가와 관련되는 기대효과 측면

  ② 제도도입의 실용성 측면

  대책수립에 적절한 비용이 투입되었는가

- 비용과 기대효과의 비교라는 비용−편익적인 접근은 예방효과가 미래에 발생하기 때문에 올바르게 측정되기 어렵다. 특히 기대효과가 과소평가될 우려가 있다. 따라서 지속적인 산업재해 현황분석이 필요하며, 이를 토대로 최고경영층뿐만 아니라 종업원들 모두가 재해예방의 중요성을 전사적으로 인식할 수 있도록 분위기를 조성하는 노력이 요구된다.

PART
06

02 | 노사관계

1 노사관계의 개념 및 발전과정

(1) 노사관계의 개념

노사관계(industrial relations, labor relations, labor-management relations)는 노동을 공급하는 자와 노동을 공급받는 자의 관계로 이루어진다.

이는 다시 노동력의 수요 측인 사용자 및 사용자단체와 공급 측인 근로자 및 근로자의 집단조직체인 노동조합과의 상호관계로서 종업원-사용자관계와 노동조합-사용자관계로 구분되는 이원적 관계의 개념을 포함하는 관점에서 인식되고 있다.

- 종업원과 사용자 사이의 관계 : 사용자와 노동자 개개인과의 개별적 고용계약에 바탕을 둔 관계로서 개별적 노사관계
- 노동조합과 사용자 사이의 관계 : 집단적인 계약에 바탕을 둔 집단적 노사관계
  넓은 의미의 노사관계 : 개별적·집단적 노사관계를 모두 포함
  좁은 의미의 노사관계 : 집단적 노사관계만을 뜻함

최근 노사관계의 의미는 노사 당사자 이외에 정부를 포함한 제3자적 제 요소와의 관계를 포함하는 관점에서 지칭되기도 하여 노동문제를 둘러싼 사용자·근로자 및 정부와의 상호작용의 복합체라고 볼 수 있다.

[노사관계의 이중성]

① 협조적 관계와 대립적 관계
  생산이란 측면에서 보면 서로 협조적 관계를 갖고 있지만 생산의 성과배분이란 측면에서 보면 대립적인 관계

② 개별적 관계와 집단적 관계
  개별적 관계는 개별적인 고용계약에 바탕을 두는 종업원 개인과 경영자와의 관계이고, 집단적 관계는 집단적인 고용계약, 즉 단체협약에 바탕을 둔 노동조합과 경영자와의 조직적인 관계를 말한다.

③ 경제적 관계와 사회적 관계
  기본적으로 기업의 사용자와 근로자, 노동조합의 경제적 목적을 달성하고자 하며 양 당사자 간의 경제적 이해관계를 나타내므로 경제적 관계이지만, 한편으로는 구성원들의 집단생활을 토대로 관계가 이루어지는 인간관계로서 사회에 미치는 영향이 크므로 사회적 관계의 성격을 갖는다.

④ 종속관계와 대등관계
  생산이란 측면에서 보면 근로자는 종업원으로서 경영자의 지휘·명령에 복종해야 하므로 종속관계인 반면, 노동력의 공급자로서의 근로자는 노동조합을 통하여 집단적인 근로조건의 결정과 운영에 사용자 측과 대등한 입장에서 교섭하므로 대등관계에 있다고 볼 수 있다.

참고　노사관계시스템

1. 의의
- 노사관계시스템(IRS, industrial relation system)은 미국의 던롭(Dunlop)에 의해 제안되고 코칸·카츠·맥커지(Kochan, Katz & McKersie)에 의해 계승·발전된 노사(고용)관계 분석의 기본 모형으로서, 고용관계의 전통적 이론에 경영전략과 의사결정 등에 관한 내용을 통합시킨 이론적 틀
- 던롭의 이론에서는 노사관계를 다양한 이해관계자들의 다양한 행동법칙(rules)과 규범(norms)으로 설명하는 접근을 시도하여 노사관계를 보다 체계적·분석적으로 이해할 수 있도록 해줌. 이 점에서 현대 노사관계론을 이해하는 기본 접근법이 되고 있음

2. 노사관계의 주체
던롭 : 노사관계시스템은 노·사·정의 세 주체로 구성
(1) 근로자와 근로자조직
근로자, 그들의 연합체인 노동조합, 직장 내에서 장기간 근속하면서 자연적으로 형성되는 각종 비공식 조직
(2) 사용자와 사용자조직
중간관리층에서 최고경영자에 이르기까지, 소유주도 포함, 각종 경영자단체
(3) 정부와 각종 단체
- 정부의 각종 기관, 국제조직인 세계은행, 세계노동기구(ILO), 비정부조직인 각종 시민단체, 종교단체, 정당 등
- 노사관계에 광범위하고 결정적인 영향력을 발휘할 수 있어 노사관계 분석 시 반드시 고려해야 하는 주체

3. 노사관계의 환경요인
- 노사관계에 영향을 미치는 환경요인에는 노동시장, 노동자의 특성과 가치관, 제품시장, 기술개발의 정도, 공공정책 등이 있음
- 던롭은 노사관계 당사자들에게 영향을 주는 환경요인을 시장, 기술, 권력으로 분석
(1) 시장환경(Market Contexts)
- 시장상황의 제약 또는 예산제약을 의미
- 구체적으로는 제품의 형태와 시장수요, 원가구조, 수익률, 재무적 환경 등을 포함하는 개념
- 기업 활동의 환경이 경쟁적인 경우는 노동자에게 유리한 반면, 독과점인 경우에는 사용자측에 유리함
(2) 기술환경(Technological Contexts)
생산과정에 관련된 환경요인으로 경영관리의 형태, 근로자들이 형성하는 조직의 형태, 관리감독상의 제 문제, 노동력의 특성 등을 의미
(3) 권력환경(Power Contexts)
던롭에 의하면 노사관계의 본질은 더 높은 차원, 즉 사회적 차원에서의 권력구조 및 권력관계의 영향을 받으며 구체적으로는 지배엘리트, 왕가, 독재자, 정당, 여론 등이 사회전체적인 차원에서 노사관계시스템에 영향력을 행사한다고 봄

4. 노사관계의 제도적 구조

(1) 규칙의 망(web of rules)

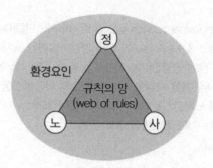

– 환경의 영향 하에서 노사정 주체들은 작업 현장이나 노사관계에 관한 각종 (성문 or 불문) 규칙을 제정하게 된다. (예 단체협약문 등) 이러한 의사결정 및 교섭 방식을 규칙의 망이라 부른다.

– 이는 작업장 / 사업장 / 기업 전체 수준에서

- 규칙이 제정되는 절차
- 규칙의 내용
- 어떤 경우에 각 규칙을 적용할 것인가의 결정 절차

등을 포함한다.

– 노사간 상호작용의 결과는 사용자, 구성원, 노동조합, 그리고 사회 전체에 영향을 미친다.

(2) 이데올로기(ideology)

– 이데올로기는 노사관계시스템을 하나의 실체로서 종합하거나 결속하도록 도움

– 노사 당사자들이 공통적 이데올로기를 가지지 못한다면 노사관계의 안정성을 담보할 수 없게 된다. 노사관계시스템이 전체로서 통합적 기능을 하기 위해서는 당사자 모두가 공유하는 이데올로기, 즉 사상과 신조가 있어야 한다.

5. 고용노사관계시스템의 구성

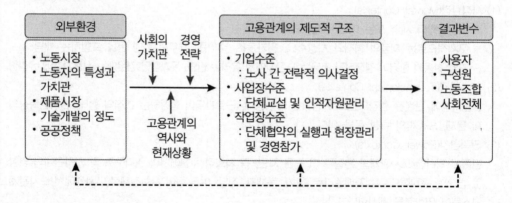

6. **노사관계시스템 이론의 특징과 시사점**

   (1) 외부환경이 노사 당사자의 의사결정에 영향을 미치지만 고용관계의 내용과 구조를 결정하는 것은 시스템을 구성하는 당사재(노·사·정)의 전략적 선택이라 할 수 있다.

   (2) 고용관계의 분석수준을 세 수준(기업, 사업장, 작업장)으로 구분

   - 과거 노사관계론에서는 사업장수준에서 노사간에 이루어지는 단체교섭이나 인사관리의 내용에만 논의의 초점을 국한

   - 던롭 모형에서는 ① 기업 수준 : 인사전략과 노동정책방향 수립, ② 사업장수준 : 인적자원관리와 단체교섭 및 쟁의조정, ③ 작업장수준 : 단체협의 준수 및 경영참가 등을 모두 노사관계시스템의 분석내용으로 포섭하였다.

7. **노사관계시스템 이론의 한계**

   • 다양한 규칙들과 규범들이 어떻게 만들어지고, 왜 만들어지는지에 관한 설명이 부족

   • 갈등과 변화, 즉 노사간에 발생하는 파업과 그에 따른 대규모 분쟁에 대한 설명이 미흡

   → 이러한 점에서 던롭 이론은 노사관계의 구조적 핵심을 안정성(stability)에 두었기 때문에 노사관계의 갈등(conflict)적 측면을 경시하였다는 비판을 받음

   • 노사관계시스템을 경제시스템과 대등한 수준으로 취급하였는데, 경제시스템의 하위시스템으로 보는 것이 정확하다는 지적

PART
06

(2) 노사관계의 발전과정

1) 전제적 노사관계

자본주의 초기에 자본시장은 성립되었으나 근대적 노동시장은 성립되지 못하였고, 그 결과 기업은 소유자에 의한 경영의 단계에 있었기 때문에 일반적으로 전제적 성격이 매우 강하였다.

이러한 단계에서는 사용자와 노동자의 관계가 절대명령-절대복종이라는 예속적인 관계가 유지됨에 따라 인간적인 측면은 거의 무시되었다.

2) 온정적 노사관계

생산방식의 발달과 함께 정착노동이 증대되어 감에 따라 전제적 노사관계로는 노동자의 협조를 얻을 수 없고, 생산성이 떨어지는 단계에 이르면 사용자도 이에 대응해서 노동자에게 주택, 의료 등 가부장적 온정주의에 입각한 복리후생 시설을 제공하게 된다.

19세기 초 영국의 사회주의자이며 산업자본가였던 오웬(Owen)에 의해 비롯되어 거의 1세기에 걸쳐 일반화됐던 노사관계의 한 형태

3) 완화적 노사관계

경영과 자본의 분리현상이 나타나고 노동에 있어서 직업별 노동조합의 출현과 같은 근대적 노동시장의 형성. 근로자의 종업원적인 성격은 계속해서 강하게 남아 있게 되고, 단체교섭에서도 노동조합의 힘이 부족하여 자본가들의 전제적인 속성을 어느 정도 완화시키는 데 그침. 한편으로는 다소의 합리주의와 다른 한편으로는 온정적 가족주의관계의 성격을 띤 노사관계

4) 민주적 노사관계

소유와 경영의 분리가 촉진, 경영자단체의 조직화가 일반화, 기업규모가 확대되면서 노동자의 고용형태가 달라지고 미숙련 노동자, 여성노동자가 대량으로 진출함으로써 노동조합의 조직도 직업별 조직에서 산업별 조직형태로 바뀌게 됨

새로운 단계의 노동과 자본의 관계는 노동관계법을 전제로 하게 되며 노동조건을 결정하는 단체교섭과정에서 노사는 대등한 사회적 지위를 인정받게 된다. 즉, 본질적으로는 자본의 주도 하에 있지만 산업사회에 있어서 대등한 지위를 당연한 것으로 보는 산업민주주의의 이념이 형성되기에 이른다.

2 노동조합

(1) 노동조합의 기능

- 사회혁명을 목표로 하는 혁명적 노조주의에서는 노동조합이 정부와 자본주의체제를 전복시키는 하나의 도구
- 계급의식적인 성격을 강하게 갖고 있는 유럽의 일부 노동조합은 공산주의 or 사회주의 정당을 설립하고 선거 등의 정치적 수단을 통하여 사회체제의 변혁을 기도하는 사회조합주의를 신봉
- 오늘날 미국을 비롯한 많은 국가의 노동조합은 노동자의 임금 및 노동조건의 개선을 가장 우선으로 하며 정치적·사회적 변화에 대한 관심은 노동자의 노동조건의 향상을 위해 필요한 경우에 고려해야 할 부수적인 것으로 보고 있다. 이러한 노동조합관을 기업조합주의라 한다.

기업조합주의 하에서의 정부는 노동자의 노동3권을 보장하고 노사가 대등한 입장에서 근로조건에 대해 자주적으로 협상하게 할 뿐 적극적으로 개입하지 않는다(노사자치주의).

> **참고** **노동조합의 순기능과 역기능**
>
> ① 순기능
> - 노조는 구성원들이 가지는 불만을 자체적으로 해소 또는 대변하여 이직을 감소시키고, 근로조건을 개선
> - 상호부조를 통해 노사간 정보흐름을 원활하게 하며 기업의 경제적 효율성 제고
>
> ② 역기능
> - 불필요한 분규의 발생으로 효율성을 저하시키고, 노조로 조직화된 근로자와 그렇지 않은 근로자간 소득분배 불균형 야기
> - 집단 이익을 위해 사회적 이익을 희생시키기도 하며 불필요한 인건비 상승을 주도하거나 경영위기 상황에 필요한 각종 대책의 시행에 저항하는 역기능

1) 경제적 기능

- 사용자에 대해 직접적으로 발휘되는 노동력의 판매자로서의 교섭기능. 주로 조합원의 경제적 이익과 권리를 유지·개선하는 기능(예 근로시간의 단축, 임금인상, 작업환경의 개선과 복리후생 등)
- 노동조합은 자주적으로 조직근로자들의 경제적인 권익 신장을 위하여 노동3권을 이용하여 노사가 자율적이며 대등한 입장에서 단체교섭에 임한다.

2) 공제적 기능

- 조합원의 노동능력이 질병, 재해, 고령, 사망, 실업 등으로 일시적 또는 영구적으로 상실되는 경우에 대비하여 조합이 기금을 설치하여 상호 공제하는 활동
- 초기에는 주로 조합원의 경조사 때 부조를 하는 경우. 오늘날에는 병원·진료소 건립·운영, 주택공급사업, 요양소, 오락시설, 숙박·급식 시설, 장학제도, 퇴직 위로금의 지급, 사고에 대한 위로금과 생활원조 등 여러 가지 공제적·복리후생적 활동을 광범위하게 전개

3) 정치적 기능

- 임금과 근로조건의 개선을 둘러싼 노사 간의 교섭과 분쟁을 조정하고 해결하는 측면뿐만 아니라, 노동관계법을 비롯한 모든 법령의 제정 및 개정, 세제, 물가정책, 사회보험제도, 기타 사회복지정책 등 정부의 경제·사회정책에 관한 노동조합의 정치적 발언과 주장은 근로자의 생활향상을 위한 불가결의 활동분야이다.
- 정치적 기능은 상대가 사용자가 아니라 주로 국가나 사회단체이며 더욱이 교섭이라는 형식을 취하지 않는다.
- 정치적 기능은 오늘날 국가의 노사관계에 대한 간섭과 개입이 시작되어 임금이나 근로조건의 결정이 국가에 의해 좌우됨에 따라 더욱 중요시되었다.

4) 기타 기능

노동조합을 조직하고, 유지·확장하는 기능, 조합의 목적인 조합원의 근로조건의 유지향상을 위한 단체교섭, 경제활동, 정치활동 등의 기능 이외에도 이러한 기능들을 보조하는 교육활동, 선전활동, 조사연구활동, 사회사업활동 등을 수행

PART
06

> **참고** **노동조합의 현대적 3대 기능**
>
> 노동조합의 기능은 전통적으로 공제적, 경제적, 정치적 기능으로 분류하였으나, 오늘날 전통적 기능만으로 노동조합을 설명하는 데 한계가 있기 때문에 기본기능, 집행기능, 참모기능으로 새롭게 분류
>
> **1. 기본기능**
> - 노동조합의 목적은 집단적인 교섭을 통한 근로조건의 개선에 있기 때문에 조직을 이루고 유지·확장하는 것은 가장 기본적인 기능이자 노조의 핵심기능
> - ① 노동조합을 조직하기 위하여 비조합원인 노동자를 조직화하고, ② 노동조합을 조직한 후에 그 조합원들을 관리하고 조직을 유지하는 기능이 여기에 해당
>
> **2. 집행기능**
> 집행기능은 ① 사용자와의 단체교섭을 통하여 근로조건을 유지·개선하는 〈단체교섭 기능〉, ② 노동조합이 마련한 공동기금으로 상호 부조 활동을 수행하거나 노동자가 획득한 임금을 경제적으로 보호하기 위한 활동 등 조합원의 경제적 이익과 권리를 유지·개선하는 〈경제활동 기능〉, ③ 근로조건의 개선, 경제적·사회적 지위 향상을 위해 노동관계법령에 대한 제정·개정의 촉구 또는 반대 등의 정치적인 발언권 행사, 특정 정당을 지지하거나 반대하는 정치활동을 전개하는 〈정치활동 기능〉을 포함
>
> **3. 참모기능**
> - 참모기능은 기본적 기능과 집행기능을 보조하는 기능
> - ① 조합간부에 대한 교육과 일반조합원에 대한 교육훈련을 하는 〈교육 활동〉, ② 조합원들에게 다양한 조합 활동을 홍보하는 〈선전 활동〉, ③ 전문가를 확보하여 경제동향에 관한 자료수집, 임금·근로시간 등 근로조건에 관한 조사와 연구 등을 수행하는 〈조사연구 활동〉, ④ 지역사회에 대한 봉사활동을 통하여 조합 활동에 대한 인식을 새롭게 하는 〈사회사업 활동〉으로 구성

(2) 노동조합의 조직형태

노동조합의 조직형태를 규정하는 데는 각국의 경제, 경영여건, 근로자의 환경 등이 복합적으로 작용하며 일반적으로 조합가입방법, 가입범위, 가입자격 등이 가장 큰 역할

1) 단위조직으로서 각 조직에 참가하는 구성원들의 자격을 중심으로 구분

① 직종별 노동조합
- 개념 : 특정기업이나 산업에 고용되는 것과는 관계없이 직종 또는 직업을 같이 하는 근로자들로 조직된 노동조합. 주로 숙련공들의 기술이 필수적으로 요구되던 종래의 생산방식 하에서 숙련근로자가 조직을 통해 노동시장을 배타적으로 독점하여 교섭력을 높이는 것을 주목적으로 하였다.
- 장점 : 동종근로자 집단이기 때문에 단결이 강화되고 단체교섭과 임금협상이 용이
- 단점 : 조직의 배타성으로 근로자 간의 형평성을 깨기 쉽고 기업현실을 고려함 없이 무리한 요구가 나타날 수 있다.

② 산업별 노동조합

- 개념 : 직종이나 계층에 관계없이 동일산업에 종사하는 근로자가 조직하는 노동조합. 20세기 철강, 전기, 화학, 자동차 등의 대량생산공업이 발달하고 그와 같은 산업에서 미숙련공·반숙련공·숙련공 등이 복합적으로 존재함에 따라 과거 직종별 조합의 노동공급 제한방법과는 다른 방법이 필요한 데서 발생
- 장점 : 기업과 직종을 초월한 거대한 조직으로서 정책 활동 등에 의해 압력단체로서의 지위를 가지며, 산업구조의 변화와 그에 따른 자본의 집중화에 대응하여 해당산업에 있어서 교섭력의 통일화를 유지할 수 있다.
- 단점 : 직종 간이나 단위기업 간의 이해차이로 조직의 응집력이 약해질 가능성도 있다.

③ 기업별 노동조합

- 개념 : 동일한 기업에 종사하는 근로자들로 조직되는 노동조합
- 장점 : 같은 기업체에 근무하는 근로자들만으로 조직되므로 조직의 범위가 명확하며 조직활동이 비교적 용이하다. 또한 근로조건을 획일적으로 적용하기가 용이하며 사용자와의 밀접한 관계로 무리한 요구보다는 공동체의식을 형성하여 노사화합이 용이하게 이루어질 수 있다.
- 단점 : 기업 내 직종 간의 반목과 대립이 유발될 가능성과 사용자와 종업원 간의 상하관계로 인하여 노조의 기능이 약화될 수 있을 뿐만 아니라 근로자들 사이에 조합원이라기보다는 종업원이라는 의식이 우선하여 조합 운영상의 애로점이 나타날 수도 있다.

④ 일반 노동조합

- 개념 : 숙련이나 직종 또는 산업에 관계없이 일반근로자를 폭넓게 규합하는 조합의 형태. 작업의 분업화·단순화·표준화 과정의 발달과 더불어 등장한 대량의 미숙련근로자들이 노동생활을 영위하기 위한 최저생활의 필요조건을 확보하기 위해 생성되었다.
- 특징 : 주된 요구조건으로는 고용의 안정과 임금 및 근로조건의 최저한도 설정 등을 들 수 있다. 이러한 요구조건들은 산업이나 직종을 초월하여 균일적인 성질을 가지는 것으로 그것의 실현을 위하여 입법규제를 중시하게 된다.
- 단점 : 조합원구성의 이질성으로 인해 단결력이 약하고, 양적으로만 팽창했기 때문에 유동적이며, 의견종합의 곤란 등으로 인해 단체교섭기능이 약화될 가능성이 있다.

PART
06

조합 특성	직종별 조합	산업별 조합	기업별 조합	일반 조합
환경	• 초기공업시대 • 산업자본시대 • 숙련공의 직업독점 　시대 • 도제제도의 전성 　시대	• 기계생산시대 • 직종의 분화시대 • 작업분업화시대 • 반숙련공, 미숙련공 　의 다수등장시대	• 사용자 주도적인 　노사관계의 조직 • 가족주의적 노사패 　턴에서 갈등을 전 　제로 한 노사패턴 　으로의 전환기 조직	• 미숙련공 다수 등 　장시대 • 직업별 조합에서 제 　외되었던 산업 조직 • 직업별과 산업별의 　중간산물
조직원리	• 1직업 1조합 • 횡단적	• 1산업 1조합 • 횡단적	• 1기업 1조직 • 종단적	• 전 산업 1조합 • 횡단적
조직기반	• 숙련공	• 반숙련공 • 미숙련공	• 기업	• 미숙련공
조직성격	• 완전 폐쇄적	• 개방적	• 폐쇄적	• 완전 개방적
조직관리	• 공제활동 • 중앙집권화	• 조합민주주의	• 복지활동 • 조합민주주의	• 중앙집권적 　관료주의
노동시장 통제방법	• 직업독점 • 도제제도	• 단체교섭 • 파업 • 경영참가	• 노사협의 • 단체교섭	• 입법규제 • 단체교섭 • 파업

2) 단일조직과 연합체조직

• 단일조직 : 개개의 노동자가 개인가입의 형식을 취하는 조합으로서 지부·분회 등 하부기구를 갖는 것

지부나 분회 등은 하부조직에 그치고 중앙조직의 구성원이 ×

구성원은 지부나 분회에 있어서의 개인으로서의 근로자

• 연합체조직 : 각 지역이나 기업 또는 직종별 단위조합이 단체의 자격으로 지역적 내지 전국적 조직의 구성원이 되는 형태

구성원인 각 조합을 단위조합이라고 하며, 지역적 또는 전국적 조직을 연합조직이라고 한다.

(3) 숍제도

기업이 신규인력을 채용할 때 지원자의 신분과 관련한 노동조합과의 제 관계의 형태

기 본 적 숍 제 도	오픈숍 (open shop)	조합원이나 비조합원이나 모두 고용할 수 있으며 조합가입이 고용조건이 아닌 제도이다.
	유니언숍 (union shop)	사용자의 자유로운 채용이 허락되나, 일단 채용된 후 일정한 견습 기간이 지나 정식 종업원이 되면 조합에 가입하지 않으면 안 된다.
	클로즈드숍 (closed shop)	결원보충이나 신규채용에 있어서 사용자는 조합원 중에서 고용하지 않으 면 안 되는 것을 말한다. 즉, 조합가입이 고용의 전제조건이 되는 가장 강력한 제도이다.

변형적숍제도	에이전시숍 (agency shop)	대리기관 숍제도라고도 하며, 이는 조합원이 아니더라도 모든 종업원에게 단체교섭의 당사자인 노동조합이 조합회비를 징수하는 제도이다.
	프레퍼렌셜숍 (preferential shop)	우선 숍제도라고 하며, 이는 채용에 있어서 노동조합원에게 우선순위를 주는 제도이다.
	메인터넌스숍 (maintenance of membership shop)	조합원유지 숍제도라고 하며, 이는 조합원이 되면 일정기간 동안 조합원으로서 머물러 있어야 한다는 제도

참고   **사용자와 노동조합의 노사관계 전략**

노사간의 상호작용은 조직구조라는 하드웨어뿐만 아니라 각 당사자의 고용관계 전략이라는 소프트웨어의 영향도 받음

1. 사용자의 전략적 선택

  (1) 사용자의 협상전략

    사용자가 선택할 수 있는 협상전략은 회피전략, 강압전략, 포용전략 세 가지

    1) 회피전략

      – 사용자가 노조를 가급적 회피하려는 전략

      – 예를 들어, 하청이나 아웃소싱 등을 통하여 노조원의 숫자를 줄이거나, 비노조공장에 대한 투자를 증가하여 노조가 있는 공장의 비중을 줄여나가거나 노조원의 탈퇴를 유도하여 노동조합을 무력화시키는 전략

    2) 강압전략

      – 사용자 측이 강력한 협상력을 바탕으로 노조에게 양보를 강제하는 전략

      – 노조로부터 즉각적이고, 실질적인 양보를 얻어내는 것이 목표

      – 노조가 자발적으로 동의할 가능성이 낮거나 고용조건의 악화가 상대적으로 덜 중요하다고 판단될 때 주로 사용하는 전략

    3) 포용전략

      – 노사 양측의 목표를 달성하기 위하여 노사합의에 의한 변화를 추구하는 전략

      – 노조와 직원들로부터 장기적이고 자발적인 변화노력을 이끌어내고 고용관계의 근본적 문제 해결에 집중하는 것이 포용전략의 목표

      – 점진적인 변화를 추구하거나 노조가 사용자의 제안에 동의할 가능성이 크다고 판단될 때 주로 사용

(2) 사용자의 고용 전략

경제 환경의 변화에 적응하기 위해서는 고용유연성이 필요하며 이를 위해 사용자는 신자유주의적 전략, 이원화 전략, 사회조합주의적 전략 세 가지의 고용전략을 취할 수 있음

1) 신자유주의적 전략
   - 철저히 외부노동시장에 의존하여 고용유연성을 확보하는 전략으로서 노동력의 수량적 유연성을 추구
   - 경기가 좋을 때는 추가고용을 통하여 노동력을 확보하고, 경기가 나쁠 때는 해고를 통하여 인력을 축소하기 때문에 경기에 따라 노동력 규모의 확대와 축소가 반복됨
   - 주로 노조가 없거나 그 세력이 약한 경우 사용되는 전략

2) 이원화 전략
   - 기업 인력의 유형에 따라 서로 다른 전략을 구사
   - 기업의 핵심인력에 대해서는 내부노동시장을 적극 활용하는 기능적 유연성의 확보에 집중하여 비교적 장기 고용을 보장하는 반면, 주변적 기능을 담당하는 인력에 대해서는 수량적 유연성의 확보에 집중하여 철저히 외부노동시장을 활용하는 방식

3) 사회조합주의적 전략
   - 주로 내부노동시장을 활용하여 다기능공화를 통한 기능적 유연성을 확보하는 전략
   - 노조의 힘이 강력하여 기업의 고용결정과 정부의 노동정책에 영향력을 행사할 수 있는 환경에서 주로 적용

2. **노동조합의 전략적 선택**

노동조합은 사용자가 혁신이나 구조조정을 시도할 때 다음과 같은 네 가지 유형의 전략 선택 가능

(1) 절대반대
   - 기업의 경영혁신이나 구조조정이 노조에 부정적 영향을 미칠 것으로 예상될 때 그 시행을 적극 반대하여 경영층의 실시의지를 꺾는 전략
   - 회사의 경쟁력이 충분하여 현재의 제도만으로도 현상유지가 가능하다고 판단될 때 사용

(2) 불개입
   - 혁신이나 구조조정이 노조나 구성원들에게 바람직한 결과를 가져올 것인지 확신이 서지 않는 경우 노조에서 찬성도 반대도 하지 않는 태도를 취하는 전략
   - 동종업계나 인근 지역에서 해당 제도를 실시한 전례가 없어 그 결과에 대한 예측이 힘든 경우 사용

(3) 소극적 개입
   - 경영혁신이나 구조조정의 실시에 대해 구성원들이 불이익을 당하지 않도록 노동조합 지도부에서 소극적으로 개입하여 노조와 구성원에 미치는 부정적인 영향을 최소화하는 전략
   - 단체협약에 규정된 사항이 조직변화과정에 변경되지 않도록 하거나, 변화가 불가피한 경우 사전에 노조와 협의하도록 압력을 행사하는 방식

(4) 적극적 참여
   - 회사의 경쟁력이 위기에 달하여 기존의 경영방식을 유지하는 것보다 적극적인 혁신과 구조조정이 필요하다고 인식되는 경우 노조가 그 도입과 운영에 적극 참여하는 전략
   - 노조의 적극적 참여로 구조조정과 혁신이 성공할 경우 조합원들의 지지를 획득할 수 있으나, 그 과정에서 어용시비가 있을 수 있다는 점이 한계

참고 **무노조기업의 노조화 방지 전략**

1. 무노조기업의 등장 배경
- 국내외 글로벌 기업의 무노조 경영성과가 주목 받고 있음(2015년 미국의 Fortune지가 선정한 세계에서 가장 존경받는 기업 1위부터 4위까지 모두 무노조기업)
- 우리나라는 OECD 회원국 중 노조 조직률이 가장 낮은 국가(2014년 기준 10.3%)로서 전체 피고용인의 90%가 무노조기업에서 근무하고 있음
- 이러한 상황에서 세계적 우량기업들의 무노조경영 사례는 과거 노조 부문에 집중되었던 고용관계 연구를 무노조기업으로 옮기는 계기가 되고 있음

2. 노조조직률 하락의 원인
지난 30~40년간 세계 고용관계의 최대 이슈는 노동조합 조직률의 지속적인 하락임
(1) 경제의 구조적 변화
전통적으로 노조조직률이 낮았던 서비스 산업과 화이트칼라 직종의 확대가 빠르게 진행된 반면, 그동안 노조조직률이 높았던 생산직 노동자 수는 소규모 증가에 그침
(2) 정부의 정책 변화
1980년대 이후 세계적으로 유행한 신자유주의적 풍조의 영향으로 정부의 정책이 노조에 적대적인 방향으로 선회함
(3) 고용관련 보호법안 제정
남녀고용평등법, 모성보호법, 장애인고용촉진법, 성희롱금지법 등 정부가 통과시킨 개인차원의 고용관련보호법안들이 피고용인이 느끼는 집단적 노사관계의 필요성을 감소시키는 역할을 함
(4) 반노조적인 사회정치적 분위기
반노조적인 사회정치적 분위기를 배경으로 사용자들이 노조회피전략을 적극적으로 활용함
(예) 노조조직성향이 낮은 지역과 사업부문으로 기업의 중심을 이전하거나, 노조에 대한 유인을 줄이기 위해 고충처리절차나 경영참여 기회를 제공)

3. 무노조기업의 노조화 방지전략
무노조기업에서는 경영권침해에 대한 우려, 노동비용의 증가 등을 이유로 노조의 결성을 억제하는 정책을 사용
(1) 노조탄압전략
소위 부당노동행위에 해당하는 노조탄압전략은 ① 노조파괴전문가를 고용하거나 활용, ② 노조결성을 추진하는 세력을 해고, ③ 노조와의 교섭을 정당한 사유 없이 지속적으로 거부, ④ 노조집행부에 반대하는 조합원들을 규합하여 노조해산을 도모하는 방식
(2) 노조회피전략
가능한 한 노조가 결정되는 것을 막거나, 이미 결성된 노조의 확산을 방지하는 전략 ① 노조가 있는 경쟁기업보다 더 높은 임금수준과 더 나은 근로조건을 제시하여 일종의 '무노조 프리미엄'을 제공하는 방식, ② 유노조 사업장과 무노조 사업장을 모두 가진 기업에서 노조의 영향력 약화를 위해 유노조사업장은 축소하고 무노조 사업장에 대한 투자와 고용을 확대하는 '병렬형관리'방식

PART
06

(3) 노조대체전략

법의 테두리 안에서 노조의 순기능을 대체할 수 있는 대안적 의사소통기구를 제시하는 전략. 노사협의회, 청년이사회, 청년중역회 등과 같은 조직을 적극활용하여 근로자들의 불만을 처리하거나 제안을 받아들이는 방식

4. 체계적인 무노조기업의 경영상 특징

최고경영자가 인재경영에 대한 독특한 철학을 가지고 있거나(철학적 무노조기업), 최고경영자 본인이 유노조보다 무노조 경영이 효율적이라는 사실을 경험으로 체득하여 무노조방식의 경영을 지속하는 경우(정책적 무노조기업), 이를 체계적 무노조경영이라 함

(1) 최고경영자의 가치 및 태도

체계적인 무노조기업의 최고경영자는 기업 내에서 노사 간의 이해관계가 완전 일치한다는 생각을 가지는 경우가 많음(일원론, 기업의 이해와 종업원의 이해가 같다는 의미)

최고경영자는 모든 사람을 동등하게 대우하려는 성향을 보이며 일반사원과 간부사원 차등대우 ×

(2) 주요 고용관계정책

1) 고용안정정책

적정인력 규모를 유지하기 위하여 인력수요 증가 시 임시직이나 외주를 활용

인력수요가 감소할 때는 해고에 대비한 완충장치로서 신규채용억제나 직무공유 등을 실시

불가피하게 인력조정을 하는 경우에는 전직지원프로그램(outplacement) 활용

2) 신중한 선발과 내부승진

신규채용 시 지원자의 특징을 면밀하게 파악하여 노조가입 성향이 강한 종업원 선발을 억제

내부승진을 적극 활용하여 종업원들에게 기업에 대한 신뢰감 부여

3) 보상제도

무노조 프리미엄에 의해 노조기업보다 약간 높은 수준의 보상

직종 간 대우에 있어서 각종 차별 철폐 노력(예 사무직 vs 생산직 차별 철폐)

다양한 성과배분정책을 광범위하게 활용

4) 의사소통제도

정기적으로 만족이나 불만 혹은 회사 정책에 대한 의견을 수렴하는 정기설문(survey feedback) 실시

3 단체교섭

(1) 단체교섭의 기능

– 단체교섭(collective bargaining) : 노사대등의 입장에서 행하는 노동조건의 집단적 거래관계 내지 집단적 타협의 절차

① 노사 간 교섭력(bargaining power)을 중심으로 진행되지만, 이 경우 교섭력은 정당성의 한계를 벗어나지 않는 것이어야 한다.

② 힘의 논리가 지배하는 것은 사실이나 어디까지나 협정을 이루려는 목적에서 행해져야 된다.

③ 노사 간에 이루어지는 대화통로라는 점에서 노사협의와 같으나 그 성격은 다르다.

　단체교섭은 노사 간 이해가 상반되는 임금과 근로조건, 기타 근로자의 대우에 관한 협상과정
　노사협의는 생산성 향상, 복지증진, 고충처리 등 노사공동의 이해사항에 관한 협의과정
④ 노사 당사자 간의 문제이므로 교섭형태가 어떻든 간에 최종적으로 책임과 의무를 다하는 노
　력이 선행되어야 한다.

– 단체교섭은 노사 간 갈등을 해결하는 민주적인 절차로서 산업민주주의를 정착시키는 데 기여한다.
　근로자의 권익 보호 기능만이 아니라 사용자에게도 유익한 기능
　즉, 개별근로자와의 분쟁을 피하고 노동조합과 일괄적으로 문제를 해결할 수 있고, 교섭을 통해
　서 임금이 인상된 만큼 기업들에게 효율적인 경영을 촉구하게 되는 동시에 구매력이 증대되어
　내수시장의 확대를 가져올 뿐만 아니라 노사갈등에 따른 손실을 절감하는 등 긍정적인 효과가
　크다.

(2) 단체교섭의 방식

– 단체교섭의 방식은 노동조합의 조직형태와 노동운동의 성격에 따라 여러 가지 양상을 띰
　단체교섭이 행하여지는 방향과 당사자의 수에 따라 일반적으로 다음과 같은 방식으로 분류

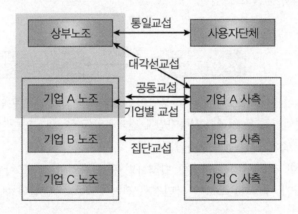

1) 기업별 교섭

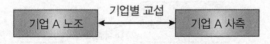

– 기업 내 조합원을 협약의 적용대상인 교섭단위로 하여 기업단위 노조와 사용자 간에 단체교
　섭이 행하여지는 방식
　우리나라와 일본에서의 단체교섭 대부분은 이에 해당
– **장점** : 임금교섭이나 근로조건의 결정에 있어서 개별기업의 특수한 실정이 잘 반영될 수 있음
– **단점** : 노조의 교섭력이 취약

2) 집단교섭

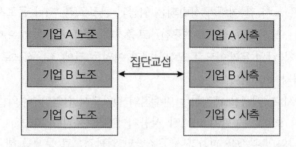

- 여러 개의 단위노조와 사용자가 집단으로 연합전선을 형성하여 교섭하는 방식이며, 노동조합 측이나 사용자 측이 산업별로 연합전선을 형성하여 교섭하므로 연합교섭이라고도 한다. 주로 업종·기업규모·지역 등을 기준으로 집단을 구성하며, 유럽각국에서 많이 볼 수 있다.
- 일반적으로 노동조합이 상부단체에 소속되어 있지 않거나 상부단체가 없는 경우 또는 기업별 교섭의 약점을 보완하기 위하여 이와 같은 교섭방식을 취하게 되지만, 상부단체가 있고 또 이에 소속되는 경우에도 상부단체의 통제 혹은 지도 하에 단위노동조합이 결합하여 상부단위 노조에 위임하지 않고 교섭할 경우도 있다.

3) 통일교섭

- 전국에 걸친 산업별 노조나 또는 하부단위 노조로부터 교섭권을 위임받은 연합체노조와 이에 대응하는 산업별 혹은 지역별 사용자단체 간의 단체교섭. 영·미를 비롯한 유럽각국에서 채택
- 장점 : 노조 측의 교섭력이 강화됨
- 단점 : 협상이 결렬될 경우 파업이 발생하면 관련 산업의 전체조합원이 파업에 가담케 되기 때문에 분규가 대형화됨으로써 국민경제 전반에 끼치는 손실이 매우 클 수 있다.

4) 대각선교섭

- 통일교섭과 기업별 교섭의 절충방식으로 단위노조가 소속된 상부단체와 각 단위노조에 대응하는 개별기업의 사용자 간에 이루어지는 교섭형태
- 사용자 측에서 사용자단체가 조직되어 있지 않거나 또는 조직되어 있는 경우라도 각 기업에 특수한 사정이 있는 경우에는 이와 같은 교섭방식을 취하기도 한다.

5) 공동교섭

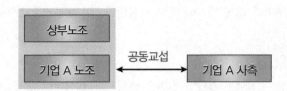

- 기업별 노동조합 또는 지역−기업단위 지부가 상부단위의 노조와 공동으로 참가하여 기업별 사용자 측과 교섭하는 방식
- 장점 : 기업별 노조에 있어서 기업별 교섭이 갖는 약점을 어느 정도 보완해 줄 수 있다.
- 보통 노동조합은 대각선교섭 또는 공동교섭에 있어서 유형교섭(pattern bargaining)이라는 교섭전략을 활용하려고 하는 경향이 있다. 이는 일종의 각개격파의 작전으로서 노동조합에 가장 좋다고 생각되는 특정기업과 우선 단체협약을 체결하고 이 협약모형을 타 기업에 강요 하는 전략이다.

(3) 단체교섭의 절차

교섭준비 − 예비교섭 − 본 교섭 − 마무리교섭 및 타결 − 교섭의 평가

1) 교섭준비

노동조합은 일차적으로 교섭준비과정에서 노동조합이 단체교섭에 임하는 입장을 정리하고 동시에 노동조합이 해결하여야 할 문제점과 향후 과제를 점검할 필요가 있다. 조합원들의 요구나 불만사항을 파악하고 노사 간의 관계, 기업의 경영실적, 노조의 능력 및 조직력, 사용자의 대노조관 등을 종합적으로 고려하여 구체적으로 교섭항목을 선정한 후, 단체협약(안)을 작성. 다음으로 교섭위원을 선정하고 교섭전략을 수립

2) 예비교섭

노동조합 측은 교섭요구안을 사용자 측에 제시하고 입장을 설명. 사용자 측은 기업의 경영여건, 노사관계에 대한 평가와 향후 진로 등을 밝히게 된다.

예비교섭에서는 본 교섭의 일정, 교섭 장소, 본 교섭에서 다룰 안건들의 우선순위, 쟁의조정제도의 활용 등에 대한 합의가 필요. 특히 쌍방이 교섭에서 지켜야 할 기본적인 자세나 의사진행과정 등 교섭규칙을 사전에 정하는 것이 바람직

3) 본 교섭

본 교섭은 사용자 측이 노동조합의 교섭요구안에 대응해서 처음으로 제안하면서 시작. 노동조합 측의 교섭요구안과 사용자 측의 제1차 제안은 향후 교섭진행에 매우 중요한 의미를 가지기 때문에 가능한 한 현실적인 내용을 담고 있어야 한다.

본 교섭에서 노사의 요구안과 대안 제시는 수정요구안에 대한 수정대안이 새롭게 제시되고 수정대안에 대해서 또 다시 수정요구안을 제시하는 형태로 진행되는 경우가 대부분이다.

지나치게 빈번한 요구안과 대안 제시 과정은 오히려 교섭의 진지한 분위기를 저하시키는 결과를 초래하므로 요구안과 대안 제시에 앞서 교섭위원들이 내부적으로 충분히 검토할 시간을 가져야 한다.

4) 마무리교섭 및 타결

마무리교섭은 본 교섭에서 상당한 진전은 있었으나 핵심적인 쟁점사항에 대한 교섭이 공전상태에 들어가는 시점부터 시작된다.

마무리교섭은 대체로 협약 만료기간 직전에 진행되는 경우가 많은데 이 단계에서는 노사의 쟁점사항에 대해서 마지막으로 노사 양측의 입장을 정리하고, 교섭타결을 위해 교섭목표를 낮추거나 전략을 수정하게 된다. 동시에 상대방에 대해서 새로운 제안을 수락하도록 압력을 가하게 된다. 만약 이 단계에서 교착상태에 빠지는 경우 노사교섭대표가 단독 또는 1~2명의 교섭위원과 함께 비공식적으로 만나 막후교섭을 할 필요성도 생기게 된다. 막후교섭은 매우 민감한 사안이거나 공개적으로 논의되기 어려운 사안을 다루는 데 이용

이렇게 해서 노사가 사안들에 대해 최종적으로 합의에 이르게 되면 단체협약이 작성된다.

5) 교섭의 평가

단체교섭이 끝난 다음 노사 모두 교섭과정에 나타난 문제점들을 정리하고 교섭평가서를 만들어 다음번 단체교섭에 자료로 이용하여야 할 것이다. 또한 협약내용을 분석하여 기업경영과 노동조합운영에 미칠 영향을 평가하고 향후 노사관계의 대책과 방향을 검토해야 할 것이다.

참고   협상의 이론

1. 협상의 의의와 중요성
- 협상(negotiation)이란, 이해관계가 있는 사람들이 상호 교류를 통하여 서로의 이해를 충족시켜 나가는 합의 과정으로 교섭(bargaining)이라고도 함
- 협상 과정에서 당사자간 이해의 정도가 높아진다는 점에서 향후 원만한 인간관계를 맺어가는 기초가 되고, 다양한 긴장을 해소하는 수단으로 작용

2. 협상의 유형과 비교
  (1) 협상의 유형
    ① 분배적 협상(distributive bargaining)
      - 제한된 자원을 두고 누가 더 많은 부분을 차지할 것인가를 결정하는 협상
      - 각자의 협상 입장에 따라 목표수준(최종적으로 얻고자 하는 수준)과 저항수준(더 이상 양보가 불가능한 수준) 사이에서 타결이 이루어짐
    ② 통합적 협상(integrative bargaining)
      - 서로가 모두 만족할 수 있는 선에서 상호 승리(win-win)를 추구하는 협상
      - 서로의 이해관계에 대한 파악과 정보공유를 통해 각자의 니즈가 모두 충족되는 선에서 타결이 이루어짐

(2) 분배적 협상과 통합적 협상의 비교
  1) 목표와 관심사의 방향
    ① 분배적 협상의 목표는 상대방보다 더 많은 몫을 챙기는 것
    ② 통합적 협상은 쌍방의 만족을 목표로 한다. 따라서 통합적 협상에서는 분배적 협상과 달리 쌍방의 관심사가 같은 방향을 향함
  2) 정보공유의 정도
    ① 분배적 협상은 상대방을 이롭게 할 수 있는 정보공유를 최소화
    ② 통합적 협상은 상호승리를 위해 정보공유를 권장
  3) 협상의 초점
    ① 분배적 협상은 각자의 입장에 집중
    ② 통합적 협상은 서로의 이해관계에 초점
  4) 관계의 초점
    ① 분배적 협상에서는 단기적인 관계를 상정하여 협상을 진행
    ② 통합적 협상에서는 협상파트너와의 장기관계를 가정하여 협상을 진행

참고 **단체협약과 관리**

1. 단체협약의 의의와 기능

(1) 단체협약의 의의
  단체협약이란 노동조합과 사용자 또는 그 단체가 단체교섭 과정을 거쳐서 근로조건의 기준 및 기타 사항에 관하여 합의를 보고 이를 협약이란 형태로 서면화한 것
(2) 단체협약의 기능
  1) 근로조건의 개선기능
    노동조합의 단결권 혹은 쟁의행위는 투쟁력을 배경으로 하여 이루어진 것이므로 단체협약에서 정해진 근로조건은 개인 근로자와 사용자 사이의 교섭에서 얻을 수 있는 것보다 더 좋은 근로조건 확보가 가능
  2) 산업평화의 기능
    단체협약이 체결되면 그 유효기간 중 노사 쌍방이 이를 존중하고 준수하여야 할 의무를 지게 되므로 불필요한 분쟁을 피하고 산업평화를 유지시키는 기능(단체협약의 평화기능이라고도 함)
  3) 경영안정화의 기능
    단체협약은 유효기간 중에는 임금, 기타 근로조건 등 근로자의 대우에 관한 사항이 일정 수준으로 유지 및 고정되고, 기업은 근로자에게 지불되는 비용 예측이 가능하게 되므로 경영 안정화를 도모할 수 있음
  4) 민주화 기능
    단체협약은 노사의 공동의사에 의한 새로운 기업 질서로서 근로계약이나 취업규칙에 우선하므로 단체협약을 통해 근로자의 권익신장과 경영참여 확대가 가능하게 되어 민주적 운영방식을 제도화할 수 있음

2. 단체협약의 내용

(1) 규범적 부분

근로조건 기타 근로조건의 대우에 관한 기준에 대한 부분으로서 임금, 복리후생, 퇴직금, 근로시간·휴일·휴가, 산재보상, 교육훈련, 안전보건, 징계 등에 관한 사항

(2) 채무적 부분

협약당사자인 사용자와 노동조합 사이의 권리·의무를 규율하는 부분으로서 평화의무, 평화조항, 유일교섭 단체조항, 숍 조항, 단체교섭의 절차 및 기타규칙, 쟁의행위에 관한 사항 등

(3) 조직적 부분

경영 내의 노사관계를 제도적으로 규율하는 부분으로서 조합원인 종업원의 해고에 관한 협의·동의조항, 노사협의회와 고충처리기구 등의 조직과 운영에 관한 조항 내지 협정 등

3. 단체협약의 관리

단체협약의 관리는 체결된 협약의 효율적인 운영을 위한 활동. 즉, 단체협약조항을 해석하고 적용하여 집행하는 활동을 말한다. 따라서 협약의 해석과 적용으로 야기되는 고충의 합리적인 처리와 중재가 협약관리의 양대 지주가 된다.

고충(grievance)이란 기존의 단체협약을 집행하는 과정에서 계약문구의 해석이나 적용과 관련하여 일어나는 노사간의 의견불일치, 단체협약의 위반을 이유로 한 노동자측의 불만 등을 말한다. 이처럼 단체협약 내용의 해석과 적용을 둘러싼 노사간의 분쟁(권리분쟁)을 해결하기 위한 제도적 장치가 고충처리제도이다.

[고충처리의 절차]
1단계 : 고충의 당사자가 고충의 내용을 서면으로 작성하여 일선감독자와 노동조합의 작업현장대표에게 제출, 일선감독자와 직접 대화를 통해 해결
2단계 : 대체로 중간관리자나 공장장과 노조간부나 노조위원장이 협의하고 해결
3단계 : 최고경영자와 노동조합의 최고노조간부가 협상
마지막 단계 : 노사가 합의하에 외부의 제3자인 중재자를 선임하여 중재를 위임

우리나라의 고충처리제도는 "근로자참여 및 협력증진에 관한 법률"에서 규정

(4) 노동쟁의

1) 노동쟁의의 개념

단체교섭에 의하여 문제점이 해결되지 않을 때 노사 간에는 분쟁상태가 일어나게 되고, 또한 양당사자는 자기의 주장을 관철하기 위하여 실력행사에 들어가게 되는데 이것이 바로 노동쟁의이다. 노동쟁의는 노동조합과 사용자 또는 사용자단체간에 임금, 근로시간, 복지, 해고, 기타 대우 등 근로조건의 결정에 관한 주장의 불일치로 인하여 발생한 분쟁상태를 말한다.
노사 간의 분쟁은 원인에 따라 크게 두 가지로 분류한다.
• 권리분쟁 : 법적으로 보장되었거나 이미 권리로 확정된 근로자의 권리를 침해한 경우 나타난 분쟁
• 이익분쟁 : 새로운 권리를 설정하거나 이익을 분배하는 데 따른 분쟁으로 구분되는데 노동쟁의는 이익분쟁에 관한 사항이다.

이러한 분쟁상태가 실력행사로 이어지면 쟁의행위라고 하는데, 쟁의행위란 파업·태업·직장 폐쇄 기타 노동관계 당사자가 그 주장을 관철할 목적으로 행하는 행위와 이에 대항하는 행위로서 업무의 정상적 운영을 저해하는 행위를 말한다.

2) 쟁의행위의 유형

가. 근로자 측의 쟁의행위

① 파업(strike)

근로자가 단결하여 근로조건의 유지 또는 개선이라는 목적을 쟁취하기 위하여 집단적으로 노동의 제공을 거부하는 행위

② 태업(sabotage)

근로자들이 집단적이고 의도적으로 작업능률을 저하시키는 쟁의행위

③ 보이콧(boycott)

사용자 또는 그와 거래관계에 있는 제3자의 제품구입이나 시설이용을 거절한다든가, 사용자 또는 그와 거래관계에 있는 제3자와 근로계약의 체결을 거절할 것을 호소하는 투쟁행위

④ 피케팅(picketing)

파업을 효과적으로 수행하기 위하여 근로희망자들의 사업장 또는 공장의 출입을 저지하고 파업참여에 협력할 것을 호소하는 행위

⑤ 준법투쟁

근로자가 법 규정대로의 권리를 행사함으로써 그들의 주장을 관철시키고자 하는 쟁의행위로서 집단휴가의 실시, 시간 외 초과근무의 거부, 정시출근·정시퇴근 등의 행위가 여기에 해당

나. 사용자 측의 쟁의행위

① 직장폐쇄

노사 간 의견불일치가 있는 경우 사용자가 자기의 주장을 관철하기 위하여 근로자 집단에 대하여 생산수단에의 접근을 차단하고, 근로자의 노동력 발휘를 조직적·집단적·일시적으로 거부하는 행위

3) 노동쟁의의 조정

국가에서는 노동쟁의에 대하여 제한을 가하고 있으며, 노동쟁의의 조정을 위하여 관계법을 제정하는 동시에 특별기관을 설치하여 쟁의의 사전적·평화적 해결을 도모. 즉, 노동쟁의조정제도를 통하여 노동쟁의의 평화적 해결을 도모하는 한편 노동위원회로 하여금 그 조정을 담당토록 하고 있다.

노동쟁의조정제도는 알선과 조정절차를 조정으로 통합하여 노사 당사자 간에 임금·단체협약체결을 위해 수차 교섭하여도 합의의 가능성이 없는 경우 제3자인 노동위원회 또는 사적조정·중재인에게 곧바로 조정 또는 중재를 신청하도록 하고 있다.

4 경영참가제도

(1) 경영참가제도의 필요성

경영참가 : 근로자 또는 노동조합이 기업경영과 관련하여 제기되는 제반 의사결정에 참가하여 영향력을 행사하는 과정

1) 배경

- 근로자의 경영참가는 대체로 제1차 세계대전 이후에 유럽을 중심으로 나타난 것으로 그 배경을 보면 자본과 노동의 대립·투쟁의 강화에 따른 경영민주주의 내지는 산업민주주의의 등장으로 인하여 노사협조의 필요성이 증대된 데 기인. 뿐만 아니라 서구에서 일어난 노동의 인간화 운동과 고도로 발전된 노동조합활동 등이 근로자의 경영참가를 촉진
- 근로자의 경영참가운동은 처음에는 노사 간의 협의에 의하여 진행되었지만 점차 국가의 입법사항으로 되고 있는데, 가장 전형적인 것이 서독의 경영조직법 및 공동결정법

2) 목적

자본주의적 생산방식의 발달에 따른 노동의 인간성 소외를 극복하고, 또한 산업민주주의 즉 기업 내 민주주의를 실현하기 위한 생산수단의 운영에 관계되는 기업의 의사결정과정에 근로자의 참가를 통하여 경영의 효율화와 생산성 향상에의 기여를 도모

3) 이유

① 근로자들이 경영에 참가하는 이유

근로자들이 원하는 경영참가의 모든 사항이 기업의 경쟁력 강화나 부가가치 생산성의 확대뿐만 아니라 근로자 자신들의 일상적인 권익옹호나 미래에 대한 생애설계 등과 밀접히 관련되어 있기 때문

② 경영자들이 근로자로 하여금 경영에 참가토록 하는 이유

노사 간에 협력적인 조건 하에서는 경영자 측도 근로자들의 참가가 기업의 경영에 유익하다(더 높은 생산성)고 판단하기 때문

(2) 경영참가제도의 유형

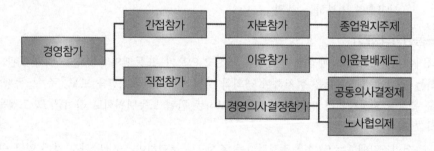

참고 경영참가 유형		
	경영관리과정에 대한 참가 (과정참가)	경영관리결과에 대한 참가 (결과참가)
경영활동에 대한 간접참가	×	재산참가(자본참가) • 종업원지주제(ESOP) • 스톡옵션
경영활동에 대한 직접참가	의사결정참가(협의의 경영참가) • 공동의사결정제 • 노사협의제	성과참가(이익참가) • 성과배분계획(gain sharing) • 이익배분계획(profit sharing)

1) 자본참가

근로자들로 하여금 자본의 출자자로서 기업경영에 참가시키고자 하는 것으로서 주된 형태로는 종업원지주제도가 있다.

[종업원지주제]

① 개념 : 증자할 경우 근로자에 대해서 일정한 기준에 따라 신주를 인수케 함으로써 해당기업의 주식을 갖게 하는 제도. 주식의 인수방법으로는 유상과 무상이 있다. (유상의 경우 급료나 상여금에서 불입금액을 공제, 또는 주식배당의 형식으로 실시되는 경우도 있음) 이에 의하여 종업원이 주주로서 기업에 대하여 발언권을 갖게 된다.

② 유형

❶ 우리사주제도(ESOP : employee stock ownership plan)

기업으로부터 독립된 별도의 기구를 설립하여 기업의 주식을 구입하고 이를 종업원에게 배정하여 신탁자산의 형태로 관리하는 제도

❷ 퇴직기금

기업과 종업원들이 퇴직기금의 축적을 목적으로 공동으로 출연한 자금을 운영 관리하는 과정에서 기업의 주식을 매입하는 제도

❸ 스톡옵션제도(stock option plan)

종업원들이 기업으로부터 제공받은 주식옵션을 행사하여 기업의 주식을 획득하는 제도

❹ 기타

기업이 종업원들에게 상여금 성격으로 자사주를 무상으로 주는 주식상여제도(stock bonus plan)와 기업 이익의 일부를 자사주 형태로 지급하는 이윤분배제도가 있음

③ 장점 : 종업원이 기업과 이익을 같이하는 데서 나오는 이른바 '일체감'의 조성이라는 효과가 있다.

④ 단점 : 보유주수의 비율이 현저하게 낮을 때에는 충분한 발언권이 있다고 볼 수 없고, 주가가 크게 떨어질 경우 도리어 근로자에게 경제적 손실을 가져다주는 결과

참고 **종업원지주제 도입 목적 및 효과**

1. 도입 목적
① 조직구성원들이 주주가 됨으로써 경제적 이득은 물론, 회사에 대한 애사심과 충성심을 증진시켜 근로의욕을 높이고 생산성 및 성과 향상 목적
② 조직구성원들을 회사소유에 참여시킴으로써 원만한 노사관계와 사회적 안정 도모
③ 최근에는 기존 종업원의 이직 방지 및 유능한 인재 영입, 고성과 창출을 위한 동기부여 수단으로 도입

2. 도입 효과
(1) 일체감 조성 및 근로의욕 고취
종업원이 기업과 이익을 같이하는 데서 나오는 이른바 '일체감'의 조성
일체감 조성을 통해 회사의 경영이 자신의 이익과 직결된다는 의식을 갖게 하여 근로의욕 고취, 조직몰입도 증가 → 생산성 향상 기여
(2) 종업원의 재산형성 촉진
종업원이 보유하고 있는 주식의 가치가 상승하는 경우 근로소득 외에 자산소득을 추가로 얻을 수 있어 종업원의 재산형성을 촉진
(3) 기업의 안정 도모
기업은 자사 내 주주를 확보함으로써 기업의 안정을 도모할 수 있고, 적대적 M&A와 같이 외부자본에 의한 자사의 지배·합병을 방지할 수 있어 경영권 유지 및 안정에 기여

---

2) 이윤참가 or 성과(배분)참가

기업의 생산성 향상에 노동조합이 적극적으로 참가하고 협력한 대가로서 기업이 원료비, 임금, 이자, 감가상각 등을 계산한 뒤, 그 이윤의 일부를 임금 이외의 형태로 근로자에게 분배하는 방식. 이를 흔히 이윤분배제도라 한다. 이 제도는 이윤의 확인, 분배율의 결정을 어떻게 공정하게 하느냐에 달려 있다.

참고 생산성이득분배제도(productivity gain sharing plan)와
이익분배제도(profit sharing plan) 비교

Ⅰ. 생산성 이득 분배제도

1. 생산성 이득 분배제도의 의의
   - 생산성 이득 분배제도는 생산 또는 원가절감효과를 측정하여 팀 또는 작업자 수준에서 배분하는 데 초점
   - 과거의 원가와 비교한 현재의 생산 또는 노무비의 절감부분을 종업원에게 지급
   - 생산성이득분배제도의 대표적 유형은 ① 스캔론 플랜, ② 럭커 플랜

2. 스캔론 플랜(Scanlon Plan)
   (1) 개념
      - 스캔론 플랜은 생산성 향상을 노사협조의 결과로 보고, 생산제품의 판매가치인 〈매출액〉과 노무비와의 관계에서 배분액을 계산
      - 총 매출액에 대한 노무비 절약분을 보너스액으로 배분하는 비용절감 인센티브
   (2) 제안제도로서의 특징
      - 노사협력으로 생산성을 높이기 위하여 종업원의 참여의식을 고취시키고 그들의 지식과 능력을 충분히 활용할 수 있는 새로운 형태의 제안제도로서 의미가 있음
      - 전통적 제안제도가 개인중심인 데 반해 스캔론 플랜은 조직구성원들의 협력에 초점을 둔 집단중심
      - 경험에 있어서도 기업 내부 경쟁보다는 외부와의 경쟁에 주의를 기울이므로 집단의 팀워크가 강조됨
   (3) 성과배분 방식
      - 스캔론 플랜의 성과 배분방식은 과거 통계에 기초하여 매출액에서 차지하는 노무비 비율을 가지고, 특정 시점의 매출액에 이 노무비 비율을 곱하여 〈표준노무비〉를 산출한 뒤, 실제 지출한 노무비가 이보다 적을 때 그 차이를 배분액으로 함
      - 보너스액의 계산은 보통 매월 1회 정도 실시하며, 산출된 전체 보너스액 중 25%는 사내유보, 75%를 즉시 배분함(75%에 대한 배분율은 종업원 75%, 기업 25%)
   (4) 장점과 단점
      1) 장점
         ① 보너스 산출공식이 조직의 모든 구성원들에게 쉽게 이해된다.
         ② 노무비 절약분이라는 명확한 성과목표를 갖고 있어 성과와 보상간의 관계가 명확하고 직접적이며 보너스액이 보통 매달 지급되기 때문에 종업원들에 대한 동기부여 효과가 크다.
         ③ 생산성이 향상되고 협조적인 노사관계가 구축된다.

2) 단점

① 품질관리가 보너스 산정에 있어서 중요한 요소가 되어야 된다고 믿는다면 스캔론 플랜은 부적합하다.

② 표준노무비 비율이 사실상 과거를 반영하는 것이기 때문에 제품시장에서의 환경변화로 이 비율의 변화가 요구되었을 때 노사 간의 갈등이 발생할 수 있다.

③ 고도로 자동화된 상황이나 기술이 너무 발전하여 개선과 발전의 여지가 없는 대규모 조직에서는 적용이 어려울 수 있다.

3. 럭커 플랜(Rucker Plan)

(1) 개념

– 회계분석에 기초를 두고 있는 성과배분방식으로서 **기업이 창출한 〈부가가치〉에서 노무비가 차지하는 비율을 기준으로 배분액을 결정하는 제도**

– 종업원 참여부분은 스캔론 플랜보다 덜 강조된다(럭커 플랜에서는 생산위원회를 두지 않고 조정위원회만을 설치하는 것이 일반적인 방식).

(2) 성과배분 방식

– 매월 부가가치에 표준생산성 비율을 곱하여 기준 노무비를 계산

– 실제 노무비를 차감한 잔액이 생산가치 증대분으로서 노무비 절약분이 되고, 이를 노사가 사전에 합의한 비율에 따라 배분하는데, 통상 종업원 측과 회사 측이 각각 50%의 비율로 배분된다.

(3) 장점과 단점

1) 장점

① 스캔론 플랜처럼 가격이 비탄력적이고 노무비의 비중이 상대적으로 높은 기업들과 경영자의 목표가 생산성 향상에만 국한하지 않는 기업에 적절하다.

② 스캔론 플랜은 노무비 절감에 한정해서 인센티브를 제공하는 반면 럭커 플랜은 노무비뿐만 아니라 원재료비 및 기타 비용의 절감에 대해서도 인센티브를 제공한다.

2) 단점

① 부가가치를 계산하는 방식이 명확하지 않고, 계산이 복잡하다.

② 배분액 계산 시 표준생산성, 부가가치 노동분배율에 대한 과학적인 근거를 찾는 데 한계가 있기 때문에 기업이 속한 해당산업의 부가가치 노동분배율 변동에 따라 배분비율에 대한 계속적인 수정이 요구된다.

Ⅱ. 이익분배제도

1. 개념

– 사업부 또는 전체 기업 수준에서의 수익성 변화에 초점

– 기업이 경영활동의 결과 획득한 이익의 일부를 종업원에게 성과창출에 대한 인정 내지 보상으로 배분하는 제도

2. 이익 배분의 방식

① 〈순이익〉을 기준으로 하는 경우 기업이 창출한 순이익을 가지고 주주, 경영자, 종업원 모두에게 배분

② 〈배분가능이익〉을 기준으로 하는 경우에는 순이익에서 자본가에게 자기자본의 최저 은행이자율에 해당되는 금액을 일단 먼저 배분하고 난 금액을 종업원에게 배분

3. 유형

이익 분배제도의 유형에는 현금분배제도, 이연분배제도, 복합분배제도가 있다.

① 〈현금분배제도〉는 이윤의 일정액을 1년 또는 그 이내에 현금으로 종업원에게 배분하는 제도

② 〈이연분배제도〉는 이윤의 일정액을 각 종업원의 계정이 설치되어 있는 공동기금에 예치해 두었다가 종업원의 퇴직, 사망, 해고 시 현금으로 지급하는 제도

③ 〈복합분배제도〉는 현금분배제도와 이연분배제도를 복합한 것으로 이윤의 일부는 즉시 현금으로 종업원에게 지급하고 나머지는 퇴직, 사망, 해고 시에 지급하는 제도

4. 장점과 단점

1) 장점

이익배분은 생산성 향상을 비롯해서 노사관계의 개선, 장기근속 장려 등의 긍정적 효과

2) 단점

① 종업원에게 이윤을 분배하는 데 사용할 공식을 결정하기가 어려움

② 종업원의 노력과 보상 간에 직접적인 관계가 결여되어 있어 생산성 이득분배제도보다 종업원의 동기부여 측면의 효과는 낮음

Ⅲ. 생산성이득 분배제도와 이익 분배제도의 차이점

1. 목표

〈생산성이득 분배제도〉는 목표가 회계뿐만 아니라 생산성, 비용절감, 출근율 등 다양한 목표가 가능한 반면, 〈이익 분배제도〉는 주로 재무적, 회계적인 것을 대상으로 한다.

〈생산성이득 분배제도〉는 꼭 목표를 설정하여 이를 근거로 분배하는 반면에, 〈이익 분배제도〉는 목표를 설정하든 안 하든 기업이익에 따라 분배한다.

2. 대상

〈생산성이득 분배제도〉는 비용절감분이 배분의 대상이 되지만, 〈이익 분배제도〉는 초과이윤이 그 분배 대상이 된다.

3. 활용

〈생산성이득 분배제도〉는 다양한 목표설정이 가능하여 보상관리뿐만 아니라 노사관리 등 다양한 접근이 가능한 반면에, 〈이익 분배제도〉는 주로 보상관리에 활용된다.

4. 종업원의 참여

〈생산성이득 분배제도〉는 생산성 향상, 원가절감 등에 종업원들의 직접적인 활동을 수반하는 반면, 〈이익 분배제도〉는 종업원의 참여를 반드시 필요로 하지 않는다.

5. 지급시기

〈생산성이득 분배제도〉는 주로 분기 또는 월단위로 성과를 평가하여 바로 인센티브가 지급되는 반면, 〈이익 분배제도〉는 주로 1년 단위로 기업이익을 결산하여 이루어진다.

6. 외부적인 요인의 영향

〈생산성이득 분배제도〉는 종업원의 노력에 의해 배분 대상의 크기가 달라지므로 종업원 행위개선 효과가 큰 반면, 〈이익 분배제도〉는 시장 상황, 경쟁기업 등 외부적인 요인까지 성과에 영향을 미친다.

PART
06

3) 의사결정참가

근로자 또는 노동조합이 경영의사결정권을 갖고 있느냐의 여부에 따라 노사협의제와 노사공동
결정제도로 구분

① **노사협의제**

공동협의를 기본으로 하는 것으로서 노사 쌍방에게 관심이 깊은 사항으로서 보통 단체교섭
에서는 취급되지 않는 사항에 대하여 노사가 협력하여 협의하는 제도

근로자 내지 노동조합의 대표가 경영에 참가하여 정보제공, 의사교환, 적극적인 문제의 제
기 등 경영에 영향을 주는 행위는 하지만 최종결정은 어디까지나 경영자들이 행하는 것

② **노사공동결정제도**

주로 독일에서 발전되어 온 것으로 경영에 대한 의사결정권이 노사 공동으로 행해지는 것으
로서 근로자 및 노동조합이 경영에 참가하여 의사교환 및 경영문제의 제기뿐만 아니라 경영
에 공동결정을 하는 행위까지도 행한다.

PART

07

인력방출

인력방출 활동

1) 기업의 인력방출 활동이란 기업과 종업원 간의 고용관계가 종료되는 것을 말한다.

인력방출은 기업이 주도가 되어 이루어지는 인력감축 활동과 종업원이 주도가 되어 일어나는 자발적 이직으로 구분

- **인력감축** : 여러 가지 사정으로 기업이 종업원을 더 이상 보유할 처지가 되지 못할 때 나타나는 기업의 조치
- **자발적 이직** : 종업원이 기업을 자발적으 떠나는 현상

2) 인력방출 활동의 경제적 효율성

① 합리적인 비용관리를 통한 경쟁력 제고

기업이 부담하는 인건비는 제품의 제조원가를 구성하는 핵심적 요소이다. 기업이 과잉인력을 보유하게 되면 인건비의 낭비현상이 나타나며 이것은 제품가격에 반영되고 경쟁력 약화를 초래

② 조직에 활력제공

기업은 인력감축 활동을 통해 남아 있는 조직원에게 보다 도전적인 직무를 부여할 수 있어 종업원은 보다 높은 직무에의 관심과 노력을 투입하게 된다. 자발적 이직의 결과 새로 영입된 신규인력은 새로운 기술, 새로운 아이디어를 조직에 제공해 줌으로써 조직을 활성화시키는 계기가 될 수 있다.

3) 인력방출 활동의 사회적 효율성

① 종업원의 성장욕구 충족

기업의 인력감축 활동 결과 기업에 남아 있는 종업원에게는 보다 도전적인 직무가 부여되며, 이것은 종업원의 성장욕구를 충족시키는 데 본질적으로 기여한다.

② 승진기회의 증가

자발적 이직 및 인력감축 활동의 결과 기업 내 종업원들의 승진관련 경쟁자의 수는 줄어들게 되는데, 이것은 기업에 남아 있는 종업원들에게 보다 많은 승진기회를 제공한다.

▼ 인력방출의 관리과정적 접근

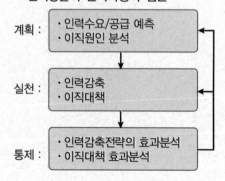

계획 :
- 인력수요/공급 예측
- 이직원인 분석

실천 :
- 인력감축
- 이직대책

통제 :
- 인력감축전략의 효과분석
- 이직대책 효과분석

01 | 이직

1 이직의 개념

(1) 이직의 유형

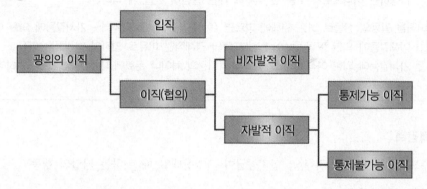

- 광의의 이직 : 종업원의 입직(accession)과 이직(separation)을 모두 포함하는 개념으로서 노동 이동이라고도 한다.

  노동이동은 구체적으로 노동력의 지역 간, 산업 간, 직종 간 및 동일 직장 내에서의 계층 간 이동을 말하며, 넓게는 국가 간의 이동까지 포함

- 협의의 이직 : 조직으로부터 금전적 보상을 받는 개인이 조직에서 구성원 자격을 종결짓고 조직을 떠나는 것

1) 이직의사결정의 주체에 따라 〈자발적 이직 ↔ 비자발적 이직〉

① 자발적 이직 : 종업원에 의해 주도되는 것으로서 회사에 대한 불만 혹은 보다 나은 직무를 찾아 다른 기업으로 가는 전직과 학업의 계속, 결혼, 임신, 출산, 지병, 가족의 이주 등으로 인한 사직이 이에 포함

② 비자발적 이직 : 종업원 의사에 반(反)하여 이루어지는 것으로서 기업이 주도하는 해고, 정년 퇴직, 그리고 사망 등이 이에 포함

2) 조직에 의한 통제가능성 여부에 따라 〈통제가능(가피형) 이직 ↔ 통제불가능(불가피형) 이직〉

① 통제가능 이직 : 조직이 통제할 수 있는 임금, 복리후생, 근무시간, 작업조건, 인간관계 등에 대한 불만으로 이직하는 것

② 통제불가능 이직 : 조직구성원의 질병, 사망, 학업계속 및 가정문제 등이 원인이 되는 것으로서 조직이 노력을 한다고 해서 통제가능한 것이 아닌 경우

참고

3) 종업원 입장에서 이직을 유발시키는 원인요인의 원천에 따라 〈Pull형 이직 ↔ Push형 이직〉
   ① Pull형 이직 : 외부의 요인(더 나은 근무조건, 높은 연봉, 유연한 근무환경 등)에 의해 발생하는 이직
      으로서 보통 다른 직업에 대한 대안이 있을 때 나타난다.
   ② Push형 이직 : 내부의 요인(과중한 업무, 일과 생활의 불균형, 원만하지 못한 인간관계 등)에 의해
      발생하는 이직으로서 보통 현 직무에 대한 불만이 있을 때 나타난다.
4) 이직을 갈등의 산물로 보는 견해에 따르면 〈이해갈등에 의한 이직 ↔ 가치갈등에 의한 이직〉
   ① 이해갈등에 의한 이직 : 보수나 신분 등의 경제적인 이유로 인하여 발생하는 이직
   ② 가치갈등에 의한 이직 : 사고방식이나 가치관의 차이나 문화에 대한 부적응으로 인하여 발생하는
      이직

2 인력감축

기업의 주도로 나타나는 이직현상. 인력공급이 과잉상태일 때 취하는 기업의 행동

(1) 인력공급과잉의 원인

– 기업은 인력수요 및 공급에 대한 예측활동 결과, 인력공급이 인력수요를 초과할 때 인력감축의
  필요성을 발견

  [인력공급의 과잉현상]
  • 양적 측면 : 현재 혹은 미래의 특정 시점에서 종업원 수가 필요한 인력보다 초과되는 것
  • 질적 측면 : 기업이 필요로 하는 자격수준보다 특정 시점에서 종업원이 갖추게 되는 자격수준
    이 높은 경우(overqualified)
  • 시간적 측면 : 미래의 여러 시점 중 특정 시점에서만 종업원이 남아도는 것
  • 지역 측면 : 기업이 여러 지역에 공장을 갖고 있을 때 특정지역 공장에서의 인력이 공급과잉을
    보일 때

– 기업이 필요 이상의 인력을 보유하게 되면 인건비의 추가지출로 인한 제품원가 상승, 나아가
  시장에서의 경쟁력 약화를 가져다줄 뿐만 아니라 기업 내부에도 많은 역기능(일거리가 별로 없
  거나 별로 도전감을 주지 않는 직무를 수행하게 되면 정신이 해이해지고 불만족이 증가되어 조
  직 전체가 침체될 가능성이 높다.)
  따라서 기업은 경쟁력 제고뿐만 아니라 조직활성화 측면에서 적정인력을 보유해야 한다.

  [인력공급과잉 현상이 나타나는 원인]
  ① 경기후퇴 내지 해당기업의 제품의 노후화로 인한 매출액 및 생산량의 감소
  ② 기계화 내지 자동화로 연결되는 기술변화
  ③ 시장에서의 경쟁이 치열해짐에 따라 기업은 인건비를 줄임으로써 제품 생산원가를 낮추려고 시도
  ④ 공장의 폐쇄 내지 이전 시, 해당기업이 계절적 사업을 수행할 경우

(2) 인력감축전략 및 효과

기업이 주도하는 인력감축은 종업원에게 커다란 정신적 부담과 경제적 부담을 야기. 기업 측에도 많은 코스트 야기(**예** 인적자원의 규모가 줄어들고 감축된 인력을 경기 회복시 다시 확보한다는 보장이 없기 때문에 경쟁력 저하 가능성, 인력감축이 발생하는 경제적 제 비용)

따라서 기업의 인력감축전략은 기업뿐만 아니라 종업원이 부담하게 될 코스트를 최소화시키는 방향으로 수립되어야 한다.

1) 초과근무시간 단축

- 코스트가 가장 적게 발생하며 도입이 용이
- 기업에게 경쟁력 저하나 경제적 비용을 발생시키지 않는다.
- 종업원 입장에서는 근무시간이 줄어들어 피로도↓, 임금↓
- 기업의 입장에서 감축효과가 크지 ×

2) 신규채용억제

- 기업이 정년퇴직 및 자연발생적인 이직을 이용하여 인력을 중·장기적으로 감축하자는 것이 목적
- 기업의 경쟁력 저하에 상당한 영향을 미칠 수 있다.
  (신기술 도입에 소극적이 되는 것이며, 신규 채용 인력은 대개 새로운 아이디어를 조직에 제공, 조직분위기를 새롭게 하여 조직 활성화의 계기를 마련)
- 기업이 부담하게 되는 인건비 측면에서는 코스트를 발생시키지 ×
- 종업원에게 업무 부담을 증가시키게 된다.
- 정년퇴직자, 자발적 이직자, 매년 신규채용인력의 숫자가 많은 기업에서는 효과적이지만, 그렇지 않은 기업에서는 그 효과가 상당히 제한적

3) 조기퇴직제도의 도입

- 정년에 도달하지 않은 종업원을 자발적인 의사에 따라 퇴직시키는 제도, 명예퇴직제도
  퇴직에 대한 종업원의 자발성 측면에서는 자발적 이직과 같지만 제도에 대한 주도권을 기업 측이 갖는다는 데 차이가 있다.
- 기업에게는 상당한 경제적 비용을 요구한다.
  (∵ 정년까지의 남은 기간을 보상할 수 있는 퇴직수당 지급, 퇴직하는 종업원이 유능한 인재일 경우 기업의 경쟁력이 훼손)
- 남아 있는 종업원은 업무량 증가 측면에서 부담. 퇴직자 입장에서 조기퇴직제도가 '권고사직'이라는 반강제성을 띨 경우 정신적인 부담

4) 보상의 동결 및 삭감

① 보상동결전략
  - 기업이 종업원에게 제공하는 경제적 보상인 임금 내지 복리후생을 동결시킴으로써 종업원의 자발적 이직을 유도하는 것

- 기업의 입장에서 현재 기업에 남아 있는 종업원에게도 불만족을 가져다주기 때문에 생산성 향상을 위한 모티베이션이 상당히 훼손

  반면 직접적인 경제적 비용은 발생하지×
- 종업원에게 정신적 부담↑, 업무량↑, 경제적 부담(물가가 상승할 경우 실질임금은 감소)

② 보상삭감전략
  - 기업의 경쟁력 측면에서 매우 커다란 부담

    (∵ 이러한 전략으로 해당 기업을 떠나는 종업원은 다른 기업에서 일자리를 구할 수 있는 능력 있는 사람들이기 때문. 남아 있는 종업원들에게 기업은 더 이상 생산성 향상을 위한 모티베이션을 기대할 수 ×)

    반면 기업에게 경제적 비용을 발생시키지×
  - 남아 있는 종업원에게 상당한 정신적 및 경제적 부담

5) 해고
  - 기업의 의지에 의해 종업원이 강제적으로 기업을 떠나는 것

    종업원이 불공정하게 해고되는 것을 방지하기 위해 국가는 법률을 통해 보호하고 있다.

    해고를 통한 인력감축전략은 다른 어떤 전략보다도 강력하고, 무엇보다도 종업원이 강제에 의해 퇴직된다는 점에서 노사 간에 갈등이 증폭될 가능성이 높다.
  - 기업에 경쟁력 훼손이라는 부담, 남아 있는 종업원의 기업에 대한 커미트먼트는 급격히 감소, 모티베이션 저하로 생산성 향상을 기대하기가 사실상 어렵다. 그러나 해고로 인한 경쟁력 저하는 보상삭감전략에 비해서는 덜 심각

    (∵ 해고의 경우 유능한 종업원을 그 대상에서 제외시키지만, 보상삭감의 경우 기업을 떠나는 사람은 주로 유능한 종업원이기 때문)

    반면 별다른 경제적 비용은 가져다주지×, 오히려 인건비 절감
  - 퇴직종업원과 남아 있는 종업원에게 매우 커다란 부담

    해고자에게는 실직의 고통, 치명적인 경제적 부담

    남아 있는 종업원에게는 업무량 증가, 추가해고에 대한 불안감 등을 유발

6) 파트타임 근로자에 대한 신규채용억제 및 삭감, 해당기업 계열 회사 혹은 거래기업으로 종업원 전직 그리고 직업전환교육 실시 등

➲ 기업은 경제적 효율성과 사회적 효율성을 동시에 추구하기 위해 전략도입에 있어서 기업 및 종업원에게 코스트가 최소가 될 수 있도록 하여야 하겠다.

이를 위해서는 기업이 인력수요·공급예측 활동을 보다 강화하여 인력공급과잉의 시점을 가능한 한 미리 발견하여 충분한 기간을 가지고 충격이 가장 적은 '초과근무시간 단축' 전략 및 '신규채용억제' 전략만으로 문제해결을 시도해야 할 것이다.

(3) 전직지원제도

1) 개념

① 전직지원제도(outplacement system) : 기업이 고용조정에 따라 정리해고될 사람들이나 해고된 퇴직자들이 해고에 적응할 수 있도록 도와주고 창업이나 직무탐색, 즉 다른 직장을 찾도록 지원해주는 체계적인 지원 서비스 제도

② 타의에 의해 기업을 떠나는 종업원의 심리적 저항을↓, 남아 있는 종업원의 심리적 안정을 위해서도 필요하다.

2) 배경

① 공식적으로는 제2차 세계대전 후 미국에서 제대군인의 취업을 지원하기 위한 상담서비스제도의 도입으로 시작되었으며 오늘날 미국 50대 기업의 약 90%에서 이러한 제도를 도입

② 우리나라에서는 1990년 말 금융위기 때 대대적인 인력감축이 단행되면서 몇몇 기업에서 도입되기 시작

3) 내용

① 심리적 지원단계

기업이 상담자를 통해 퇴직자의 퇴직으로 인한 심리적 충격을 극복할 수 있도록 해준다.

② 개인개발 단계

퇴직자의 강점, 약점, 적성, 과거의 업적 등을 분석하여 퇴직자의 향후 경력개발 방향을 공동으로 세우고 필요한 경우 기업이 재정적 문제를 해결할 수 있는 방안을 수립하는 데 지원

③ 구직활동 단계

기업은 퇴직자를 위해 구직관련 정보를 수집하고 다른 기업에서의 입사면접 등 구직을 보다 용이하게 할 수 있도록 지원

④ 지속적 상담과 지원단계

퇴직자가 재취업한 후에도 성공적인 적응을 할 수 있도록 지속적으로 지원하는 단계

4) 효과

① 퇴직자에 대한 효과
- 심리적 안정제고
- 효율적 경력전환 – 고용가능성 제고
- 전 직장에 대한 이미지 제고

② 잔류구성원에 대한 효과
- 조직몰입의 증가
- 조직에 대한 신뢰회복
- 생산성 향상 – 작업노력 제고

> **참고** 전직지원제도의 효과와 주의사항
>
> **1. 직지원제도의 효과**
>   ① 기업
>   • 적절하고 원활한 구조조정 가능
>   • 경영자를 위한 효과적인 퇴직사실 통보 프로세스 및 전략 수립가능
>   • 노사협의 시 협상력 증대
>   • 조직변화에 대한 생산성 및 경쟁력 저하 방지
>   • 종업원을 중시하는 책임감 있는 기업 이미지 제고
>   • 해고자들로부터의 집단적·개인적 소송 가능성 배제
>   ② 정부
>   • 노사갈등으로 인한 사회적 손실 예방 내지는 최소화
>   • 해고자들의 빠른 재취직 또는 창업으로 인한 고용보험료 절감
>   • 인재의 전사회적 유효한 활용
>
> **2. 주의사항**
>   전직지원제도가 적절하게 관리되지 않는다면 기업은 빠른 시일 내에 상당한 비용을 지불하게 된다. 또한 전직지원제도는 해고전략의 결과에 상당한 영향을 미칠 수 있기 때문에 조직의 전반적인 해고전략의 가장 핵심적인 필요성을 충족시키도록 신중하게 설계되어야 한다.

3 자발적 이직

(1) 개념

- 종업원의 순수 자유의사에 의해 기업을 떠나는 것
- 자발적 이직에 대한 관리대상은 종업원의 전직(종업원이 해당기업을 떠나 다른 기업으로 가는 것)이다.

(2) 이직의 기능

▼ 자발적 이직의 효과

주체자 \ 효과	부정적 효과	긍정적 효과
이직자	직장생활에서의 불확실성 증가	− 경력개발 − 소득증가 − 능력발휘기회
잔류자	− 조직 내 기존 사회적 관계의 훼손 − 신규인력이 확보되는 기간 동안의 업무량 증가	− 이동 및 승진기회의 증가 − 새로운 동료로부터의 자극 및 상호보완
기업	− 이직비용의 발생(생산성 감소, 모집선발비용, 교육훈련비용 등) − 유능한 인재의 상실로 인한 경쟁력 약화 − 조직의 불안정	− 무능한 인재의 퇴직으로 조직능력 제고 − 신규인력의 조직에 새로운 아이디어 제공 − 조직활성화 계기

(3) 이직 비용

- 이직 비용 : 자발적 이직이 발생함으로써 기업이 부담하는 비용
- 대개 기업에서는 이직 비용을 측정하는데 다음과 같은 이유로 매우 소극적
  ① 인사부서로서는 이직에 대한 이슈를 이직비용을 통해 부각시키고 싶지 않은 것
     전직의 경우 이직자가 해당기업에 대해 불만을 갖고 있는 것이 일반적, 비전직의 경우 '이직할 사람'을 기업이 채용한 것이 되기 때문에 인사담당자로서는 부담스러운 사건
  ② 이직비용 측정 자체의 어려움
     이직비용이란 이직이 주는 편익에서 부정적 효과를 뺀 값이 되기 때문에 이를 구성하는 제반요소를 금전적으로 환산하는 것이 매우 어려움
- 기업이 보다 효율적인 이직 관리를 하기 위해서는 이직비용에 대한 인식이 그 전제가 되어야 한다.

▼ 이직과정과 발생비용

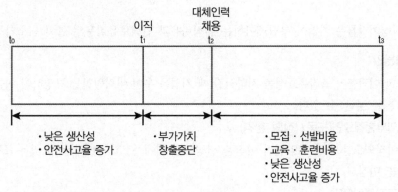

PART
07

• 해당직무 공석기간 동안 발생하는 이직비용의 계산

$$WVU = \frac{간접비 + 이익}{임금수령\ 종업원\ 수 \times 작업일수}$$

(WVU : the Worker Value Unit)

작업자가 일을 하지 않을 경우의 손실은 직접인건비(임금)로 지급되지 않으므로 간접비(예 스탭인력비용 및 고정비)를 충당하고 이익을 창출하는데 필요한 1인 작업자의 1일 평균생산 기여분이 된다. 즉 해당기간의 간접비와 이익을 작업자의 수와 작업일수를 곱한 값으로 나눈 값이 바로 WVU인데 이것은 공석이 된 직무에 대해 1일 발생하는 비용이 된다.

(4) 이직에 대한 대책

1) 적정이직률

- 기업의 입장에서 이직관리를 할 때 어느 정도의 이직률이 적당한가는 〈종업원이 기업을 떠남으로써 발생하는 이직비용〉과 〈기업이 종업원을 계속 보유하기 위해 투입해야 하는 비용(종업원의 이직을 막기 위한 매력적인 직무제공, 높은 임금 및 복리후생 제공 등)〉의 측면에서 검토되어야 한다.

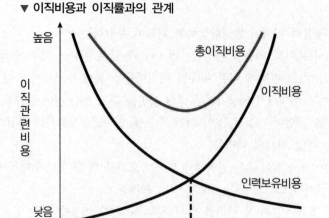

▼ 이직비용과 이직률과의 관계

- 적정이직률은 기업이 부담해야하는 이직비용과 인력보유비용의 합이 최소가 되는 곳에 존재

2) 이직원인

과도한 이직률이 조직유효성을 저하시킬 때 기업은 우선 이직원인을 규명하여 이를 개선함으로써 이직률을 낮출 수 있다.

① 외부환경요인(노동시장의 환경)

이직의도를 가진 종업원이 이직을 결정하는 데에는 '그가 선택할 수 있는 조직의 수'가 영향을 미침

② 조직전체요인

기업의 임금 및 복리후생, 승진정책 등

③ 작업환경요인

감독자의 리더십스타일, 동료집단과의 상호작용 내지 인간관계 그리고 작업조건 등

④ 직무내용요인

종업원이 현재 수행하고 있는 직무가 어떻게 설계되어 있느냐

(지나친 직무전문화, 견디기 어려운 작업량, 직무수행에 있어서 자율성이 매우 낮거나 역할 모호성(role ambiguity)이 높을 경우 이직률이↑)

⑤ 개인특성요인

종업원의 연령, 근속연수, 가족부양 책임, 교육 정도 등

참고　　이직원인의 분석방법

- 이직면접 : 종업원 이직 시에 면접자가 체크목록을 가지고 직접 상담함으로써 이직의 원인을 알아내는 방법
- 이직 후 설문지법 : 종업원이 이직한 후 일정기간이 경과한 후에 이들을 대상으로 그들의 이직이유를 우편에 의한 설문지를 배포하여 질문하고 익명으로 답변을 구하는 방법
  (이직면접 시의 이유와 개별적으로 비교할 수는 없으나 이직 후 일정한 기간이 경과한 종업원들은 전직 기업에 대해 어느 정도 냉정한 판단을 내릴 것)
- 인사기록 분석법 : 어느 부서에서 어떤 종업원이 이직하는가에 초점을 두어 인사카드로부터 자세한 이유를 알아내는 방법
- 태도조사법 : 현재 사내 종업원을 대상으로 설문지를 통하여 그들의 관심과 근속이유를 밝혀내는 방법

---

3) 이직감소대책

– 기업이 통제가능한 이직요인은 조직전체요인, 작업환경요인 그리고 직무내용요인이다.

① 조직전체요인은 임금, 복리후생과 승진으로 구분

- 제한된 지불능력의 경우
  기업은 임금에 대한 내부공정성을 극대화시킴으로써 종업원의 임금수준에 대한 불만을 조금이라도 해소시킬 수 있도록 노력해야 한다.
- 복리후생의 경우
  기업의 지불능력에 구애를 받지 않는 비경제적 복리후생을 확대하는 방안을 강구해야 한다.
- '승진기회 및 장래성'이 부족하여 기업을 떠나는 종업원의 경우
  경력개발 프로그램을 도입함으로써 이를 극복할 수 있다.

② 직무환경원인은 기업의 통제가 가능한 요인이다.

- 기업은 관리자에 대한 교육훈련, 상사와 부하들의 관계를 고려한 인력배치, 각종 인간관계를 지원하는 제도를 도입
- 작업조건인 먼지, 소음, 열 그리고 작업장의 위험도 등 열악한 환경을 줄이기 위한 기업의 투자도 필요

③ 직무내용 원인도 기업의 통제가 가능

- 직무확대화를 통한 이직감소 노력이 요청된다.

– 우리나라 생산직 근로자의 이직원인 중 기업의 추가적인 비용투입 없이도 해결할 수 있는 이직원인은 승진기회 및 장래성 부족, 인간관계 문제, 근무지, 근무시간, 힘든 노동 등 전체 이직자의 33.2%가 이에 해당한다.

– 보다 합리적인 이직감소대책을 수립하기 위해서는 해당기업의 이직자가 과연 어떤 이유로 기업을 떠나는지를 정확히 파악해야 한다.

PART
07

- 선진국 기업에서는 이직자에 대한 인터뷰를 통해 정확한 이직원인을 파악하기 위한 노력을 하고 있으며 이직자가 해당기업에 대해 적개심이나 나쁜 감정을 갖지 않도록 많은 서비스를 제공하고 있다.

참고 **이직과 근속의 유형 구분**

이직원인 조사를 통하여 종업원의 선택을 〈기업 외부적 요건으로서의 환경 압력(pull factor)〉과 〈기업 내부적 요건으로서의 직무매력도 내지 만족도(push factor)〉에 비추어 4가지 유형으로 나누어 볼 수 있다.

이러한 분석을 통해 기업측에서는 합리적인 이직관련 대책을 세울 수 있다.

근속유형	이직을 유발하는 환경압력	직무매력도 내지 만족도	내용
적극적 근속	저	고	- 현재의 직무 자체에 매우 만족, 환경적으로 이직 압력이 거의 없는 경우 - 종업원은 근속에 대한 의지가 강하며 장기 근속할 가능성이 높다.
소극적 근속	저	저	- 현재의 직무에 대한 만족도가 낮지만 외부적으로 이직 압력을 덜 받는 경우 - 옮길 만한 매력적인 직장이 없거나, 현 직장에 대한 지속적 몰입이 커서 대안이 없는 경우에는 만족스럽지 않지만 지금의 직장에 근속하려는 성향이 강하다.
소극적 이직	고	고	- 현재의 직무 자체에 매우 만족하는 편, 환경적으로 이직 압력을 강하게 받는 경우 - 종업원은 근속과 이직의 경계선상에서 선택의 기로에 놓이게 되는데, 만약 더 매력적인 직장으로 옮길 수 있는 기회가 주어진다면 이직을 선택할 가능성이 높다.
적극적 이직	고	저	- 현재의 직무에 대한 만족도가 낮고 외부적으로도 강한 이직 압력을 받는 경우 - 종업원은 이직에 대한 의지가 매우 강하며 실제로 이직을 실행에 옮길 가능성도 커진다.

| 참고 | 직무배태성(Job Embeddedness(JE)) |

- JE는 자발적 이직을 결정하는 중요한 요소 중의 하나로서 종업원이 현재의 직무와 조직에서 계속해서 근속하도록 하는 데 영향을 미치는 종합적이고 광범위한 연결망
- JE의 중요한 세 가지 측면(요소)
  - 연결고리(links) : 종업원이 조직생활을 통해서 구축한 기관들이나 다른 사람들과 맺고 있는 공식적 또는 비공식적인 관계망(Web), 즉 직장동료나 비작업집단의 친구들, 집단, 본인이 거주하는 지역사회나 물리적 환경 등을 포함해서 이들과 맺는 사회적·심리적·재정적 네트워크 내지는 인간관계
  - 적합성(fit) : 이는 개인이 조직과 그 환경과의 지각된 적합성 또는 편안함을 의미. 종업원의 개인적인 가치, 경력목표, 장래계획 등이 기업문화 및 자신의 직무와 적합해야 하고, 아울러 지역사회와 주변환경과도 얼마나 적합하냐는 것
  - 희생(sacrifice) : 이는 직장을 떠남으로써 잃어버릴지도 모르는 물질적 또는 정신적 혜택의 비용을 의미
- 실증적 연구결과를 보면 연결고리가 많을수록, 적합성이 높을수록, 희생해야 할 부분이 클수록 자발적 이직의도와 실제 이직은 낮게 나타났다.

그러므로 조직은 JE의 정도를 높여줌으로써 유능한 인재의 자발적 이직을 감소시킬 수 있다.

(5) 이직대책에 대한 평가

기업이 도입한 이직감소대책이 어느 정도 효과를 가져다주었는가에 대한 측정은 이직에 미치는 영향요인이 다양하기 때문에 사실상 매우 어렵다. 특히 노동시장이 복잡하고 변화가 많을 경우 그 측정이 쉽지 않다. 이직감소대책의 효과는 직접적인 이직률을 통한 측정보다 종업원의 직무만족, 이직의도의 정도를 가지고 측정할 수 있다.

PART
07

박문각
공인노무사

임현진
신인사관리

2차 | Sub-Note

제1판 인쇄 2024. 4. 25. | **제1판 발행** 2024. 4. 30. | **편저자** 임현진

발행인 박 용 | **발행처** (주)박문각출판 | **등록** 2015년 4월 29일 제2015-000104호

주소 06654 서울시 서초구 효령로 283 서경 B/D 4층 | **팩스** (02)584-2927

전화 교재 문의 (02)6466-7202

이 책의 무단 전재 또는 복제 행위를 금합니다.

정가 20,000원
ISBN 979-11-6987-740-4

저자와의
협의하에
인지생략